Migrations et mobilités en Europe

05 **DYNAMIQUES CITOYENNES EN EUROPE**

★★★★★★★★★★★★★★★★★★★★★★★★★★★★

Responsable : Günter Krause

PETER LANG
Bern • Berlin • Bruxelles • Frankfurt am Main • New York • Oxford • Wien

Paul Lees, Stéphanie Couderc-Morandeau, Pilar Martínez-Vasseur, Sylvie Nail & Annie Thiec (éds.)

Migrations et mobilités en Europe

Politiques publiques et perspectives d'intégration (1992-2012)

PETER LANG
Bern • Berlin • Bruxelles • Frankfurt am Main • New York • Oxford • Wien

Information bibliographique publiée par «Die Deutsche Nationalbibliothek»
«Die Deutsche Nationalbibliothek» répertorie cette publication dans la «Deutsche Nationalbibliografie»; les données bibliographiques détaillées sont disponibles sur Internet sous ‹http://dnb.d-nb.de›.

Ouvrage publié avec l'aide du réseau de recherche DCIE (Dynamiques citoyennes en Europe), de la région Pays de la Loire, du CRINI (Centre de recherches sur les identités nationales et l'interculturalité), du DCS (Droit et changement social) et du CRHIA (Centre de recherches en histoire internationale et atlantique).

Réalisation de la couverture : Didier Studer, Peter Lang SA

ISBN 978-3-0343-1523-4 br.
ISSN 2235-6231 br.
ISBN 978-3-0352-0263-2 eBook
ISSN 2235-624X eBook

Hochfeldstrasse 32, CH-3012 Berne, Suisse
info@peterlang.com, www.peterlang.com

Imprimé en Suisse

Table des matières

I. Politiques et perspectives européennes

II. Politiques et perspectives nationales

III. Stratégies et politiques régionales et locales

Introduction

Le programme de recherche régional DCIE (*Dynamiques citoyennes en Europe*), mis en place pour trois ans dès 2010, se propose de fédérer les travaux scientifiques interdisciplinaires d'enseignants-chercheurs des universités de Nantes, d'Angers et du Mans, pour contribuer à élaborer un savoir sur les formes nouvelles et héritées du façonnement de la « cité ». Leurs compétences réunies visent à situer ces travaux dans un contexte comparatif large et à les valoriser auprès de la société civile, au niveau local et européen.

Décliné en trois thèmes principaux[1], l'axe 2 de ce programme porte sur la question des *citoyennetés* et des *identités* au sein de l'espace européen.

En 2008, le *3e Forum Mondial des Droits de l'Homme*, qui s'est tenu à Nantes, a accueilli une table ronde sur les tests et entretiens auxquels sont confrontés les primo arrivants en général et les candidats à un permis de séjour de longue durée ou à la naturalisation proprement dite, à laquelle ont participé deux chercheurs du CRINI[2]. L'analyse visait à mettre à jour les idéologies à l'œuvre (consciemment ou non) et à reconstituer les pratiques politiques de contrôle de la naturalisation qui s'y rattachent.

En 2010, dans le cadre du *4e Forum*, les chercheurs de l'axe 2 du programme DCIE[3] ont organisé cette fois une table ronde sur l'accès à la citoyenneté et à l'intégration des migrants, à laquelle ont participé des représentants de différents pays européens travaillant sur ces questions[4]. De nouvelles articulations entre « identités et citoyennetés » soulèvent de plus en plus de questions : quelle place réserve-t-on à l'autre dans une société en pleine transformation, et surtout face à la crise économique mondiale ? Qu'en est-il de la politique embryonnaire d'intégration en

1 A. Constructions identitaires et citoyenneté européenne ; B. Nations en question – débats identitaires et nouvelles formes de citoyenneté ; C. Nouvelles identités régionales et locales, nouvelles formes de l'engagement citoyen.

2 Jean-Paul BARBE et Paul LEES.

3 Paul LEES, Pilar MARTÍNEZ-VASSEUR, Sylvie NAIL et Annie THIEC.

4 Artur BORZEDA, Eva ERSBØLL, Mhoraig GREEN et Javier DE LUCAS.

Europe ? Assiste-t-on à une aggravation des cas de discrimination contre l'immigré ?

En mai 2011, les chercheurs de l'axe 2 du programme DCIE ont organisé une journée d'étude à la Maison des Sciences de l'Homme, à Nantes, sur *Image et représentation des politiques publiques en matière de migration dans les médias européens depuis 1992*. Les phénomènes migratoires, leur traitement par les différentes instances publiques et la manière dont ils sont perçus par les sociétés, sont révélateurs d'une crise dans les rapports identité-citoyenneté. Les flux migratoires à l'intérieur de l'espace européen ou bien en provenance d'autres parties du monde, et la « résidence longue durée » décloisonnent-ils les barrières nationales ? Mènent-ils à l'émergence d'une Europe génératrice de solidarités et de nouvelles formes d'appartenance ?

L'Union européenne a considérablement perturbé le couple nationalité-citoyenneté ; sans être un Etat, elle produit du droit, y compris du droit de la citoyenneté, créant même une citoyenneté européenne en 1992 dans le Traité de Maastricht, mais en complément des citoyennetés nationales, sans se substituer à celles-ci. Dans ce contexte, un peu partout en Europe, les espaces « locaux », infranationaux, promeuvent dans les pratiques et dans les discours un autre champ d'exercice de la citoyenneté et, de manière plus ou moins prononcée, d'autres supports d'identité, entretenant un jeu souvent complexe avec les Etats nationaux et avec l'Union européenne.

En octobre 2012, les chercheurs de l'axe 2 du programme DCIE ont organisé un colloque international intitulé *Migrations et mobilités en Europe : vers de nouveaux marqueurs d'identités ?* à la Maison des Sciences de l'Homme, à Nantes. Il s'agissait cette fois d'analyser l'évolution des rapports institutionnels entre les niveaux de gouvernance infranationaux et supranationaux en Europe, et l'incidence des échanges et transferts induits par la création de réseaux interrégionaux et de projets collectifs entre les grandes métropoles européennes. En effet, la prise en compte de la dimension européenne par les autorités locales et régionales reste un champ d'études largement inexploré. Or, celles-ci se sont saisies progressivement de la dimension européenne : mise en place de stratégies d'influence, de réseaux de solidarité et de partenariats, de politiques d'accompagnement des acteurs locaux, de représentations régionales à Bruxelles. Appuyées sur un tissu associatif, elles s'affirment plus fortes et plus autonomes, au point parfois de penser l'Europe comme une sorte de fédération d'identités locales.

L'ouvrage issu de ces recherches, témoigne du foisonnement des approches, traduit la diversité des réponses selon les pays et les contextes, et révèle également des évolutions communes, parfois inquiétantes.

Partant des institutions supranationales, la première partie se concentre sur les politiques et perspectives européennes. Michel Catala rappelle les étapes du long chemin qui a mené à la construction européenne et se concentre en particulier sur la mise en place des accords de Schengen qui viennent traduire dans la pratique le principe de la libre circulation. Il montre comment, loin d'être acquis de manière définitive, ce principe est soumis à des contingences diverses en fonction du contexte politique des pays signataires et peut facilement être remis en cause, par exemple sous l'effet de la crise économique et politique que traverse l'Europe depuis 2008. En parallèle, Eva Ersbøll aborde la question de la construction européenne par le biais de la mise en place de la citoyenneté européenne. Les sondages d'opinion, tout comme le taux de participation aux élections européennes, laissent à penser que ce concept est loin encore de faire partie de la vie des citoyens européens, alors même qu'il est opérationnel en droit, comme elle le montre grâce à plusieurs exemples de jugements rendus par la Cour de justice de l'union européenne. Eva Ersbøll conclut à une tension entre les droits réels autorisés par la citoyenneté européenne et une relative indifférence de la part des Etats-membres et des citoyens européens. Selon Javier de Lucas et Maria José Añón, dans leur chapitre consacré à la citoyenneté, à l'égalité et à l'identité du point de vue de la philosophie politique, le désir de fermeture des frontières et la stigmatisation des immigrés repérables dans beaucoup de pays de l'Union européenne, en particulier depuis 2008, dissimulent mal la réalité de l'exclusion des immigrants des droits des citoyens dans les Etats dits de droit et, au-delà, une absence de réflexion sur une nécessaire « redémocratisation » de la politique. Celle-ci ferait voler en éclats les catégories désuètes de citoyenneté et de souveraineté pour les remplacer par l'égalité des droits, ou « égaliberté », la dignité, et une nouvelle définition de la citoyenneté, à l'échelle de la démocratie globale. Enfin, prenant le cas particulier des territoires ruraux en Europe, Jacques Fialaire envisage les mobilités européennes sous l'angle de leurs effets sur les territoires ruraux. Il s'agit en l'espèce de voir si seules les zones urbaines sont affectées par ce phénomène ou si les territoires ruraux peuvent également être touchés, à la fois dans leur cohésion, mais aussi par une redynamisation due à deux formes de mobilité « qui se superposent partiellement » : celle des résidents quittant les aires urbaines pour s'installer dans les espaces ruraux ; et les « mouvements pendulaires » effectués par certains de ces habitants vers les bassins d'emploi situés en zones agglomérées. L'auteur prône la mise en œuvre d'une véritable « stratégie européenne des territoires ruraux » au service de leur diversité.

La deuxième partie du livre met en lumière les mobilités, les changements institutionnels face à celles-ci et les identités qui les accompagnent, en s'intéressant cette fois aux perspectives nationales, en particulier en Espagne, en France et au Royaume-Uni.

Mario Diaz Barrado souligne la situation particulière de l'Espagne, passée en quelques décennies du statut de pays d'émigration à celui de pays d'immigration, suite à l'entrée de l'Espagne dans la CEE en 1986 puis à l'adoption du traité de Schengen. Toutefois les politiques migratoires mises en œuvre en Espagne ont été plus marquées par la peur du danger que représentent les immigrants en termes d'emploi et de troubles à l'ordre public que par un désir de les intégrer. Cette situation s'est aggravée depuis que la crise a frappé durement l'Espagne en 2008, même si le terme « immigrant » y recouvre toujours des catégories de population bien distinctes (personnes à la recherche d'un emploi mais aussi retraités à la recherche du soleil). Partant de la nécessité de repenser les cadres conceptuels de la démocratie pour l'adapter à un espace européen caractérisé par des flux migratoires, thèse exposée dans la première partie par Javier de Lucas et Maria José Añón, Ángeles Solanes Corella étudie dans le contexte espagnol la faillite du binôme citoyenneté-identité d'un point de vue juridique. En effet, dans les diverses réformes législatives récentes, l'immigrant demeure un objet, non un sujet, de droit, dont la citoyenneté en tant que pouvoir de participation est limitée, voire réduite à néant, en fonction de sa situation administrative. Les droits, dans le domaine de la santé par exemple, ont ainsi été réduits depuis 2012, allant jusqu'à contrevenir, dans le cas des immigrants en situation irrégulière aux droits fondamentaux contenus dans les traités internationaux dans le domaine. Enfin, l'auteur précise que la participation politique des immigrants constitue un prérequis indispensable à l'intégration, sans lequel une nouvelle conception de la citoyenneté ne saurait émerger. Elle pointe, tout comme le fait Stéphanie Couderc-Morandeau dans le chapitre suivant, les disparités qui existent d'un pays à l'autre dans les modes d'intégration des immigrants, malgré l'adoption depuis 2003 de *Principes de base communs pour l'intégration* et les conséquences de ces disparités sur le couple citoyenneté-identité. Pour ce qui est de la France, Stéphanie Couderc-Morandeau présente les nouveaux outils dont s'est doté le pays depuis 2006, dont le Contrat d'accueil et d'intégration établi par l'Office français de l'immigration et de l'intégration. Ce Contrat comprend une dimension médicale, civique et linguistique, et permet au migrant ayant satisfait à ses critères d'obtenir un titre de séjour. Contrairement à d'autres pays européens, la France choisit de tester « l'assimilation civique » par un entretien sans préparation et sans règles claires, dont les questions révèlent la persistance d'une vision politique assimilationniste, dans laquelle citoyenneté et identité ne font qu'une, montrant encore une fois que la construction de l'Europe se fait au moins autant au niveau de chacun des pays, avec son histoire et ses traditions, qu'au niveau supranational.

Le mode d'obtention de la citoyenneté britannique, très différent de la procédure française, est au centre du chapitre de Paul Lees qui, après avoir dressé un tableau de l'évolution de l'immigration récente au Royaume-Uni et souligné son utilisation opportuniste aussi bien dans le débat politique que dans les médias, détaille la procédure d'acquisition de la citoyenneté, en particulier par les « tests de citoyenneté ». Dans un deuxième temps, Paul Lees prend pour objet d'étude les émissions de télévision, de plus en plus nombreuses à évoquer les identités nationales du Royaume-Uni, pour analyser la vision de l'Autre véhiculée par celles-ci, qu'il s'agisse de l'expatrié britannique en Europe ou de l'immigré clandestin tentant de passer la frontière à Calais. Dans les deux cas, conclut l'auteur, il s'agit de réactiver un certain récit national, de réaffirmer des valeurs communes dans un contexte où le multiculturalisme ne fait plus recette politique et de rassurer la population, plus que de traduire une réalité autrement plus complexe. Ce récit et ces valeurs destinées à susciter une homogénéité, au moins de surface, dans un contexte ressenti comme menaçant, apparaissent également dans l'analyse du discours et la législation relative aux plantes exotiques, que choisit Sylvie Nail comme grille de lecture pour son chapitre consacré au discours dominant sur les identités nationales, l'immigration (avec le spectre de l'immigration clandestine) et l'intégration en Angleterre. Paradoxalement, dans un pays où le paysage tient une place essentielle dans l'identité et où il doit beaucoup à des plantes exotiques, l'heure est pourtant à la méfiance envers tout ce qui pourrait mener à une « écologie bâtarde ». Les discours et réglementations récents en matière de plantes exotiques traduisent un amalgame sans fondement scientifique entre végétaux exotiques et plantes envahissantes, elles-mêmes facilement assimilées à des immigrants clandestins, alors que l'observation de la réalité anglaise montre que les paysages peuvent devenir des lieux de partage où se tissent des liens et où se dessinent de nouvelles identités locales.

Enfin, rendant justice au fait que la construction européenne a des incidences évidentes sur les niveaux les plus proches des citoyens, la troisième et dernière partie se concentre sur les politiques et stratégies mises en œuvre dans les régions et au niveau local. Il convient dans cette dernière partie de différencier entre les régions/nations à compétences législatives et les autres. Au titre des premières, deux exemples sont étudiés, celui de l'Ecosse et celui de la Catalogne. Les articles respectifs d'Annie Thiec et de Mhoraig Green s'attachent à montrer l'ambigüité de la décentralisation limitée qui s'est mise en place en Ecosse depuis 1999. En effet, celle-ci exclut des domaines dévolus à Edimbourg les politiques en matière d'immigration, alors même que celles-ci ont des incidences évidentes sur des politiques qui, elles, sont du ressort du Parlement et du Gouvernement écossais, telles que l'éducation, le logement ou la santé. Dans un contexte où l'Ecosse désire ardemment attirer de nouveaux talents afin de dynamiser sa démographie et son économie, cette limitation constitue une pierre d'achoppement entre le gouvernement de Westminster et Parlement d'Edimbourg et nourrit les aspirations indépendantistes, note Annie Thiec. L'étude de cas des îles Shetland et de la ville de Glasgow menée par Mhoraig Green révèle cependant des différences notables selon les autorités locales et conclut que loin de résoudre tous les problèmes en matière d'immigration, l'indépendance pourrait bien ne pas constituer une solution miracle aux défis écossais. Dans le cas de la Catalogne, en revanche, présenté par Michel Landron, le transfert des compétences de l'Etat vers la Communauté autonome (*Generalitat*) de Catalogne en matière d'immigration, a été entériné dans le nouveau statut d'autonomie en 2006. S'interrogeant sur l'importance réelle de la question migratoire dans les élections, l'auteur analyse les scrutins municipaux et régionaux qui se sont tenus respectivement en mai 2011 et en novembre 2012. Contrairement à ce que l'on pourrait penser, la question n'occupe pas une place prépondérante dans les préoccupations des citoyens, même lorsque les étrangers extracommunautaires ont le droit de vote, comme c'est le cas en Catalogne depuis 2011. En revanche, la question de la langue revêt une dimension essentielle dans le sentiment d'identité et de cohésion sociale. Michel Landron souligne que l'apprentissage du catalan constitue un passage obligé pour obtenir certains documents de régularisation, et cette obligation trouve des échos dans beaucoup dans de nombreux autres pays qui soulignent l'importance de la langue comme facteur de cohésion nationale.

Aussi le chapitre suivant se concentre-t-il sur cette conséquence de l'hétérogénéité des migrants en Europe qu'est le plurilinguisme. Joanne Walker montre dans son étude des dispositifs de formation linguistique aux niveaux central et local en France et en Angleterre, que les cours de langue dans les pays d'accueil font désormais partie de l'arsenal destiné à une meilleure adaptation des migrants. Cependant, une analyse plus fine de leur mise en place et leurs modalités lui permet de conclure que la « variable nationale » joue pleinement son rôle, et que les cours de langue, loin d'être unifiés par un commun désir de cohésion et d'intégration, répondent d'une part à des priorités qui restent nationales, et dépendent d'autre part largement du volontarisme des organismes qui les dispensent.

Enfin, Anne-Sophie Lamblin-Gourdin conclut l'ouvrage en écho à plusieurs auteurs, en notant que c'est peut-être, plus qu'ailleurs, aux niveaux régional et local que l'on peut observer une « appropriation de la dimension européenne », en dépit du silence des traités fondateurs à leur sujet et de la diversité des situations dans les différents pays. Dès lors, il est essentiel d'étudier le statut juridique, encore embryonnaire, des autorités locales et régionales en droit de l'Union européenne, puisque c'est celui-ci qui va leur permettre de se saisir de la dimension européenne et de disposer de moyens d'action, en particulier dans le domaine de l'accueil des migrants. L'état actuel, conclut Anne-Sophie Lamblin-Gourdin, devra nécessairement être amélioré par une adaptation du droit primaire, afin de permettre aux collectivités territoriales de devenir actrices à part entière d'une véritable construction européenne.

I

Politiques et perspectives européennes

Michel CATALA, CRHIA, Université de Nantes

Libre circulation et mobilité en Europe : du succès à la remise en cause des accords de Schengen

La construction européenne, initiée dès l'après-guerre dans le cadre d'un projet d'unification politique, remet en cause l'Etat nation fauteur de guerre, à l'origine d'une Europe divisée par des frontières nationales devenues de véritables barrières. Dans le cadre d'Etats contemporains industrialisés, les contrôles sont plus efficaces et les frontières sont de plus en plus difficiles à franchir. Cette évolution s'est nourrie de l'augmentation du nombre de régimes autoritaires ou dictatoriaux au cours du premier XXe siècle. Les espaces frontaliers, autrefois zones d'échanges et de contacts, sont devenus des obstacles. A la fin des années quarante, la frontière devient le symbole des erreurs du passé et des menaces du présent. Le rideau de Fer puis le Mur de Berlin apparaissent comme l'apogée de la frontière mur, de l'obstacle infranchissable. A l'Ouest, dans l'Europe libre et démocratique, la transformation des zones frontalières en espace de contacts entre des peuples désormais réunis devient l'un des objectifs de la construction européenne. Pourtant, les pionniers de la libre circulation en Europe ne sont pas membres de la CEE. En 1954, les pays scandinaves créent l'Union nordique des passeports qui permet aux citoyens des cinq Etats de passer les frontières sans contrôle[1].

La libre circulation des personnes est au cœur du traité de Rome de mars 1957 et de la Communauté économique européenne. Pour réaliser le Marché commun, l'article 3c prévoit « l'abolition entre les Etats membres des obstacles à la libre circulation des personnes, des services et des capitaux ». L'européen est un « agent économique » dont la liberté de circulation doit permettre la mise en place d'un grand marché sans tarif douanier. Mais elle reste à l'état de principe. Les contrôles aux frontières n'ont pas été abolis : l'accès et autorisation d'entrée et de sortie du

1 Le traité est appliqué en 1958 par le Danemark, la Suède, la Norvège et la Finlande, rejoints par l'Islande en 1965.

territoire, le contrôle et les vérifications des identités, l'autorisation de séjour restent d'actualité quinze ans après la signature du traité. Pourtant, certains pays membres ont montré l'exemple. La Belgique, les Pays-Bas et le Luxembourg font figure de précurseurs au sein de la Communauté. Le traité d'union Benelux, signé le 3 février 1958 par les trois pays, proclame la libre circulation des personnes, comme le traité de Rome signé onze mois auparavant. Mais les trois pays ne s'en contentent pas, et l'accompagnent le 11 avril 1960 d'une Convention concernant le transfert du contrôle des personnes vers les frontières extérieures du territoire du Benelux. Elle s'applique le 1er juillet 1960 aux ressortissants des trois pays mais également aux étrangers, avec l'établissement d'un visa Benelux valable trois mois[2].

Hormis ces trois pays, la liberté de circulation des personnes n'existe pas en 1972 dans la CEE, lorsque les Neuf pays membres décident de lancer le projet d'Union européenne pour transformer l'Europe économique en véritable Union politique. Au sommet de Paris de décembre 1974, le Premier ministre belge Léo Tindemans est chargé de réaliser un rapport sur le la mise en place de ce grand projet. La déclaration finale du Sommet de Paris tente de relancer l'application de la libre circulation des personnes, vues désormais comme de véritables citoyens. Le point 11 demande le lancement d'une réflexion sur « les droits spéciaux qui pourraient être attribués aux citoyens européens dans un espace juridique communautaire ». Un comité d'experts doit réfléchir à « une uniformisation des passeports avant la mise en œuvre d'une union des passeports, de l'abolition du contrôle des passeports à l'intérieur de la Communauté et de l'harmonisation des conditions d'admission et de séjour dans chacun des Etats membres »[3]. Le 4 décembre 1975, le Conseil européen de Rome décide de l'instauration d'un modèle uniforme de passeports, prévu pour 1978. Le rapport Tindemans présenté le 29 décembre 1975 propose effectivement « la disparition des contrôles des personnes aux frontières ». Mais il est finalement enterré, à cause no-

2 La législation nationale du pays d'établissement prend le relais après à l'expiration du visa Benelux. Une seule mesure de sécurité commune est décidée en 1962, avec la signature d'un traité d'extradition et d'entraide judiciaire et l'établissement d'une liste commune des étrangers indésirables.

3 Communiqué de la réunion des chefs de gouvernement de la Communauté, Paris, 9 et 10 décembre 1974, *Bulletin des Communautés européennes*, décembre 1974, n° 12, pp.7-13.

tamment de l'opposition française face à des propositions politiques jugées trop fédérales, notamment celle des Gaullistes et du Premier ministre Jacques Chirac. Cette première tentative est un échec. Même le passeport n'est pas créé en 1978…

Il faut attendre la relance de la construction européenne des années quatre-vingt pour en finir avec les contrôles aux frontières. Mais la libre circulation prévue par les accords de Schengen est difficilement mise en place. L'élargissement et l'approfondissement de l'espace Schengen entre 1996 et 2007 sont pourtant remis en cause par les Etats membres à partir de 2008 sous l'effet de la crise économique et politique qui secoue l'Union européenne. L'histoire de Schengen est très révélatrice des succès et des difficultés du projet européen depuis trente ans.

1. Les accords de Schengen, une initiative française difficile à concrétiser

Il faut attendre la grande relance de 1984-1985 pour voir se concrétiser enfin le principe de la liberté de circulation. La perspective d'un marché unique devant parachever l'union économique en éliminant les obstacles non-tarifaires aux frontières, notamment l'ensemble des formalités administratives, pose la question du maintien des contrôles sur les personnes. En 1983, François Mitterrand choisit de relancer la construction européenne, et la présidence française du premier semestre 1984 doit en être le théâtre. Dans son discours du 24 mai 1984 devant le Parlement européen, le président français souhaite la création d'une Europe politique au prix s'il le faut de modèles institutionnels et politiques à géométrie variable[4]. Il peut compter sur le soutien du chancelier allemand Helmut Kohl, qui partage sa volonté d'impulser une véritable union politique.

Le Conseil européen de Fontainebleau des 25 et 26 juin 1984 fait de l'Europe des citoyens l'un des deux axes majeurs de la relance souhaitée : un comité doit se réunir pour faire des propositions concrètes

---

4 BOSSUAT, Gérard, *La France et la construction de l'unité européenne,* Paris, Armand Colin, 2012.

« propres à renforcer et à promouvoir son identité auprès de ses citoyens et dans le monde ». Très symboliquement, François Mitterrand présente le modèle européen de passeport, qui est enfin mis en circulation en janvier 1985[5]. Ce comité baptisé du nom de son président, l'italien Pietro Adonnino, remet deux rapports : le premier, au Conseil européen de Bruxelles le 29 mars 1985, est consacré au problème de la libre-circulation des personnes avec des mesures concrètes de simplification des démarches administratives. Le comité expose des solutions dans quatre domaines où les principes communautaires du traité de Rome ne parviennent toujours pas à trouver une solution en 1985 : la libre circulation dans la vie professionnelle, en réduisant les inégalités de traitement dans l'imposition des salariés, notamment entre résidents et non-résidents d'un Etat membre ; la reconnaissance mutuelle et générale des diplômes par les Etats membres pour mettre un terme aux problèmes liés au droit d'établissement ; la reconnaissance des qualifications professionnelles, pour faciliter la mobilité des travailleurs ; « le droit général de séjour pour tous les citoyens de la Communauté », de manière à lever les obstacles liés aux conditions de séjour[6]. Le Conseil européen de Bruxelles accepte l'ensemble des propositions de ce rapport et demande leur application rapide par les Etats et par le Conseil. Le livre blanc sur le Marché unique, présenté par Jacques Delors le 14 juin 1985, reprend explicitement les recommandations du premier rapport du Comité Adonnino, notamment dans sa première partie sur « l'élimination des frontières physiques »[7]. Elles seront au cœur de l'Acte unique de 1986.

La France et l'Allemagne décident d'aller de l'avant dans le domaine de la libre circulation. Le 13 juillet 1984, les deux pays signent à Sarrebruck un accord prévoyant l'allègement des contrôles aux frontières, notamment par de simples contrôles visuels sur les véhicules de tourisme. Mais la question de la suppression des contrôles aux frontières

5 La délivrance du passeport reste sous l'autorité des Etats, il s'agit seulement d'un modèle uniforme, de format unique et de couleur grenat, portant la mention « Communauté européenne » dans la langue de l'Etat émetteur en couverture.

6 Rapport du Comité ad hoc « Europe des citoyens » adressé au Conseil européen de Bruxelles (29-30 mars 1985), *Bulletin des Communautés européennes*, mars 1985, n° 3, pp.120-126.

7 Commission des Communautés européennes, *L'achèvement du marché intérieur*, Livre blanc de la Commission à l'intention du Conseil européen, Bruxelles, juin 1985.

de l'ensemble des Neuf se heurte à l'opposition d'un certain nombre de pays, notamment le Royaume-Uni, qui ne souhaite pas se passer de ce symbole de la souveraineté nationale. Sur l'initiative de François Mitterrand et d'Helmut Kohl, un groupe pilote de cinq pays membres fondateurs, la France, la RFA, les Pays-Bas, la Belgique et le Luxembourg signent les ambitieux accords de Schengen le 14 juin 1985, hors du cadre communautaire[8]. Ils prévoient la suppression des contrôles à leurs frontières communes pour leurs citoyens comme pour les ressortissants de pays tiers, avec un report des contrôles aux frontières extérieures, la mise en place de visas communs, l'harmonisation des droits d'asile, une coordination des polices pour lutter contre l'immigration clandestine et les trafics de toute nature[9]. L'accord est ambitieux, et va plus loin que la convention de 1960 entre les trois pays du Benelux, notamment sur les mesures sécuritaires et sur le visa commun et le droit d'asile. Véritable acte fondateur d'une coopération politique européenne jusque là cantonnée aux questions de politique extérieure, les accords de Schengen sont le fruit d'une volonté politique, qui parvient avec difficulté à s'imposer à des administrations hostiles. Catherine Lalumière, secrétaire d'Etat aux Affaires européennes signataire de la convention dans le décor champêtre de la petite ville frontalière luxembourgeoise, se souvient toujours de ses longs entretiens avec les représentants du ministère de l'Intérieur et des Douanes lui exposant la longue liste des impossibilités administratives et techniques empêchant la réalisation du projet[10] ! Les accords reposent essentiellement sur une confiance mutuelle entre les Etats signataires, difficilement compatible avec les pratiques et les méfiances accumulées depuis plusieurs siècles...

Ces résistances expliquent en grande partie les cinq longues années de négociations qui conduisent à la signature de la convention

---

8 Il est intéressant de noter le peu de place accordé par les historiens à la signature de ce traité, totalement éclipsé dans les ouvrages généraux par le conseil européen de Milan et la création de l'Acte unique. Seule Marie-Thérèse BITSCH y consacre fort justement plusieurs pages dans son excellent ouvrage, *Histoire de la construction européenne*, Bruxelles, Complexe, première édition en 1996.

9 HREBLAY, Vendelin, *Les accords de Schengen, origine, fonctionnement, avenir*, Bruxelles, Bruylant, 1998, la seule synthèse existant en français, et déjà datée.

10 Il faut écouter le témoignage de Catherine LALUMIÈRE réalisé en 2006 : <www.cvce.eu/viewer/-/content/85242987-a067-4700-9030-e8ebe0cf89ee/2687b7bc-0c51-4d5d-895a-1934fb168eea/fr> (dernière consultation le 15 octobre 2013).

d'application. La mise en place finale était prévue à l'origine pour 1990 ! La méthode intergouvernementale montre rapidement ses faiblesses, alors que la méthode communautaire choisie pour réaliser l'acte unique démontre au même moment toute son efficacité pour supprimer les contrôles douaniers ! Dès juin 1989, le gouvernement allemand reconnait que les délais ne seront pas tenus. Et c'est seulement en novembre 1989 que les négociateurs des cinq Etats tombent enfin d'accord sur un texte commun, après des discussions restées longtemps secrètes et qui provoquent de fortes appréhensions, notamment dans les Parlements nationaux. Trois domaines ont fait l'objet d'âpres négociations : l'échange de données informatisées, qui nécessite un système complexe à élaborer ; le droit de suite transfrontalier, que les Allemands souhaitent illimité mais que les autres partenaires veulent strictement encadrer ; enfin, le droit d'asile, sous le regard inquiet des associations de défense des réfugiés qui craignent dès 1987 que les nouvelles mesures de sécurité aux frontières extérieures viennent restreindre les possibilités d'asile des réfugiés politiques[11]. Et le contexte s'en mêle : la chute du mur impose l'arrêt de la procédure de signature de la convention à la demande allemande, puisque désormais la fin des contrôles devra aussi s'appliquer à l'ex-RDA ! Finalement, la convention d'application signée le 19 juin 1990 prévoie des mesures concrètes comme la mise en place du Système d'information Schengen, qui permet de regrouper l'ensemble des données nationales de police sur les contrôles aux frontières, pour permettre le signalement des personnes à interpeller, à empêcher d'entrer dans l'espace commun ou à expulser, et le signalement des voitures, armes ou billets volés. La convention prévoit également un visa commun à définir, et un droit de poursuite très limité des polices nationales sur les territoires voisins[12] ! L'article 2.2 donne aux Etats la possibilité de rétablir temporairement les contrôles aux frontières communes en cas de circonstances exceptionnelles d'ordre ou de sécurité public.

---

11 Le système s'avère très compliqué à mettre en place car il nécessite des capacités de stockage très importantes pour l'époque, soit 1,5 giga-octets.... *Le Monde*, le 15 novembre 1989, article de Marion GEORGES.

12 Une convention sur le droit d'asile a été signée à Dublin dans le cadre communautaire le 15 juin 1990, mais sans le Danemark. Quant au visa commun, il est acté par les pays membres le 15 décembre 1992 et concerne les ressortissants de 120 pays qui pourront ainsi traverser librement les frontières communes des pays signataires.

Durant les deux années suivantes, quatre nouveaux pays signent les accords de Schengen, l'Italie, l'Espagne, le Portugal et la Grèce, tandis que les Cinq d'origine les ratifient. En France, le vote a lieu à l'Assemblée nationale le 5 juin 1991. Lors du débat parlementaire, la droite s'est montrée divisée sur la question, mais la ratification est pourtant acquise sans difficulté par Elisabeth Guigou, ministre chargée des Affaires européennes dans le gouvernement d'Edith Cresson, grâce à une large alliance de circonstance allant des socialistes aux gaullistes modérés[13]. Le président du RPR Jacques Chirac souhaite cette ratification, confirmant ainsi l'évolution pro-européenne de son mouvement[14]. Finalement, l'espace Schengen réunit neuf pays membres de la CEE sur douze. Le Royaume-Uni, l'Irlande et le Danemark restent à l'extérieur au moment de la signature du Traité de Maastricht en février 1992 qui crée pourtant une citoyenneté européenne et élargit le principe de la libre circulation à tous les citoyens des Etats membres, désormais citoyens européens[15]. Mais le traité n'a pas intégré les accords de Schengen, qui devait être un « laboratoire » ayant vocation à s'élargir rapidement à toute la Communauté, mais qui reste expérimental et ne sera pas généralisé ! Maastricht confirme la mise en place d'une Europe à deux vitesses, ou plutôt trois, avec les exceptions concernant la monnaie unique[16]. Le projet d'Union économique et monétaire, au cœur du Traité, polarise le débat et concentre les oppositions des souverainistes, notamment en France. Le succès très étriqué du oui au referendum de septembre 1992 révèle la force de l'euroscepticisme, et des crispations souverainistes de l'électorat de droite et d'extrême-droite. Depuis 1991, le contexte international ne facilite pas la tâche : la disparition de l'URSS et l'instabilité

---

13 Le député RPR Pierre MAZEAUD tente de bloquer la ratification, en appelant au Conseil constitutionnel, mais finalement sans succès. La procédure de ratification s'éternise aux Pays-Bas jusqu'à l'automne 1992 devant les réticences des parlementaires, qui obtiennent à cette occasion du gouvernement un « droit de veto » sur l'application des accords, de manière à conserver un contrôle démocratique face à l'exécutif.

14 Entre 1986 et 1988, le gouvernement de Jacques CHIRAC ne s'est pas opposé aux accords signés un an auparavant, ni d'ailleurs aux travaux préparatoires à la mise en place du Marché unique.

15 L'opposition du Danemark tient en grande partie à l'existence de l'Union nordique des passeports, évidemment privilégiée.

16 Le Royaume-Uni et le Danemark obtiennent finalement le droit de ne pas adopter la future monnaie unique, à la base de l'UEM.

en Europe orientale, le déclenchement successif de deux guerres civiles aux portes de l'Union, en Ex-Yougoslavie et en Algérie, poussent les Européens à se réfugier derrière leurs frontières plutôt qu'à envisager leur ouverture...

C'est dans ce contexte difficile que les accords de Schengen doivent entrer en application le 1er juillet 1993 pour accompagner la création effective du Marché unique, ouvert le 1er janvier 1993 comme prévu. Mais la convention d'application stipule qu'elle « ne sera mise en vigueur que lorsque les conditions préalables à l'application de la convention seront remplies dans les Etats signataires et que les contrôles aux frontières extérieures seront effectifs ». Cette précaution, qui visait à l'origine l'Allemagne réunifiée, sert de prétexte à certains pour retarder à nouveau l'application. Car le gouvernement français la refuse pour des raisons de politique intérieure. La victoire de la droite aux élections législatives de 1993 s'accompagne d'une politique plus sécuritaire et d'une lutte affichée contre l'immigration clandestine, symbolisée par l'arrivée au ministère de l'Intérieur de Charles Pasqua, l'un des leaders des opposants au Traité de Maastricht. Les succès électoraux de Jean-Marie Le Pen poussent la droite parlementaire à radicaliser son action pour récupérer cet électorat[17]. Le nouveau gouvernement regroupe des partisans de l'Union (comme Alain Juppé, ministre des Affaires étrangères), mais aussi de nombreux adversaires[18]. Alain Lamassoure, le ministre délégué aux Affaires européennes du gouvernement d'Edouard Balladur, l'annonce officiellement le 29 avril 1993 : « les conditions préalables à la libre circulation des personnes ne seront réunies ni d'ici la fin de l'année 1993 ni même sans doute avant une période assez longue[19] ».

---

17 Jean-Marie LE PEN a obtenu 14,38 % des voix au premier tour de la présidentielle de 1988, seulement 2,3 % de moins que le candidat de l'UDF pro européen, Raymond BARRE. Le Front national s'installe comme le quatrième parti politique du pays, réalisant 12,5 % des voix aux législatives de 1993.

18 Philippe SEGUIN, l'emblématique porteur du non à Maastricht, devient Président de l'Assemblée nationale.

19 Cité par *Le Monde*, 2/5/1993, article de Pierre SERVENT et Bernard PHILIPPE. Lors du débat de ratification, Alain LAMASSOURE, UDF, était très critique sur l'accord de Schengen mais avait finalement voté oui. Les arguments avancés par le ministre reprennent des retards techniques mais les accompagnent d'arguments politiques. Le passage du débat sur Maastricht en 1992 et le succès très limité du referendum ont incontestablement laissé des traces fortes dans les rangs de la droite parlementaire.

Plusieurs raisons sont avancées : la dépénalisation de la drogue aux Pays-Bas et en Espagne qui ouvrent la route d'un trafic jugé trop dangereux, des contrôles aux frontières extérieures insuffisants en Italie et en Grèce, enfin des problèmes techniques dans la mise en place du fameux SIS, le système informatique Schengen. L'annulation par le Conseil constitutionnel en août 1993 de plusieurs dispositions d'une loi sur l'immigration relative à l'application des accords européens sur le droit d'asile complique encore une situation déjà complexe. Charles Pasqua en profite pour demander une révision constitutionnelle afin de durcir les conditions du droit d'asile, finalement adoptée le 19 novembre 1993, au risque de montrer Schengen comme le responsable d'une politique migratoire plus restrictive. Pour une partie de l'opinion, et notamment les associations de défense des demandeurs d'asile, Schengen symbolise désormais le durcissement des possibilités d'accueil des migrants clandestins. Les problèmes techniques du SIS sont ensuite régulièrement évoqués par le gouvernement français pour reporter l'application des accords. Le système informatique, dont la mise en place est pourtant gérée par la France depuis Strasbourg, semble poser des problèmes techniques insurmontables. Son absence de fiabilité est dénoncée par plusieurs rapports parlementaires français en 1993 et 1994, les rapporteurs RPR allant même jusqu'à remettre en cause la possibilité d'appliquer un jour les accords !

Finalement, une date pour la mise en application concrète de Schengen est arrachée par l'Allemagne, le 26 mars 1995. Elle est appliquée par sept Etats membres, mais sans enthousiasme particulier, ni cérémonies officielles conjointes. L'heure n'est plus à l'enthousiasme des années quatre-vingt ! L'instabilité de l'Europe balkanique, la peur de l'immigration clandestine, « l'euroscepticisme » des populations, tout concourt à rafraîchir les gouvernements européens. Le gouvernement français impose même une phase probatoire de trois mois jusqu'au 1er juillet 1995, sur fond de campagne présidentielle. La police française peut ainsi continuer à exercer ses contrôles frontaliers, une mesure symbolique qui marque le maintien d'une méfiance politique, même si les pays les moins fiables et les moins préparés pour exercer un contrôle efficace sur leurs frontières extérieures, l'Italie et la Grèce, ont sagement reporté l'application. Dès le mois d'avril, les gouvernements allemands et belges se plaignent d'une application très partielle des accords par le gouvernement français. Cette mauvaise volonté caractérisée se nourrit du moindre prétexte. Fin juin 1995, après l'élection de Jacques Chirac, le nouveau gouvernement Juppé fait jouer la clause de sauvegarde pour maintenir les contrôles, y compris dans les aéroports, devant les divisions de sa majorité sur la question, mais aussi devant la progression du Front national aux élections présidentielles[20]... La vague d'attentats terroristes qui frappent le pays de juillet à octobre 1995 justifie ensuite tout naturellement le maintien des contrôles. Finalement, la clause est levée en avril 1996. La France a finalement retardé l'application complète de trois ans, et marqué celle-ci par le doute et le scepticisme !

2. Elargissement et approfondissement

La disparition des postes frontières est enfin effective, avec un espace commun sans obstacles. La libre circulation est une réalité, près de quarante ans après la signature du Traité de Rome. L'espace Schengen s'approfondit et s'élargit durant les dix années suivantes, dans un processus parallèle. L'élargissement géographique est continu, suivant la double chronologie de la signature des accords puis de leur application concrète. L'espace Schengen se révèle particulièrement attractif. L'Autriche signe les accords en 1996, et les applique rapidement, dès 1997, la même année que l'Italie et la Grèce. En décembre 1996, un second élargissement se profile en direction de la Scandinavie avec la signature du Danemark, des deux nouveaux Etats membres, la Suède et la Finlande, mais aussi pour la première fois de deux pays non membres de l'UE, la Norvège et l'Islande, afin d'intégrer l'ensemble des Etats membres de l'Union nordique des passeports. Mais ils n'appliqueront l'accord qu'en 2001. Neuf des dix Etats issus du grand élargissement de 2004, la Pologne, la Hongrie, la République tchèque, la Slovaquie, la Slovénie, Malte, la Lettonie, la Lituanie et l'Estonie, entrent à leur tour le 21 décembre 2007[21]. Cette suppression des contrôles aux frontières

20 Jacques CHIRAC, pendant la campagne, n'avait pas exclu la possibilité de renégocier les accords de Schengen. *Le Monde*, le 7 avril 1995.

21 Le cas de Chypre est particulier, vu la partition de l'île, et fait l'objet d'une application reportée.

des anciens PECOS est marquée par de nombreuses cérémonies, comme si l'application de la libre circulation signifiait l'entrée définitive dans l'espace européen, le couronnement d'un long parcours de réintégration ! Quel contraste avec le scepticisme des sept premiers Etats occidentaux lors de la première mise en application des accords, plus de onze ans auparavant ! Les derniers élargissements ont lieu en 2008 pour la Suisse (signataire en 2004) et enfin en 2011 pour le Liechtenstein (signataire en 2008). Au total, l'espace Schengen compte 26 Etats, dont 22 de l'UE et quatre Etats associés[22].

L'approfondissement est essentiellement le résultat de l'intégration des accords de Schengen dans l'Union européenne, à l'intérieur du nouvel Espace de liberté, de sécurité et de justice créé par le traité d'Amsterdam d'octobre 1997. Elle reste conditionnée par la signature de la convention par les Etats membres, ce qui permet aux Britanniques et aux Irlandais de conserver leur spécificité. Cette intégration des accords dans les premier et troisième piliers de l'UE doit s'accompagner d'une harmonisation des contrôles aux frontières extérieures et d'une coopération policière et judiciaire renforcée entre les Etats membres. Dans un délai de cinq ans après l'entrée en vigueur du Traité, l'espace Schengen doit obéir désormais aux règles de l'Union européenne en matière de visas, d'asile, d'immigration et de libre circulation des personnes[23]. L'Espace de liberté, de sécurité et de justice, à l'image de l'UEM, fonctionne désormais dans le cadre de l'Union européenne, mais dans une géométrie variable selon l'application ou non des accords de Schengen. Malgré cette réserve, la mise en place d'une procédure décisionnelle normalisée renforce considérablement la « communautarisation » des accords, et espère-t-on, leur solidité à terme, en les retirant d'une méthode intergouvernementale extérieure à l'Union. Le compromis trouvé dans les accords d'Amsterdam permet finalement de satisfaire toutes les parties[24]. A compter du 1er janvier 2005, ces décisions sont désormais appli-

---

22 La Roumanie et la Bulgarie, signataires des accords, ne les appliquent pas encore.

23 Pour une étude détaillée sur la politique migratoire de l'UE, voir la thèse de droit d'Yves PASCOUAU, *La politique migratoire de l'Union européenne, de Schengen à Lisbonne*, Paris, Fondation Varenne, 2010. Il manque encore une synthèse pratique d'ensemble sur la question.

24 Il nous manque ici des informations sur les positions des Etats membres dans la négociation du Traité d'Amsterdam, notamment celle de la France, dans des

quées : le Conseil décide à la majorité qualifiée avec l'application de la procédure de codécision avec le Parlement européen, la commission disposant d'un droit d'initiative exclusif[25]. Désormais, les accords de Schengen font partie de l'acquis communautaire, ce qui explique leur prise en compte par tous les nouveaux Etats membres dès 2004.

Au tournant des années 2000, la question du contrôle des frontières extérieures de l'UE devient la préoccupation principale des Etats membres. L'intensification des flux migratoires au sud de l'Europe et en Méditerranée (notamment en Grèce, en Italie et en Espagne) provoque une véritable réflexion commune sur la gestion des flux migratoires et sur le contrôle des frontières, notamment lors de la présidence espagnole de 2002 (problème du contrôle du détroit de Gibraltar et des arrivées à Ceuta et Melilla). Les succès électoraux de l'extrême droite, en Autriche et en France notamment, accentuent la sensibilité de leurs gouvernements sur ces questions. La perspective de l'élargissement à l'Est renforce ces appréhensions. La création de l'agence européenne FRONTEX en octobre 2004, quelques mois seulement après le Grand élargissement, qui s'installe fort symboliquement à Varsovie en 2005, illustre cette politique de coordination de la surveillance des frontières terrestres et maritimes extérieures. L'agence doit accélérer la mise en place de normes communes, aider à la formation des gardes-frontières, à l'installation de nouveaux moyens technologiques, sans remettre en cause la souveraineté des Etats sur le contrôle de leurs frontières.

La liberté de circulation intérieure s'accompagne désormais d'une politique européenne de lutte contre l'immigration clandestine, qui participe à la dénonciation par de nombreuses ONG d'une Europe forteresse qui se ferme au reste du monde. Schengen est accusé d'établir une barrière supplémentaire pour empêcher les migrants d'arriver en Europe, qui facilite les expulsions des clandestins. La libre circulation ne profiterait qu'aux Européens… Pour les gouvernements, majoritairement conservateurs, il s'agit au contraire de lutter contre l'immigration clandestine en renforçant la coopération aux frontières extérieures, et en

---

négociations ouvertes par le gouvernement JUPPÉ et clôturées sous le gouvernement JOSPIN.

25 BASILIEN-GAINCHE, Marie-Laure, « La remise en cause des accords de Schengen », *Ceriscope*, <http://ceriscope.sciences-po.fr> (dernière consultation le 15 octobre 2013).

avançant vers une véritable politique commune en matière de migrations. Le 27 mai 2005, sept Etats signent une convention appelée « Schengen plus », qui leur permet d'accentuer la coopération transfrontalière en matière de lutte contre le terrorisme, la criminalité et les migrations illégales. Des premières opérations communes de surveillance maritime en Méditerranée sont lancées dans le cadre de FRONTEX en 2007 (opération Poséidon), l'agence pouvant également mobiliser en cas d'urgence des « équipes d'intervention rapide aux frontières » qui doivent permettre à un Etat membre de renforcer ces contrôles lors de situations d'urgence liées à « un afflux massif d'immigrants clandestins », système curieusement appelé RABIT. L'Union crée un « Fonds pour les frontières extérieures » dans le cadre de la programmation budgétaire 2007-2013, qui vise à aider les actions nationales ou transnationales concernant l'amélioration de la surveillance des frontières[26]. Mais la question de la libre circulation interne n'est pas remise en cause, même si le contrôle aux frontières communes est rétabli périodiquement en application de l'article 2.2. Il prévoit deux possibilités, soit pour une période de trente jours dans le cas d'évènements prévisibles, soit par une procédure d'urgence en cas de risque pour l'ordre public. Le système est utilisé à plusieurs reprises, notamment lors des sommets du G8 et des rassemblements du mouvement altermondialiste, lors du sommet de l'OTAN à Strasbourg-Kehl en 2009, ou encore par l'Allemagne lors de la Coupe du monde de football de 2006. Mais cette utilisation respecte les processus établis, en coopération entre partenaires frontaliers, avec un rétablissement des contrôles pour une période déterminée et pour un évènement particulier.

L'instauration progressive de la libre circulation par l'adoption des accords de Schengen trouve tout son sens lors de son application par les pays d'Europe centrale et orientale en 2007, plus de vingt ans après leur signature et plus de dix ans après leur première application. Pourtant, à peine généralisée à 26 Etats, la libre circulation est remise en cause là où elle est née, en France.

---

26 Le suivi des questions relatives à l'espace de liberté, sécurité et justice est possible sur un portail de bonne qualité : <http://europe-liberte-securite-justice.org/> (dernière consultation le 15 octobre 2013).

3. L'Europe en crise, Schengen en difficulté

L'échec de la ratification du Traité constitutionnel européen en 2005 ouvre une période de crise politique, que la mise en place du Traité de Lisbonne ne peut masquer. La crise économique qui frappe l'Europe depuis 2008 ne fait que renforcer l'euroscepticisme des populations, tandis que la montée des populismes accentue encore les replis nationaux et les craintes face aux migrations. L'élargissement à la Bulgarie et à la Roumanie, effectif en 2007, s'accompagne de mesures particulières limitant la liberté de circulation par crainte de flux migratoires incontrôlables. Le signe politique est symbolique : la liberté de circulation est à nouveau soumise à condition pour les nouveaux entrants…

Les réticences se vérifient à nouveau en France, comme au début des années 90. Nicolas Sarkozy mène une politique très active de lutte contre l'insécurité et contre l'immigration clandestine, avec une équipe de collaborateurs issue en partie d'opposants historiques à l'Europe intégrée, comme Henri Guaino, ancien collaborateur de Philippe Séguin et de Charles Pasqua, ou Claude Guéant, secrétaire général de l'Elysée depuis 2007, ancien directeur-adjoint du cabinet de Charles Pasqua en 1994. Le président français se présente volontiers comme un européiste convaincu, mais défend toujours une pratique très solitaire et volontariste, dans un cadre de stricte coopération entre Etats, laissant ses partenaires perplexes devant ses initiatives[27]. La question de l'immigration est l'une des quatre priorités affichées de la présidence française de l'Union au second semestre 2008, dont Nicolas Sarkozy veut faire une vitrine politique. Le Pacte européen pour l'asile et l'immigration adopté au Conseil européen du 16 octobre 2008 cherche à concilier impératifs sécuritaires et contrôle de l'immigration, notamment par l'établissement de partenariats avec les pays d'origine et de transit. C'est une feuille de route qui établit des objectifs pour l'Union et pour ses Etats membres. Il s'agit d'organiser la coopération sur l'immigration légale, de mieux contrôler l'immigration irrégulière et de favoriser le retour des migrants clandestins. Le pacte prévoit l'instauration d'un « régime d'asile européen commun » et le renforcement de « l'efficacité des contrôles aux

27 Son projet d'Union méditerranéenne, lancé avec fracas dès 2007, provoque de fortes réserves de la plupart des Etats membres.

frontières extérieures de l'Union », par l'établissement de visas biométriques (prévu en 2012) et l'augmentation des moyens de l'agence Frontex[28]. La coopération avec les pays d'origine ou de transit passe également par l'octroi d'aides à leurs autorités chargées du problème migratoire, notamment pour leur formation et leur équipement. Les Européens souhaitent lutter contre l'immigration clandestine « à la source », et l'esprit du pacte est bien de renforcer les contrôles aux frontières extérieures, provoquant d'ailleurs l'hostilité de l'ensemble des associations d'aide aux migrants, stigmatisant à nouveau « l'Europe forteresse » en construction. Nicolas Sarkozy obtient un succès politique dans un cadre qui maintient totalement l'autonomie des Etats membres, mais dont l'efficacité reste à démontrer[29].

C'est la volonté de Nicolas Sarkozy d'accentuer sa politique de lutte contre l'insécurité et l'immigration clandestine qui le conduit progressivement sur le terrain du contrôle des frontières intérieures de l'Union. A l'été 2010, le Président de la République demande dans un fameux discours à Grenoble le démantèlement des campements clandestins des Roms dans le cadre de la lutte contre l'insécurité, et une nouvelle réforme de la politique de lutte contre l'immigration clandestine. Le Président français durcit sa politique pour convaincre l'électorat de droite et d'extrême-droite à moins de deux ans des prochaines élections. Ce discours, très critiqué en France comme à l'étranger car accusé de stigmatiser la population Rom issue d'un pays membre de l'UE, provoque même une réaction de la Commission européenne qui rappelle à la France la nécessité de respecter les règles de la libre circulation. Le gouvernement français suit sa logique politique. A l'heure où il s'engage à expulser les clandestins vers leur pays d'origine, le ministre de l'Intérieur, Brice Hortefeux estime que la Roumanie et la Bulgarie ne sont pas prêtes à entrer dans l'Espace Schengen à la date prévue. Le 23 décembre 2010, dans une lettre signée conjointement avec son homologue allemand, Thomas de Maizière, les deux ministres s'opposent officiellement à l'entrée des deux Etats, jugée « prématurée ». Sofia et Bucarest doivent faire davan-

---

28 Voir la synthèse du pacte et son texte complet sur : <http://europa.eu/legislation_summaries/justice_freedom_security/free_movement_of_persons_asylum_immigration/jl0038_fr.htm> (dernière consultation le 15 octobre 2013).

29 Le fameux régime d'asile européen commun reste à l'état de projet cinq ans plus tard.

tage d'efforts pour lutter contre la criminalité organisée et la corruption. Pour Laurent Wauquiez, ministre délégué aux Affaires européennes, « si nous leur confions nos frontières, il est légitime que nous puissions avoir toutes les garanties pour que ces frontières soient bien gardées avec des douaniers en mesure d'exercer toute la vigilance que nous sommes en droit d'attendre [...] Aujourd'hui cela n'est pas le cas[30] ». La décision est irrévocable, l'unanimité des pays membres est exigée. La chancelière allemande partage la vigilance française, et l'axe franco-allemand cherche à apparaître soudé à l'heure de la crise de la zone Euro.

Cette évolution se vérifie en 2011, avec les mesures unilatérales prises le 17 avril par le gouvernement français pour restaurer les contrôles à la frontière franco-italienne. Les « printemps arabes » déstabilisent l'ensemble du bassin méditerranéen, l'espace déjà le plus sensible aux pressions migratoires. Les révolutions tunisiennes puis libyennes provoquent un flux migratoire inattendu en Italie, avec des arrivées clandestines massives sur l'île de Lampedusa[31]. Face à une « crise migratoire » inédite, les gouvernements européens s'avèrent incapables de gérer collectivement le problème. Les relations franco-italiennes s'assombrissent en mars, quand Nicolas Sarkozy prend la tête d'une coalition internationale pour intervenir militairement contre le régime Kadhafi en Libye en soutien à la rébellion. Berlusconi se refuse à le suivre, prenant grand soin de rester à l'écart du conflit et condamnant l'initiative française. Les accords de Schengen se retrouvent au cœur d'une crise politique entre deux Etats membres. Malgré le désaccord de la France, le gouvernement italien décide d'accorder des permis de séjour de six mois aux migrants tunisiens arrivés depuis janvier sur son territoire, pour leur permettre de rejoindre « familles et amis », et finalement pour ne pas les conserver en Italie. Ce risque d'une arrivée massive de migrants tunisiens en France (on estime alors que 20 000 personnes débarquent en Italie en quelques semaines) provoque une réaction française, tandis que le gouvernement belge dénonce un « détournement »

30 Cité par *Le Monde*, 21 décembre 2010. La Roumanie et la Bulgarie se voient opposer deux nouveaux refus, symbolisés par le veto néerlandais, en septembre 2011, en mars 2012 et enfin en mars 2013.

31 L'agence Frontex, à la demande de l'Italie, a déclenché une opération RABIT d'assistance sur Lampedusa baptisée Hermes 2011, avec une trentaine d'experts provenant d'une dizaine de pays et des moyens matériels (avions, hélicoptères, bateaux). Plus de 6 000 migrants sont arrivés à Lampedusa le mois précédent.

des accords de Schengen. La décision spectaculaire de stopper la circulation des trains à la frontière franco-italienne de Vintimille pour cause de risque de « désordre public » suscite l'indignation italienne et une vive polémique en France. Le nouveau ministre de l'Intérieur, Claude Guéant, souhaite s'en tenir à une stricte application juridique des accords en renvoyant en Italie les migrants ne pouvant justifier de ressources suffisantes[32]. Mais le risque est-il avéré ? Cette évaluation reste du ressort des Etats membres…

Nicolas Sarkozy en profite pour réclamer une réforme des accords de Schengen pour permettre la reprise des contrôles nationaux en cas de « risque systémique » aux frontières extérieures et de nouvelles clauses de sauvegarde face à « une gouvernance de Schengen défaillante »[33]. Cette réclamation d'une véritable réforme du système est une première, et provoque un certain désarroi à Bruxelles, qui n'a visiblement pas anticipé la manœuvre française. Le 26 avril 2011, Nicolas Sarkozy et Silvio Berlusconi constatent leur désaccord sur le sort des migrants tunisiens mais réclament dans une lettre commune à la Commission européenne la révision des accords de Schengen. « Pour que Schengen vive, Schengen doit être réformé », menace le Président français, tandis que l'opposition s'inquiète d'une remise en cause de l'un des acquis fondamentaux de la construction européenne, la liberté de circulation. Soucieux de ne pas déplaire à leur électorat gagné par les idées du Front national et de la Ligue du nord, les deux hommes souhaitent démontrer leur fermeté en s'attaquant à un symbole de l'ouverture européenne. La France souhaitait de toutes les manières poser ce problème lors du Conseil européen de juin 2011, avec le soutien de l'Allemagne, mais aussi des Pays-Bas, de la Finlande et de l'Autriche[34]. La France suit une politique réfléchie depuis

32 Pour une analyse juridique des décisions françaises et italiennes, voir l'excellent article de Marie-Laure BASILIEN-GAINCHE, *op.cit.*

33 *Le Monde*, le 22 avril 2011.

34 La présence de ces trois pays aux côtés du duo franco-allemand n'est pas le fruit du hasard : les élections législatives de juin 2010 aux Pays-Bas sont marquées par la victoire du Parti populaire libéral et démocrate dont le leader parvient non sans mal à former un gouvernement minoritaire, qui survit grâce au soutien de l'autre grand vainqueur des élections, le parti pour la Liberté de Geert WILDERS (15,5% des voix !), très connu pour ses positions contre l'immigration. Le 17 avril 2011, les élections législatives finlandaises sont marquées par le triomphe du parti des Vrais finlandais, nationaliste et anti-européen, qui devient le second parti du pays avec

l'automne 2010, l'affaire tunisienne permettant fort opportunément à Nicolas Sarkozy d'afficher spectaculairement sa position.

La Commission européenne s'exécute sans réticence et commence à travailler sur des propositions de réformes, « otage d'un débat qui la dépasse »[35]. Cecilia Malström, commissaire chargée des Affaires intérieures, présente le 4 mai une communication sur les migrations qui propose l'assouplissement des règles de rétablissement des contrôles, mais en les encadrant par un renforcement des pouvoirs de l'UE dans ce domaine :

> Il faut éviter que des gouvernements définissent eux-mêmes les conditions de réinstauration des contrôles aux frontières. Une telle décision, parce qu'elle nous affecterait tous, devrait nécessairement être approuvée par les institutions européennes[36].

Mais certains Etats ne l'entendent pas ainsi. Le Conseil européen de juin 2011 demande officiellement la révision du mode de rétablissement des contrôles aux frontières, malgré une forte opposition du Parlement européen. Le débat rebondit avec les mesures unilatérales de reprises des contrôles annoncées en juillet 2011 par le Danemark. Encore une fois, les préoccupations de politique intérieure l'emportent. Le gouvernement libéral et conservateur de Lars Rasmussen qui bénéficie du soutien du Parti populaire danois (extrême-droite) est très menacé à quelques semaines des élections législatives[37]. En décembre 2011, Claude Guéant, désormais en pleine campagne présidentielle, réclame la mise en place d'un « comité directeur » de l'espace Schengen formé des ministres de l'intérieur des Etats membres. Ce pilotage devrait remettre « la politique au cœur de la gestion de l'espace Schengen », et restaurerait les préroga-

---

15 % des voix, mais ne participe pas au gouvernement de coalition modéré finalement mis en place par le leader des conservateurs Jirki KATAINEN. Quant à l'Autriche, les élections législatives de 2008 voient la progression des deux partis politiques d'extrême-droite anti-européens, qui totalisent 29 % des voix, et forment l'opposition principale à la coalition gouvernementale réunissant les sociaux-démocrates et les conservateurs et dirigée par Werner FAYMANN.

35 *Le Monde*, le 28 avril 2011.

36 Tribune publiée par Viviane REDING, commissaire à la Justice, et Cecilia MALSTRÖM, en charge des Affaires intérieures, dans *Le Monde* du 6 mai 2011, citée par Marie-Laure BASILIEN-GAINCHE, *op.cit.*

37 Il finit par les perdre malgré ces mesures. La leçon ne sera pas retenue par Nicolas SARKOZY.

tives des Etats souverains. La proposition française est soutenue par l'Allemagne, l'Italie et l'Espagne, dans le cadre d'une coopération plus affirmée contre l'augmentation de la « criminalité transfrontalière ». Le cas grec renforce les inquiétudes, ses frontières extérieures avec la Turquie étant jugées trop poreuses et sans surveillance effective par des services administratifs impuissants[38]. Sous présidence danoise, un accord est trouvé en mars 2012 sur la base des demandes françaises, tandis que Nicolas Sarkozy, toujours victime de très mauvais sondages dans le cadre d'une campagne délicate, menace de suspendre les accords de Schengen dans son discours de Villepinte du 11 mars 2012, provoquant aussitôt une vive émotion parmi les milieux pro-européens. Claude Guéant, avec l'aide de son collègue allemand, maintient la pression sur ses partenaires pour obtenir que les ministres de l'Intérieur réunis à Luxembourg le 26 avril, juste entre les deux tours de l'élection présidentielle, discutent à nouveau de la gouvernance politique de l'espace Schengen et de la possibilité d'exclure un Etat qui ne remplirait pas sa mission. Le message est clair : il s'agit de lancer un signe fort aux électeurs français pour mobiliser l'électorat de droite et d'extrême-droite. Certains ministres européens s'avouent même gênés de cette « instrumentalisation[39] ».

Finalement, malgré l'échec de Nicolas Sarkozy et l'élection de François Hollande, les ministres de l'Intérieur de l'espace Schengen parviennent à un accord en juin 2012 qui reprend l'essentiel des demandes franco-allemandes : possibilité de reprise des contrôles pour six mois (prolongeables jusqu'à 24 mois) pour des circonstances exceptionnelles, lorsque les contrôles aux frontières extérieures ne sont plus garantis. Seul retour en arrière, le retrait de la référence à la lutte contre l'immigration clandestine comme élément pouvant justifier la reprise des contrôles. Mais la commission obtient que le processus reste encadré, le

---

38 Le problème gréco-turc n'est pas nouveau. Une opération RABIT de l'agence Frontex demandée par le gouvernement grec a mobilisé 200 officiers provenant de 26 membres de l'UE à partir de novembre 2010. D'après l'UE, le nombre d'entrées clandestines mensuelles en Grèce est passé de 7607 en novembre à 1632 en février 2011. En parallèle, l'opération Poséidon a été élargie aux îles de la Mer Egée. http://europa.eu/rapid/press-release_MEMO-11-130_en.htm (dernière consultation le 15 octobre 2013).

39 *Le Monde*, le 26 avril 2012, qui cite ces propos de la ministre belge Joëlle MIQUET.

contrôle devant être rétabli en dernier ressort sur proposition de la commission et vote du conseil à la majorité qualifiée, respectant ainsi le processus décisionnel mis en place en 2005[40]. Le ministre français de l'Intérieur, Manuel Valls, ne s'oppose pas au nouvel accord, tout en précisant qu'un évènement du type d'avril 2011 ne justifierait pas une telle procédure ! Sur le cas grec, il estime que la frontière gréco-turque demande à être renforcée et qu'une meilleure coopération entre les deux pays améliorerait la situation. Finalement, la situation ne saurait justifier le recours à ces nouvelles mesures[41] ! Et le tournant politique est tout de même assuré par le ministre français : « je serai très scrupuleux quant à la préservation de l'acquis Schengen », dit-il en juillet 2012, même si François Hollande reste très discret sur la question.

Toutefois, sous l'initiative française, les Etats membres ont renforcé leur contrôle sur l'Espace Schengen, et ont fragilisé le principe même de la libre circulation dans l'Union européenne. L'impact des débats politiques internes, notamment dans les pays marqués par la montée des partis d'extrême-droite et par des gouvernements conservateurs souhaitant récupérer leur électorat (France, Italie, Danemark, Finlande, Pays-Bas notamment), a joué un rôle décisif dans cette évolution[42].

---

40 Le Parlement européen adopte le nouveau règlement le 12 juin 2013, qui permet un rétablissement des contrôles aux frontières pour six mois (au lieu de 30 jours), mais avec l'accord de l'UE qui doit vérifier par des « critères objectifs » les « menaces pour l'ordre public et la sécurité intérieure » qui justifient la demande.

41 <www.euractiv.fr/international/schengen-France-livre-exercice-equilibriste-15012.html.> (dernière consultation le 15 octobre 2013). Le 25 juillet, auditionné par la commission des Lois du Sénat, Manuel VALLS affirme refuser « la fermeture unilatérale des frontières comme la politique de la chaise vide si je n'obtiens pas satisfaction », condamnant ainsi la position française de 2011. Source : <www.euractiv.fr/international/manuel-valls-veut-rassurant-espace-schengen-15667.html> (dernière consultation le 15 octobre 2013).

42 Le contexte de l'accord du printemps 2012 est caractéristique, avec les succès répétés du parti ultranationaliste et xénophobe Aube dorée aux deux élections législatives grecques (près de 7% des voix), ou le score exceptionnel de Marine LE PEN au premier tour de la présidentielle française (17,9%).

Conclusion

La mise en place du marché unique en 1993 et l'application des accords de Schengen en 1996 renforcent considérablement la libre circulation, principe fondateur de l'unification européenne appliquée finalement bien tardivement. Les résistances françaises de 1993-1996 démontrent toutefois aux Européens les plus convaincus que certains gouvernements, sous la pression des contraintes de politiques intérieures, peuvent retarder le processus. La défense de la frontière reste un argument politique majeur pour les Etats souverains, dans un contexte de montée de l'euroscepticisme et de percée des idées nationalistes et populistes. Cette première alerte ne compromet pas le succès des accords. Entre 1997 et 2007, l'espace Schengen se renforce et s'élargit, marquant le triomphe de la libre circulation dans le cadre du grand élargissement de 2004. Mais la crise politique de l'idée européenne, doublée par la crise économique à partir de 2008 et le choc de la crise budgétaire à partir de 2010, affaiblissent les gouvernements modérés d'Europe occidentale confrontée à la montée du populisme qui remettent en cause la libre circulation au nom de la lutte contre l'immigration et l'insécurité. L'attaque contre Schengen menée par Nicolas Sarkozy et Silvio Berlusconi en 2011 montre la fragilité des principes de base de la construction européenne, dans une Union aux mains des Etats membres, d'abord influencés par les débats de politique intérieure. Les frontières intérieures n'ont pas disparu. La France joue un rôle particulier, à l'origine des accords avec François Mitterrand, mais rapidement critique, les retardant et finalement les remettant en cause avec Nicolas Sarkozy, sous l'influence de l'aile « nationale » de la droite française. Tous les symboles principaux de l'Union, de Schengen à l'Euro, sont désormais sous la menace des réactions désordonnées de gouvernements nationaux aux abois face à une crise d'une ampleur exceptionnelle. Sa poursuite éventuelle dans les prochaines années sera décisive pour l'avenir de la libre circulation en Europe, et pour la poursuite du projet d'unification politique du continent.

Eva ERSBØLL, Senior Researcher, Danish Institute for Human Rights

A European Citizenship Providing for a Sense of European Belonging

For the last 40 years there has been a European desire to create a citizens' Europe. In 1972, the then President of the Commission, Sicco Mansholt, proposed "as of now" to establish a European citizenship in addition to the citizenship which the inhabitants of the Member States of the European Community (the EC) possessed. He hoped for the adoption of a genuine, practical solidarity within the Community making a first move towards giving content to the fact of belonging to the EC[1].

However, 20 years elapsed before the Maastricht Treaty could introduce the citizenship of the European Union (EU) which among its foremost objectives has to strengthen among Union citizens the feeling of a shared European identity.

Today, another 20 years have elapsed and we must, especially in the wake of the euro crisis, ask ourselves whether the peoples of Europe really share a feeling of solidarity, common identity and/or belonging, and whether EU citizenship has really contributed to these feelings.

These questions will be discussed in this paper and some possibly inherent weak points of Union citizenship will be dealt with. First, however, some recent surveys concerning questions of belonging, identity and Union citizenship will be outlined.

1. *Eurobarometer* surveys concerning the future of Europe, feelings of identity and Union citizenship

According to *Standard Eurobarometer 71: The Future of Europe* (2009-2010), Europeans have a strong feeling of belonging to a/their nation

1 Summit of Paris, Bull. EC 11-1972.

(94%) and a/their region (91%). Some way behind comes the feeling of being "European" (74%), and last, but growing fastest, is Europeans' feeling of being "citizens of the world" (64%). In this regard, there are of course differences between the Member States: by way of example, the figure for those who feel European is 86% in Denmark, 82% in Spain, 74% in France and only 48% in the UK.

Among the elements which make up a European identity, 41% of the respondents have pointed to "democratic values", while around 25% have pointed to "geography", "a high level of social protection", "common history" and "common culture" (consecutively). Only around 10% have mentioned other elements, like "entrepreneurship" and "common religious heritage". Also in this regard, we see a number of interesting differences, which, however, will not be dealt with here.

The respondents' answers to questions on the most important characteristics of being European are of particular interest. The respondents are not asked about the significance of Union citizenship, but they are asked about the importance of exercising citizens' rights, for example voting in European elections. Among the respondents, 29% have rated "citizens' rights" as one of the three most important characteristics of being European, while 41% mention "feeing European", 39% "being born in Europe" and 31% "sharing European culture traditions".

It is interesting to compare these results with those of the *Flash Eurobarometer* survey: *European Union Citizenship Analytical Report* (2010). This survey indicates that less than half of EU citizens (43%) know the meaning of the term "citizen of the European Union" and less than one-third (32%) consider themselves well informed about their rights as citizens of the Union.

In addition, European voters' participation in European Parliamentary elections has steadily decreased since the first direct European election in 1979. In 2009, the general turnout was 43%, which appears strikingly low since democratic legitimacy is ensured through political accountability[2].

Thus, it seems fair to conclude that Union citizenship has not effectively fulfilled its purpose. We shall now look more closely at some pos-

2 See the results for 1979 – 2009 at the following source: <www.europarl.europa.eu/aboutparliament/en/000cdcd9d4/Turnout-(1979-2009).html> (accessed September 2012).

sible barriers for Union citizenship to act as an instrument for promoting European solidarity, identity and a sense of belonging to the EU.

2. Member States' resistance towards creating a true Union citizenship

In 1990-1991, Spain drafted a memorandum under the heading *Towards a European Citizenship*[3]. A European citizenship should transform European migrants to citizens in a political European Union; Union citizenship was considered a dynamic, evolutionary concept.

With the Maastricht Treaty of 1992, a Union citizenship was included in the Treaty of the European Community (TEC). Article 8 of the Treaty stated that Union citizenship follows from Member State citizenship, and the Treaty's Article 8A-E enumerated the rights of Union citizens.

The Maastricht Treaty was not ratified by all Member States at first. At a Danish referendum, a majority of 50.5% of the Danish voters voted "no" to the Treaty. This narrow Danish "no majority" was followed by a narrow French "yes majority" at the subsequent French referendum. All in all, this led to an extraordinary meeting in Birmingham where the European Council promised to show consideration for the misgivings.

In Denmark, the "no to the Maastricht Treaty" was interpreted as a "no to the development of a political union" manifesting itself in Union citizenship, the euro, the common defence policy and cooperation in the fields of Justice and Home Affairs[4]. Consequently, Denmark applied for and was granted four opt-outs from the Treaty relating to these four aspects; eventually, in 1993, Danish voters accepted the Treaty in a second referendum.

The Danish opt-out from Union citizenship emanated from a fear that Union citizenship might develop into a status which could replace national citizenship. Consequently, the Danish opt-out elucidated that

3 Presented at the Conference between the representatives for the Member States Governments, Brussels 21 February 1991; conf-up 1731/91.

4 We saw the same reluctance towards the state-like symbols of the Constitutional Treaty that were dropped in the Lisbon Treaty.

Union citizenship is only a supplement to national citizenship, not a replacement. In fact, this viewpoint did not conflict with the viewpoints of the other Member States, and in 1997, when the Amsterdam Treaty was signed, it was agreed that this Treaty should embody the Danish opt-out. Onwards it has been confirmed by the EC/EU treaties that Union citizenship shall complement and not replace national citizenship[5].

During the negotiations on the Amsterdam Treaty, proposals for strengthening Union citizens' rights were made, but the proposals could not obtain a majority. Taking into consideration the troubles created by Union citizenship in Denmark in 1992, most negotiators were reluctant to introduce new citizens' rights in the Treaty. In the literature it has been noted that the amendment of the Union citizenship provision in 1997 closed the door, at least temporarily, on the possibility of reaching an agreement among Member States on the granting of Union citizenship to third country nationals residing within the territory of the EU[6].

3. The Role of the EU Court of Justice

In spite of the reservations expressed during various treaty negotiations, Union citizenship has developed incrementally, supported by the case law of the EU Court of Justice (CJEU). The development has to a certain extent been codified in EU secondary legislation, especially Directive 2004/38/EC of the European Parliament and of the Council of 29 April 2004 on the rights of citizens of the Union and their family members to move and reside freely within the territory of Member States.

The CJEU has used Union citizenship both 1) to extend the application of the EU principle on non-discrimination based on nationality and 2) as an independent legal source[7]. This usage of Union citizenship can

5 In the Lisbon Treaty the word "complement" is replaced by "is additional to".

6 MARTINIELLO, Marco, 'Citizenship in the European Union' in: ALEINIKOFF, T. Alexander & KLUSMEYER, Douglas B. (eds.) *From Migrants to Citizens: Membership in a Changing World*, Washington DC, Carnegie Endowment for International Peace, 2000, p.349.

7 KOKOTT, Juliane, *EU Citizenship – Citoyens sans Frontières?* Durham European Law Institute, 2005. JACOBS, Francis G., 'Citizenship of the European Union – A

be illustrated by a few judgments. In the *Rudy Grzelczy* judgment from 2001 the Court dealt with Union citizenship and the non-discrimination principle[8]. Mr Grzelczyk was a French national studying in Belgium, where he applied for a social benefit (the minimex) during the fourth and last year of his studies. His application was refused on the grounds that he did not fulfil the Belgian conditions of being either a national, a person covered by EEC Regulation No 1612/68 on the free movement of workers, stateless or a refugee. After Mr. Grzelczyk had challenged the refusal before a Belgian court, the case was referred to the CJEU for a preliminary ruling. The CJEU was asked whether the Belgian Authorities had to pay Mr. Grzelczyk the benefit as a consequence of the EU principles of Union citizenship and non-discrimination based on nationality. When the Court answered this question in the affirmative, it interpreted for the first time "the place of citizenship of the Union in the developing constitution of the EU"[9]. This was done by the later oft-mentioned words that "Union citizenship is destined to be the fundamental status of nationals of the Member States" (here) with the addition that it is "enabling those who find themselves in the same situation to enjoy the same treatment in law irrespective of their nationality, subject to such exceptions as are expressly provided for"[10].

In the *Zhu and Chen* judgment from 2004 the Court used Union citizenship as an independent legal source[11]. Mrs Chen and her husband were of Chinese origin. The husband was for the purpose of work travelling frequently to EU Member States, especially to the UK. When Mrs Chen was about six months pregnant she entered the UK, and after some time she went to Belfast, Northern Ireland, to give birth to her child, who according to Irish law in force at that time, acquired Irish nationality at birth[12]. Afterwards, Mrs Chen applied for a permanent residence permit in the UK for her child and herself. The application was refused by the British Authorities, and in the course of the subsequent proceedings the

Legal Analysis' in: *European Law Journal*, Vol. 13, No. 5, September 2007, pp.591-610.

8 Case C-184/99; judgment of 20 September 2001.

9 GUILD, Elspeth, *The Legal Elements of European Identity, EU Citizenship and Migration Law*, The Hague, Kluwer Law International, 2004, p.65.

10 The *Grzelczyk* judgment, paragraph 31.

11 Case C-200/02; judgment of 19 October 2004.

12 Irish nationality law allowed any person born on the (whole) island of Ireland to acquire Irish nationality based on the *ius soli* principle.

case was referred to CJEU for a preliminary ruling. The Court reiterated that every person holding the nationality of a member state is a citizen of the Union, and that Union citizenship is destined to be the fundamental status of nationals of the Member States[13]. And since Union citizens have the right to reside in a Member State other than their own, subject to certain conditions on sickness insurance and sufficient resources, which were fulfilled in this case, the child had, as a Union citizen, the right to reside in the UK[14]. Moreover, the mother, as caretaker of the child, also had a residence right, since a refusal of allowing her to reside in the UK would deprive the child's residence right of any useful effect[15].

These viewpoints of the Court were further developed in the *Ruiz Zambrano* judgment from 2011[16]. Also in this judgment the Court dealt with the question of the rights of Union citizen children who have not exercised their right to free movement across borders and who are dependent on third country national parents. However, unlike the Chen-case, the Zambrano-case dealt with EU citizens residing in their own state of nationality. Mr Zambrano was the father of two children who had acquired Belgian nationality at birth according to Belgium's legislation on avoidance of statelessness. The father resided illegally in Belgium, but applied for a derivative right of residence and a work permit in order to be able to take care of his dependent minor children in Belgium. The Court ruled that the provision on Union citizenship (now Article 20 in the Treaty on the Functioning of the EU) precludes national measures which have the effect of depriving citizens of the Union of the genuine enjoyment of the substance of the rights by virtue of their status as citizens of the Union[17]. Accordingly, since it would be impossible for the children of Mr Zambrano to exercise their rights to reside in the EU if their father could not stay and work there, the father had derivative residence rights etc. in Belgium[18].

It is important to notice that even though the children in the last two cases had not exercised their right to free movement across borders, the

---

13 The *Chen* judgment, paragraph 25.

14 *Ibid.*, paragraphs 36-41.

15 *Ibid.*, paragraph 45.

16 Case C-34/09; judgment of 8 March 2011.

17 The *Zambrano* judgment, paragraph 44.

18 *Ibid.*, paragraph 45.

Court ruled that there was in these cases a link to EU law since the measures which were the source of the complaint would have deprived the children, who were citizens of the Union, of their rights as such. The Court maintained that in situations that are wholly internal to a Member State, EU law cannot be applied[19].

Likewise, the Court has maintained that as a rule determination of nationality falls within each Member State's exclusive competence. However, according to the Court's case law, the Member States must, when exercising their powers in the sphere of nationality, have due regard to EU law. This follows from cases like the *Micheletti* judgment from 1992[20] and the *Rottmann* judgment from 2010[21].

Mr Micheletti had dual Argentine and Italian nationality. He had never stayed in Italy, but acquired Italian nationality in Argentina as a descendant of Italian forefathers. From Argentina he moved to Spain, where he wanted to settle as a dentist. In Spain his application for a permanent residence card as a Community national was refused, since according to Spanish law in force at that time, in cases of dual nationality where neither nationality was Spanish, the nationality corresponding to the habitual residence of the person concerned before his arrival in Spain took precedence. Thus, according to Spanish law, the effective nationality of Mr Micheletti was Argentine, and consequently he was not considered an Italian national. During the subsequent proceeding the case was referred to the CJEU which ruled that under international law it is for each Member State to lay down conditions for the acquisition and loss of nationality, however, with due regard to Community law. Hereafter, it is not permissible for the legislation of a Member State to restrict the effects of the granting of the nationality of another Member State by imposing an additional condition for the recognition of that nationality with a view to the exercise of the fundamental freedoms provided for in the Treaty[22]. Thus, a Member State may not impose an additional condition like a residence requirement for its recognition of another Member State's nationality and thereby restrict the effects of the granting of that nationality.

---

19 Thus, a situation where a Union citizen is made to leave an EU Member State and the territory of the EU is not wholly internal.

20 Case C-369/90; judgment of 7 July 1992.

21 Case C-135/08; judgment of 2 March 2010.

22 The *Micheletti* judgment, paragraph 10.

In the *Rottmann* case the CJEU focused on the "status of citizen of the Union"[23]. Mr Rottmann was an Austrian national who had moved to Germany and acquired German nationality by naturalisation and thereby lost his Austrian nationality. Later, Germany was informed about an Austrian arrest warrant issued against Mr Rottmann before he had applied for German nationality. Since Mr Rottmann had not informed the German authorities about the warrant, they found that he had acquired his German nationality by fraud and therefore it was to be revoked. This would, however, leave Mr Rottmann stateless, since he had lost his Austrian nationality by becoming a German national. During the proceedings, the CJEU was asked whether it was contrary to EU law to deprive a person of their status as a Union citizen and of their Union citizen rights. The Court ruled that it is clear that the situation of a Union citizen who is faced with withdrawal of their naturalisation which will place them in a position where they may lose their citizenship of the Union and the rights attaching thereto "falls, by reason of its nature and its consequences, within the ambit of European Union law"[24]. The Court did not find withdrawal of nationality obtained by deception contrary to EU law, however, with the proviso that the decision to withdraw nationality observes the EU principle of proportionality[25]. Hereby, regard to a number of considerations must be taken, among others, whether it is possible for the person to recover their original nationality[26].

4. Achievements and deficiencies

Through the incremental development of Union citizenship and the way it has been dynamically interpreted by the CJEU, mobile Union citizens have in their host Member States achieved almost equal rights with the States' nationals (*Grzelczyk*). Moreover, possession of Union citizenship provides Union citizens with an entitlement (subject to certain conditions) to reside and establish themselves in any EU Member State

23 Case C-135/08; judgment of 2 March 2010.
24 The *Rottmann* judgment, paragraph 42.
25 *Ibid.*, paragraph 55.
26 *Ibid.*, paragraph 56.

(*Micheletti*). In addition the so-called mobile Union citizens (who have exercised their right to free movement) have a right to family reunification with third country national family members. The case of the so-called static Union citizens (who have not exercised their free movement rights) is different. They cannot rely on the same protection by EU law as mobile Union citizens, for instance in cases of family reunification. Still, an important reservation must be made in cases where a national measure will have the effect of depriving a Union citizen of the genuine enjoyment of his or her rights by virtue of their status as a citizen of the Union (*Chen* and *Zambrano*).

These are the great achievements for Union citizens: third country nationals, who cannot claim derivative rights from a family relation with a Union citizen, are less protected by EU law, although there have been attempts to secure them a fairer treatment. The *Presidency Conclusions at the Tampere European Council* of October 1999 called for at more vigorous integration policy which should aim at granting third country nationals rights and obligations comparable to those of EU citizens[27]. The legal status of third country nationals should be approximated to that of Member State nationals, and permanent residents who had resided in a Member State for a period of time should be granted in that Member State a set of uniform rights "as near as possible to those enjoyed by EU citizens". Moreover, the European Council endorsed the objective that long-term legally resident third country nationals should be afforded the opportunity to obtain the nationality of the Member State where they reside. Similar proactive policies for migrants and "rights comparable to those of citizens of the Union" were recommended by the European Council in 2009-2010 in *The Stockholm Programme – An Open and Secure Europe Serving and Protecting Citizens*[28].

To sum up, much has been achieved, but all the same we are, in my opinion, faced with a Union citizenship which is not always easy to stand up for. Three main reasons, all related to inequality, come to the fore.

---

27 See the conclusions, paragraph 18 at the following source: <www.europarl.europa.eu/summits/tam_en.htm> (accessed September 2012).

28 See the conclusions, paragraph 6.1.4. at the following source: <http://eur-lex.europa.eu/LexUriServ/LexUriServ.do?uri=OJ:C:2010:115:0001:0038:EN:PDF> (accessed September 2012).

Firstly, equal rights for Union citizens who migrate to a Member State other than their own may still form a sharp contrast to unequal rights for third country nationals who find themselves in the same situation in the same State; and what is worse, some Member States have so strict naturalisation requirements that some long term resident third country nationals may never ever be able to acquire their nationality and thereby become Union citizens with Union citizenship rights.

Secondly, it is a problem that on the surface, rights that can be enjoyed in a host Member State, including democratic rights, seem to be disconnected from the right holder's (lack of) genuine link to the host Member State. Union citizens enjoy almost the same rights as their host State's nationals whether they have a genuine link to the host State or not. On the other hand, third country nationals may be prevented from the enjoyment of such rights whether they have a genuine link to the host State or not. This inequality may appear unfair.

Lastly, in many countries the so-called "static Union citizens" hardly benefit from Union citizens' rights as long as they do not avail themselves of their free movement rights. Moreover, they may be subjected to reverse discrimination as their own State may treat them less favourably according to national law than it treats EU citizens from other Member States based on EU law obligations. Such reverse discrimination falls outside the scope of EU law, if the State invokes "a purely internal situation".

So far, the EU has not found reverse discrimination to be an urgent EU problem, while admittedly, the EU has occasionally, among others in the Tampere and Stockholm conclusions, recommended a fairer treatment of third country nationals.

It seems, however, as if the construction of EU citizenship has prevented the implementation of these well-intentioned wishes. There are still great variances between the Member States' rules on acquisition of nationality. Many States use language and knowledge tests which prevent less educated third country nationals from acquiring the countries' nationality and thus Union citizenship. In general, only a few Member States seem to pay regard to Union citizenship. Moreover, the Member States' learning material for citizenship tests rarely mentions the rights which applicants for naturalisation will acquire by becoming Union citizens; and in this material, almost all Member States present their core values, which in most cases are also European values, as their "national values"[29]. Such an approach to Union citizenship, Union citizens' rights and European common values hardly contribute to a sense of European identity and belonging.

Conclusion

There seems to be a tension between on the one hand the EU/the CJEU's perception of Union citizenship as a common fundamental status strengthening and enhancing a European identity and enabling European citizens to participate in the European integration process, and on the other hand the apparent negligence that the status meets from Member States and to a certain extent also their citizens. Static Union citizens hardly experience that something fundamental has been achieved, long time resident third country nationals may find themselves excluded from the status, and Member States often opine the rights which other Member States' citizens enjoy in their territory according to EU law.

Taking into consideration these inconsistencies and inequalities emanating from Union citizenship it is not always easy to undertake the defence of the status as a means to achieve European solidarity and a sense of belonging to Europe.

It is not likely and probably neither desirable that problems of unjust reverse discrimination and exclusion of third country nationals from Union citizenship will or should be solved through developments of the case law of the CJEU. Rather, changes should be undertaken after popular consultations by the Member States and the EU in common.

With support from their citizens and help from the EU institutions, EU Member States should enter into a dialog with a view to adopting common European standards on avoidance of reverse discrimination and on access to nationality and thereby Union citizenship. Many Member States have already adopted measures to avoid reverse discrimination, and just as many have offered third country nationals residing on a more permanent basis within their territory fair opportunities to acquire their citizenship and thereby Union citizenship. It is arguable that mutual

---

29 LE RESTE, Fanny, *Citizenship Tests in Europe, Keeping a Low European Profile*, Master Thesis, Danish Institute for Human Rights, 2011.

learning within this area could provide a breeding ground for a Union citizenship that is a tangible reality allowing a sense of a European identity and belonging to develop.

Javier de LUCAS y Maria José AÑON, Universitat de València

Ciudadanía, igualdad, identidad[1]

Introducción: síntomas y símbolos

La doctrina oficial –o la políticamente correcta– sostiene que no hay marcador de identidad étnico, racial o nacional con efectos jurídicos relevantes (en términos discriminatorios) en el caso de la UE. La sola identidad que alcanza consideración jurídica y política sería, en todo caso, la ciudadanía europea. La falsedad de esa concepción *buenista* resulta evidente. Ante todo, porque la consideración de ciudadano europeo se alcanza precisamente *qua* nacional de un Estado miembro. Eso excluye a los no nacionales de un Estado de la UE y en particular a esos *newcomers* que son los inmigrantes.

Sin embargo, pareciera que esa *ausencia visible* habría quedado hoy en sordina: en efecto, según uno de los tópicos más repetidos hoy, en el contexto de la crisis que afecta sobre todo a los países del Sur de la Unión Europea y en particular en España, la inmigración –y con ello las políticas migratorias– habría pasado a un discreto tercer plano en el orden de las prioridades. En España, en efecto, nos aseguran las encuestas del Centro de Investigaciones Sociológicas (CIS), los problemas son otros: la crisis –o quizá habría que decir la gestión de la crisis–, el paro, la corrupción, la clase política.

En realidad, pese a la utilización de la *amenaza migratoria* como coartada para justificar políticas de cierre de lo que fuera el Estado social, lo cierto es que, en nuestra opinión, nunca ha habido políticas migratorias españolas (ni europeas) a la altura del verdadero desafío que suponen los movimientos migratorios. Pero el carácter coyuntural e instrumental de las políticas migratorias deriva de unos presupuestos erróneos, de una incomprensión de esos movimientos migratorios, de sus ca-

---

1 Esta ponencia se basa en un texto que forma parte de la investigación que llevamos a cabo con la ayuda del proyecto PROMETEO/2010/099 de la Generalitat Valenciana y DER2009-10869 del Ministerio de Ciencia e Innovación.

racterísticas y de sus causas. Aun así, a través de esas políticas es posible advertir los síntomas de otro déficit que afecta a la noción misma de democracia, a la calidad del modelo democrático en el que esas políticas se insertan o, si se prefiere, del que esas políticas son un síntoma o incluso un símbolo. Porque, como han explicado desde diferentes perspectivas Boaventura de Sousa Santos[2], Jacques Rancière[3], o Wendy Brown[4], hoy, en la UE, en España como en la mayoría de sus Estados miembros –por no decir, en todo el mundo–, el verdadero desafío es la *democratización* o, si lo prefieren, la *redemocratización* de la política. Precisamente, como hemos tratado de exponer en otros trabajos[5], la reflexión sobre las políticas migratorias nos muestra la necesidad de lo que con Bovero[6] y Honneth podríamos llamar una nueva *gramática de la democracia,* imprescindible para ese proyecto de redemocratización. Para tratar de ofrecer pistas sobre esa grámatica moral, jurídica y política nos apoyaremos, de un lado, en las aportaciones Axel Honneth[7], precisamente porque, a

2 Cfr. por ejemplo entre sus libros: *Pensar el Estado y la sociedad: desafíos actuales*, Buenos Aires, CLACSO, Waldhuter Editores, 2009. *Para descolonizar Occidente. Más allá del pensamiento abismal*, Buenos Aires, CLACSO, 2010. *Descolonizar el saber, reinventar el poder,* Montevideo, Ediciones Trilce, 2010.

3 Cfr. *Le Maître ignorant: cinq leçons sur l'émancipation intellectuelle*, Paris, Fayard, 1987. Hay trad castellana: *El maestro ignorante: Cinco lecciones para la emancipación intelectual*, Buenos Aires, Libros del Zorzal, 2007. *La haine de la démocratie*, Paris, La Fabrique, 2005. *Momentos políticos*, Madrid, Clave Intelectual, 2011.

4 Cfr. *Regulating Aversion: Tolerance in the Age of Identity and Empire*, Princeton, Princeton University Press, 2006. *Walled States, Waning Sovereignty*, New York, Zone Books, 2010. Cfr. también su "Neo-liberalism and the End of Liberal Democracy" in: *Theory & Event* 2003, 7:1. Hay una versión francesa reducida, "Neoliberalisme et fin de la democratie", *Vacarme* 29/2004.

5 Cfr. Por ejemplo De LUCAS, Javier, *Inmigración e integración: dos desafíos para Europa en el siglo XX. Sobre los fundamentos de la igualdad y del reconocimiento (Un análisis crítico de las condiciones de las políticas europeas de integración ante la inmigración),* Bilbao, Eurobask, 2012.

6 Cfr. BOVERO, Michelangelo, *Una gramática de la democracia. Contra el gobierno de los peores*, Madrid, Trotta, 2003 (sobre ello, el comentario bibliográfico de DE LUCAS, in: *Le Monde Diplomatique*, abril 2003).

7 Cfr. HONNETH, Axel, *La lucha por el reconocimiento. Por una gramática moral de los conflictos sociales*, Barcelona, Critica, 1997. Y, más recientemente, el penúltimo testimonio ofrecido por HONNETH en respuesta a preguntas de Daniel GAMPER in: HONNETH, Axel, *Reconocimiento y menosprecio. Sobre la fundamentación normativa de una teoría social*, Buenos Aires, Katz/CCCB, 2010b,

diferencia de otros teóricos de la lucha por el reconocimiento, una seña de identidad del proyecto de Honneth es la reivindicación de la igualdad. Y también utilizamos como punto de partida la revisión de la noción de ciudadanía propuesta por Luigi Ferrajoli[8], que arranca a su vez de una profunda reformulación de los conceptos básicos de la democracia y del orden político, comenzando por el de soberanía.

Es incuestionable que Honneth ha subrayado reiteradamente la insuficiencia de la clave de interpretación utilitarista, pragmática, que busca el interés como razón explicativa del conflicto, pero esa toma de posición no significa sumarse a quienes enfatizan la importancia de los conflictos *identitarios*, los propios de los representantes de la *politics of identity,* que enfatizan la *diferencia cultural*. Lo que singulariza sus propuestas, respecto a las de Taylor y Fraser, con quienes comparte el motor heurístico básico de la *lucha por el reconocimiento*, es que expresamente Honneth insiste en tratar de mantener como clave "la igualdad", por encima de la diferencia, y de la identidad. Y lo hace, en primer lugar, por razones históricas (la misma experiencia de los movimientos sociales, desde el XIX), pero también por razones conceptuales: el "reconocimiento" según Honneth, es una cuestión de igualdad, de derechos y no de diferencia, tesis que considera un "error categorial", sobre todo por lo que se refiere a las fuentes hegelianas de esa teoría del reconocimiento[9]. Lo único que el reconocimiento añade respecto a la teoría de la redistribución es la noción de dignidad, que no está asegurada simplemente con la igualdad de derechos, aunque sin ella no puede existir. Y por eso la relevancia, como test, de los derechos sociales[10], en el contexto de una re-

---

pp.48-49 (inicialmente, en su entrevista en el nº 78 de la revista *Metrópolis*, 2010a). En el año 2011 HONNETH publicó lo que constituye la sistematización de su respuesta en términos de una teoría de la justicia social enraizada en la praxis: *Das Recht der Freiheit – Grundriß einer demokratischen Sittlichkeit, Frankfurt, Suhrkamp 2011.*

8 Que es una constante de la reflexión de Luigi FERRAJOLI, sobre todo desde su trabajo sobre la inadecuación de la noción de soberanía a las exigencias del Estado de Derecho y de la democracia, pero que se concreta en *Derechos y garantías. La ley del más débil*, Madrid, Trotta, 2003, y en particular en su monumental *Principia Iuris*, Madrid, Trotta, 2011.

9 HONNETH, Axel, 2010b, *op.cit.*, p.55 ss.

10 Sobre ello, permítasenos remitir a los trabajos de PISARELLO, Gerardo, AÑÓN y CURTIS, en *Los derechos sociales y sus garantías. Elementos para una reconstrucción*, Madrid, Trotta, 2007.

formulación de la cuestión social, el escenario de la política de redistribución de recursos que exige la degradación de los derechos sociales, una caída a la baja que admite escalas que terminan siempre en los inmigrantes como colectivo más vulnerable. Ahí es donde actúa el mensaje jurídico de la política de extranjerización que adquiere cada vez más una fuerte dimensión etnocultural que justifica a su vez la exclusión del reconocimiento y que, *quod erat demonstrandum*, afecta sobre todo a los que no pueden ser ciudadanos o, en todo caso, *denizens*, o ciudadanos de frontera (los dotados de una presencia ausente), los *inmigrantes*.

Esa gramática debe atender a las transformaciones capitales en conceptos clave como los de soberanía y ciudadanía. En estas páginas nos ocupamos de la segunda, inspirándonos en la obra de Luigi Ferrajoli. El problema en no pocos casos en la discusión sobre la ciudadanía es que ésta se despolitiza o, si se prefiere, se mantiene en un plano teórico abstracto que impide comprender su razón de ser. Y es que no podemos limitarnos a la definición del marco jurídico-institucional de la ciudadanía, porque eso sería tanto como olvidar el carácter decisivo de las prácticas sociales, movimientos y reivindicaciones que fuerzan esos confines, que contribuyen a recrudecer –o recuperar, si se quiere– el carácter conflictual, la configuración de la ciudadanía como espacio de conflicto Mezzadra[11]. Entre ellos, son particularmente relevantes los movimientos migratorios en sentido amplio[12], que no sólo son un factor estructural de nuestra realidad, sino también y sobre todo, a nuestro juicio, el fenómeno que nos interpela más radicalmente sobre la inadecuación de los viejos conceptos de ciudadanía y soberanía. Ferrajoli (más agudamente que Bauböck, en nuestra opinión) es quien señala esa función del fenómeno migratorio como el factor determinante de lo que considera una de las aporías relevantes de la ciudadanía[13], porque está en la raíz del incremento cuantitativo y cualitativo del fenómeno de transnacionalidad y así cuestiona el marco jurídico-institucional de la ciudadanía, además de subrayar la complejidad de una cuestión que, indiscutiblemente, no pue-

11 Cfr. MEZZADRA, Sandro, *Derecho de fuga. Migraciones, ciudadanía y globalización,* Madrid, Traficantes de sueños, 2005.

12 No hablamos sólo de los mal llamados "inmigrantes económicos" (laborales), que alcanzan los 214 millones de personas según el informe de 2011 de la Organización Internacional de las Migraciones (OIM), sino también de los desplazados internos, los refugiados, es decir, esa parte de la humanidad que la propia OIM cifra en más de 1.000 millones de habitantes del planeta.

13 FERRAJOLI, Luigi, *Principia Iuris*, §16.3, p.481.

de obviar la discusión en términos de reconocimiento e identidad, claves de la pertenencia que, a su vez, es una dimensión constitutiva de la ciudadanía.

En ese contexto, lo que parece significativo de los conflictos ligados a la presencia de agentes y grupos que incrementan la diversidad cultural –como lo son los inmigrantes– es que se basan en la creación para esos grupos, para los individuos que pertenecen a ellos, de un estatuto de exclusión que les priva de las reglas comunes del Estado de Derecho[14]. Es un estatuto que, en realidad, como trataremos de mostrar, tiene mucho en común con la condición de *subordiscriminación* creada por razones de género, y que podemos ilustrar sobre todo con la situación de las mujeres inmigrantes, con normas, instituciones y prácticas que asientan dos status *discriminatorios* que les fragilizan. Los instrumentos legislativos, administrativos y jurisdiccionales de las políticas migratorias españolas así lo prueban.

1. La necesidad de revisar la noción de ciudadanía como eslabón del proceso de "redemocratización"

A estas alturas, constituye un lugar común afirmar que una de las necesidades más acuciantes en la filosofía política –pero también en la práctica democrática– es la tarea descrita como *pushing the boundaries of the (old) citizenship*, por retomar la expresión de Danielle Juteau[15] y Michèle Riot-Sarcey[16], aunque ya Jack Barbalet[17] había puesto de manifiesto esa exigencia en su seminal trabajo sobre la ciudadanía.

No menos evidente parece que, en el contexto de lo que hace casi veinte años Kymlicka y Norman denominaron el "retorno del ciuda-

---

14 Cfr. LOCHAK, Danièle, *Face aux migrants, Etat de droit ou état de siège (conversation avec Bertrand RICHARD)*, Paris, Textuel, 2007.

15 Cfr. por ejemplo, JUTEAU, Danielle, (ed.), *La différenciation sociale: modèles et processus*, Montréal, Les Presses de l'Université de Montréal, 2003, pp.9-30.

16 RIOT-SARCEY, Michèle & MOATTI, Claudia, *La République dans tous ses états*, Montréal, Payot, 2009.

17 BARBALET, Jack, *Citizenship: Rights, Struggle and Class Inequality*, London, Open University Press, 1988.

dano"[18], los derechos de ciudadanía son hoy objeto de luchas cuyo objetivo es defenderlos, pero sobre todo reinterpretarlos y ampliarlos, habida cuenta de las limitaciones de la noción de ciudadanía ligada a una concepción de la política vinculada estrechamente al Estado-nación[19] y a su presupuesto (e ideal) de homogeneidad, es decir a lo que con Cassirer conocemos como monismo ontológico y deontológico, una construcción social que, como hemos sugerido en otras ocasiones, está bien representada por el mito de Babel. Esa "jaula de hierro de la ciudadanía" la inhabilita para dar respuestas satisfactorias en un orden político que, como consecuencia del impacto de la globalización y de la multiculturalidad como datos estructurales, exige otras respuestas, pero que a nuestro juicio tiene como condición de legitimidad el no abdicar del principio clave de *egalibertad*, por decirlo con Balibar.

Lo cierto es que, como ilustra el modelo imperante en la gestión de la crisis desde 2008, venimos asistiendo a un proceso aparentemente incontenible de incremento del déficit de nuestras categorías, de nuestra forma de pensar la política y aun la democracia misma. Son déficits que, a nuestro entender, tienen mucho que ver con lo que Rancière denomina el déficit constitutivo, el odio hacia la democracia como tal, hacia el poder del pueblo, de los ciudadanos. Por eso es necesaria una tarea de resistencia y reconstrucción, una tarea que supone una comprensión del espacio público o, por mejor decir, de lo político, como el que creo describió acertadamente Ricœur antes que Walzer:

> [...] lo político parece constituir hoy una esfera de justicia entre otras, en tanto que el poder político es también un bien a distribuir y al mismo tiempo envuelve todas las demás esferas en su condición de guardián del espacio público en el interior del cual se enfrentan los bienes sociales constitutivos de las esferas de justicia[20].

---

18 KYMLICKA, Will & NORMAN, Wayne, "Return of the Citizen: A Survey of Recent Work on Citizenship Theory", in: *Ethics*, nº 104, Chicago, The University of Chicago Press, January 1994.

19 La concepción obviamente imperante, pero puesta en duda no sólo por las ideologías nacionalistas de los "nacionalismos periféricos" (es decir, los perdedores en los procesos de construcción de los Estados-nación) sino también, recientemente, por las propuestas nacidas de las diferentes variantes del multiculturalismo.

20 RICŒUR, Paul, *Amor y justicia*, Madrid, Caparrós editors, 1993, p.113.

A esos efectos, la de la ciudadanía parece una reconstrucción capital, de forma que el debate, aun ya largo, no parece privado de sentido.

Y sin embargo, lo que sucede es que con mucha frecuencia esa discusión sobre la ciudadanía se "despolitiza" o, si se prefiere, se mantiene en un plano teórico abstracto que impide comprender su razón de ser. Y es que no podemos limitarnos a la definición del marco jurídico-institucional de la ciudadanía, porque eso sería tanto como olvidar el carácter decisivo de las prácticas sociales, movimientos y reivindicaciones que fuerzan esos confines, que contribuyen a recrudecer –o recuperar, si se quiere– el carácter conflictual, la configuración de la ciudadanía como espacio de conflicto[21].

Pues bien, entre ellos, a mi juicio, son particularmente relevantes los movimientos migratorios en sentido amplio[22], que lejos de constituir como siguen creyendo algunos un fenómeno sectorial (menor, en el discurso hoy imperante sobre la crisis), son no sólo un factor estructural de nuestra realidad, sino también y sobre todo, a mi juicio, el fenómeno que nos interpela más radicalmente sobre la inadecuación de los viejos conceptos de ciudadanía y soberanía. Ferrajoli (en nuestra opinión, más agudamente incluso que Bauböck, el mejor teórico de la ciudadanía transnacional[23]) es quien señala esa función del fenómeno migratorio como el factor determinante de una de las aporías relevantes de la ciudadanía[24], porque están en la raíz del incremento cuantitativo y cualitativo del fenómeno de transnacionalidad y así cuestionan el marco jurídico-institucional de la ciudadanía, además de subrayar la complejidad de una cuestión que, indiscutiblemente, no puede obviar la discusión en términos de reconocimiento e identidad, claves de la pertenencia que, a su

---

21 MEZZADRA, Sandro, *op cit.*, p.92.

22 No hablo sólo de los mal llamados "inmigrantes económicos" (laborales), que alcanzan los 214 millones de personas según el informe de 2011 de la Organización Internacional de las Migraciones (OIM), sino también de los desplazados internos, los refugiados, es decir, esa parte de la humanidad que la propia OIM cifra en más de 1.000 millones de habitantes del planeta.

23 BAUBÖCK, Rainer, *Transnational Citizenship: Membership and Rights in International Migration*, Aldershot, Edward Elgar, 1994. Asimismo, BAUBÖCK, Rainer & FAIST, Thomas (eds.), *Diaspora and Transnationalism: Concepts, Theories and Methods*, Amsterdam, Amsterdam University Press, 2010.

24 FERRAJOLI, Luigi, *Principia Iuris*, §16.3, *op.cit.*

vez, es una dimensión constitutiva de la ciudadanía[25]. Eso es precisamente lo que Ferrajoli subraya al rechazar la conocida definición de Marshall ("La ciudadanía es el status que se concede a los miembros de pleno derecho de la comunidad"), poniendo el acento en el vínculo entre "pueblo", "constitución" y "ciudadanía", de donde la noción de ciuda"danos" que propone: "Ciudadanos son las personas naturales pertenecientes a un determinado pueblo en cuanto dotados de las mismas situaciones constituidas".

La clave reside en la definición de "pueblo" que propone Ferrajoli[26], y que trata de recoger tanto la dimensión prejurídica ("sujetos colectivos que reivindican con su independencia y liberación un papel constituyente") como la jurídica, a partir de la formulación ciceroniana de *populus* formulada en *De Republica* I,39 (" [...] non omnis hominum coetus quoquo modo congregatus, sed coetus multitudinis iuris consensu et utilitatis communione sociatus")[27]. Es decir, Ferrajoli invierte la tradicional vinculación entre las nociones de "derechos", "pueblo" y "ciudadanía"[28] que remonta a las tesis expuestas por Kant en *Los principios metafísicos de la doctrina del Derecho*. Pero también la relación entre "pueblo" y "constitución", para dar cabida a una concepción convencionalista y democrática no sólo de los pueblos, sino del Derecho mismo: "la constitu-

25 Aunque, por supuesto, la profundidad o radicalidad de esa interpelación puede ser relativizada en aras de una perspectiva puramente electoralista. Es lo que está sucediendo en la actualidad política más inmediata en el momento en que celebramos este coloquio, pues el reconocimiento de ciudadanía y/o derechos políticos a los extranjeros, y en particular a los inmigrantes está siendo invocado demagógicamente como el centro de la disputa política en las elecciones presidenciales francesas en 2012, por mor de la estrategia irresponsable del candidato-presidente SARKOZY.

26 "Pueblo es el sujeto colectivo formado por sujetos que tienen intereses comunes y son titulares de las mismas modalidades constituyentes o bien, en virtud de reglas téticas, de las mismas expectativas constituidas". (*PI*, D7.16)

27 Pero FERRAJOLI sustituye en esa definición D7.16 el *consensus iuris* por la noción de "iguales derechos" (*par condicio civium* y *iura paria*), que está también en otros dos pasajes de la misma obra de CICERÓN (*De republica*, I.41 y I.49), "a fin de incluir también a los pueblos que son constituyentes de entidades políticas", pues la esfera pública, es decir, la esfera de los intereses de todos (D 11.36), "se funda, en simultaneidad con el pueblo, en el momento en que viene estipulada por el pacto constitucional la *par condicio civium*" (§13.10, p.53).

28 *PI*, D7.17, T.7.89 y T.17.91

29 §13.10, p.53.

ción, con la igualdad en los derechos que establece, es precisamente la condición política y cultural del reconocimiento de los demás como 'iguales' y, por ello, el principal factor de la esfera pública y de la identidad colectiva de un pueblo"[29]. "El pueblo cobra existencia tras la estipulación, normalmente por obra de una constitución, de los derechos fundamentales, que son justamente los derechos concedidos a todos los que pertenecen a él". La unidad del pueblo radica, pues, en esa igualdad en los derechos. Aún más, "la legitimidad de una constitución no reside en la existencia de un mítico *demos*, sino en los principios de igualdad en los derechos fundamentales y de igual dignidad de las personas en ellos estipulados"[30]. Una concepción en la que, al contrario del tópico, no es la homogeneidad, el consenso, el presupuesto de la constitución democrática, "ni en el plano histórico o fáctico, ni en el axiológico filosófico político", sino la diversidad y aun el conflicto[31] de donde el acierto, a su juicio del lema de la Unión Europea, "unidos en la diversidad" por contraposición al de los EEUU: *e pluribus unum*[32]. El pueblo, insiste Cicerón y recoge Ferrajoli , más aún, la sociedad civil, *permanece unida por el vínculo de la ley igual para todos y más concretamente por la igualdad en los derechos*. Esa lucha, que tiene ecos del *dictum* de Heraclito "un pueblo debe luchar por sus leyes como por sus muros") es un compromiso a favor de lo que, con Balibar, llamaré *egalibertad* y es lo que me interesa comentar a la hora de proponer vías para la ciudadanía inclusiva.

Lo cierto es que, si su alcance va más allá, ello se corresponde con algunas de las tesis fuertes sobre las que ya venía insistiendo Balibar y el mismo Ferrajoli, esto es, la antinomia entre soberanía y derechos humanos universales y el proyecto de democracia cosmopolita (que en su primera formulación es en gran parte coincidente con la propuesta de Held[33]), al que correspondería la noción de *ciudadanía cosmopolita*. Por

---

30 Nota 146, p.620.

31 *PI*, §.13.10, p.51.

32 Lo más interesante para nuestra discusión es lo que el propio FERRAJOLI invoca como invención ciceroniana, esto es, que "todo pueblo viene constituido por su ciudadanía, esto es, por su institución política generada a su vez a partir de una eliberación colectiva " (*PI* 2, nota 47, p.189).
ARCHIBUGI, Daniele & HELD, David, *Cosmopolitan Democracy: An Agenda for a New World Order*, London, J. Wiley and Sons, 1995.

33 Tampoco con las propuestas de BECK, Ulrich (*La mirada cosmopolita o la guerra es la paz*, Barcelona, Paidós, 2005) que retoma TODOROV, Tzvetan (*El miedo a*

mi parte, estando de acuerdo básicamente con la definición de ciudadanía y las tesis de Ferrajoli acerca de su carácter de privilegio hoy, frente a lo que fuera su significado emancipatorio en el XVIII y XIX, coincido (aunque creo que por razones diferentes) con otras posiciones críticas, como las expuestas en diferentes ocasiones por Alfonso Ruiz Miguel, pues no comparto la apuesta por la democracia cosmopolita que es condición de viabilidad[34], aunque hay que añadir que tampoco la sujeción al estrecho marco estatal-nacional que confina la cuestión al viejo recurso a la nacionalización o a mecanismos de reciprocidad (tal y como lo interpreta nuestro Consejo de Estado y el propio Tribunal Constitucional). Por eso, en otros trabajos sobre el campo de juego de esa lucha por ampliar los límites de la ciudadanía, hemos propuesto la extensión de la ciudadanía estatal (y europea en el caso de los Estados miembros de la UE) a todos los sujetos con residencia estable en el territorio de soberanía del Estado en cuestión (en el espacio de "soberanía" de la UE) y con el solo requisito de la competencia lingüística.

2. El déficit del "monismo ontológico", lastre de la condición de ciudadanía. La lección del multiculturalismo: necesidad de desarraigar la ciudadanía de la nacionalidad

Y es que el problema al que hacemos frente –insuficientemente– en términos de la reconceptualización de la ciudadanía nace no sólo de la

los bárbaros. Más allá del choque de civilizaciones, Madrid, Galaxia Gutenberg, 2008) sobre un cosmopolitismo que presenta como modelo conceptual que integra diversas maneras de vivir la alteridad cultural, bajo el imperio de 3 condiciones (norma común a la que se someten todos los grupos; estatuto legal de las diferencias; igualdad de derechos para todos).

34 Tampoco con las propuestas de BECK, Ulrich (*La mirada cosmopolita o la guerra es la paz*, Barcelona, Paidós, 2005) que retoma TODOROV, Tzvetan (*El miedo a los bárbaros. Más allá del choque de civilizaciones*, Madrid, Galaxia Gutenberg, 2008) sobre un cosmopolitismo que presenta como modelo conceptual que integra diversas maneras de vivir la alteridad cultural, bajo el imperio de 3 condiciones (norma común a la que se someten todos los grupos; estatuto legal de las diferencias; igualdad de derechos para todos).

inadecuación de ese concepto a estructuras o comunidades políticas que desbordan los rígidos moldes del Estado-nación, sino sobre todo al hecho de que asistimos a una constante creación de nuevas categorías de sujetos para quienes rige una suerte de estado de excepción permanente[35], que los reduce a una condición más parecida a la lógica colonial criticada por Cole[36], que a la democracia liberal.

Pero es impensable que esa tarea sea sólo un esfuerzo de recategorización de la ciudadanía. Se trata, además, de hacer frente a ese pulso al que nos enfrenta una economía globalizada, *entre la mano invisible y la visible*, un pulso que se pierde si la mano visible no dispone de instrumentos globales. Porque hoy, además de la regulación nacional, es precisa la concertación internacional para luchar contra actuaciones que perjudican no sólo la estabilidad financiera sino, sobre todo, el mínimo de igualdad. Ahora, el reto es reforzar la mano visible en el plano internacional, hacer posible el control de las finanzas internacionales, lo que, en rigor, no es una novedad, sino un eslabón más en la pugna histórica entre un futuro en el que el orden internacional se basará en reglas más activas y un pasado donde todo estaba permitido, en primer lugar el enriquecimiento inmoral de algunos a costa de la lógica de la fragmentación social, de la exclusión de los más, o de la reinvención de la esclavitud en la nueva división internacional del trabajo impuesta por el mercado global (o no tan nueva, si leemos el poema de Pottier: "*Laissez faire, laissez passer [L'Economie Politique]*", fechado el 20 de junio de 1880[37]. Una lógica de fragmentación social que es una lógica política que lleva a la multiplicación de las fronteras interiores en nuestras democracias. De esta forma, en nuestra UE se ha multiplicado la tipología ideada por Hammar[38] para explicar los estatus públicos en relación con la ciudadanía: de los 3 estatus –ciudadanos/nacionales, extranjeros y *denizens*– hemos pasado hasta 8 estatus –nacionales, ciudadanos de la UE residentes, ciuda-

---

35 LOCHAK, Danièle, *op.cit.*, p.15 ss.

36 COLE, Phillip, *Philosophies of Exclusion: Liberal Political Theory and Immigration*, Edinburgh, Edinburgh University Press, 2000.

37 Recordemos que Eugène POTTIER es el autor de la letra de la Internacional –y de otros poemas y canciones revolucionarias como *Le grand Krach, En avant la classe ouvrière, Droits et devoirs, La Sainte Trinité, La guerre, Leur Bon Dieu*– envió desde América a sus correligionarios.

38 HAMMAR, Tomas, *Democracy and the Nation State: Aliens, Denizens and Citizens in a World of International Migration*, Aldershot, Gower, 1990.

danos de la UE no residentes, no UE residentes (los sujetos de la directiva 2003), no UE temporales, demandantes de asilo, sin papeles no expulsables y sin papeles expulsables–, como recuerda Withol der Wenden en el *rapport Citoyenneté* que preparó para la Fundación Schumann en 2008. Ello sin tener en cuenta la estratificación entre trabajadores no-UE cualificados –los más deseables– y no cualificados; ni la pendiente resbaladiza, la vulnerabilidad que amenaza a todos los no-UE residentes. Por decirlo de una manera alegórica, se trata de invertir esa lógica del *mundo líquido* que –según Bauman[39]– propicia la aparición de los *parias de la modernidad*, los sujetos sustituibles, precarios, sometidos a caducidad.

Sin embargo, no creo que nuestra tarea sea, por parafrasear a Baumann en su *dictum* sobre la gestión de la diversidad, la de "convertir la polifonía en armonía y evitar que degenere en cacofonía". Estoy convencido de que nuestro reto no es el de identificar las condiciones de la armonía de las identidades diferentes. Coincido con Zolo en su crítica del ideal cosmopolita. Una y otra (comunidad cosmopolita, ciudadanía cosmopolita), como su pretendido instrumento jurídico, el también mal llamado Derecho cosmopolita, me parecen –hoy por hoy– sobre todo coartadas, vías de escape aceptables desde el punto de vista del debate académico, de modelos, pero escasamente fructíferas desde el punto de vista del debate político que es –no puede ser otra cosa– realista, en cuanto debate acerca de lo posible. Eso no significa que la única perspectiva sea la del pragmatismo de la *real politik,* sino que, a mi juicio, estamos obligados más bien a priorizar el análisis del alcance de aquellas propuestas de articulación de la nueva ciudadanía que nos permitan salir del *impasse* que muestra la disyuntiva frecuente en este tipo de debate (generalizar la ciudadanía para extender los derechos efectivos/abandonar la ciudadanía para poder afirmar la extensión de los derechos). Y, al tiempo, justifica el interés de analizar propuestas como la que supuestamente ofrece la UE –la noción de ciudadanía europea y en su contexto, la de ciudadanía cívica– porque parece más útil, aunque el resultado tantas veces produzca frustración. Hay que hablar sobre todo de los retos de la ciudadanía en el sentido de las dificultades para poner en pie las garantías de igualdad efectiva para los sujetos que no pueden

39 BAUMAN, Zygmunt, *Miedo liquido: La sociedad contemporánea y sus temores*, Barcelona, Paidós Ibérica, 2007.

alcanzar ese estatus y también para aquellos a los que ese estatus no garantiza la igualdad.

Insistimos: si debemos analizar los cambios en ese modo de entender el juego, el territorio, el espacio de lo político (de lo público y de lo privado, en sus dimensiones complejas, también las que llevan de la escala íntima a la global mal llamada internacional), tal y como nos lo definen el Estado-nación y su concepto de ciudadanía, no es porque afrontemos un conflicto de civilizaciones. Por eso, a nuestro entender, la solución tampoco está en la alianza de civilizaciones, en las diferentes manifestaciones de la interculturalidad como fórmula mágica de gestión de lo diverso y, por tanto, como el ingrediente mágico con el que se cocina la nueva ciudadanía, el nuevo espacio político superador del Estado-nación. Evidentemente, no ignoramos la necesidad de la perspectiva intercultural como superación del monismo ontológico y deontológico criticado por Cassirer como el error de la opción básica de la tradición política occidental, que deviene en la tesis del monoculturalismo, que es el postulado del Estado nación y que aboca inevitablemente a los modelos de asimilación impuesta, o al de gueto. En ese sentido, aceptamos que el reconocimiento normativo (jurídico, político) de la diversidad de identidades es condición de la nueva ciudadanía, pero no es la clave exclusiva. Una vez más, no es eso.

Creemos más bien que el reto es de otra clase y que las respuestas también son de otra índole. En realidad, la constancia de la diversidad cultural nos reenvía a una cuestión de justicia social y de distribución del poder. El reto que nos obliga a hacer frente a esas modificaciones, como señalan Wendy Brown y Phillip Cole, de un lado y Luigi Ferrajoli (pero también Jacques Rancière y Étienne Balibar) de otro, es una cuestión bien conocida: las consecuencias del modelo impuesto por la modernidad liberal restringida son hoy tan insoportables y, sobre todo, tan difíciles de gestionar eficazmente, que resulta evidente la necesidad de encontrar alternativas. La realidad del incremento de la diversidad social (uno de cuyos agentes, aunque no el único son las migraciones asentadas en terceros países) es un hecho difícilmente reversible y que, como señalamos al comienzo de estas páginas, muestra la necesidad de una nueva *gramática de la democracia*. Es un desafío a la idea misma de política que aparece como caduca ante las transformaciones espectaculares que derivan del desarrollo de las nuevas tecnologías de la comunicación e información y del modelo de globalización que vivimos hoy. Porque es bien sabido que no disponemos ni de discurso ni de instituciones políticas a la altura de las condiciones y exigencias de un mundo como el nuestro, que vive una profunda transformación, hasta el punto de que hará época. Y la primera razón del desconcierto es que aún no sabemos en qué consiste ese cambio de época, e incluso no somos conscientes de que eso es lo que nos está pasando, por evocar el *motto* orteguiano.

Por todo ello, lo que necesitamos hoy es precisamente ésto, una *gramática social* (moral, jurídica y política) a la altura de los desafíos de esta etapa de la globalización, que llevan a su tensión máxima la relación entre cohesión social de un lado, justicia social (igualdad) y diversidad social (en todos los sentidos) de otro, sobre todo por el riesgo bien probado del incremento de la desigualdad. Una gramática en la que tiene un papel destacado la noción rescatada de dignidad, lejos de la retórica vacía y moralista que hace de ella una noción tautológica. Algo que ha apuntado Habermas, en el marco de su concepción de la emigración de la moral pública a la Constitución, núcleo de la idea de Estado constitucional que propone Ferrajoli. Escribe así Habermas[40]: "la dignidad es así el portal a través del cual el contenido universal igualitario de la moral se importa al Derecho. La idea de la dignidad humana es la bisagra conceptual que ensambla la moral del respeto igualitario a cada sujeto, con el derecho positivo y la producción jurídica democrática". Ese proyecto universalista es el que ha sido traicionado por el modelo de *modernidad restringida*, cuyo instrumento es el Estado-nación concebido sobre el molde *liberal restringido* y bajo el primado del mercado, forma parte una noción demediadamente emancipadora de ciudadanía. Ese sujeto político, el Estado, secuestra y demedia a la nación, que no es *populus,* no es *demos* pleno, porque no son sujetos del mismo todos los que forman parte de él. Y lo mismo sucede con la ciudadanía que nos proponen las revoluciones de 1776 y 1789. Tanto una como la otra en realidad secuestran la democracia y la ciudadanía, porque secuestran los sujetos y el cometido de la política, restringiéndolos a un modelo que es monista: de género, etnia, clase. Por eso, uno y otro (Estado-nación, ciudadanía) son instrumentos de dominación, no de emancipación igualitaria, y por eso se puede concluir que ese estatus de ciudadanía (que, respecto al de súbdito del *ancien régime* es sin duda un progreso) constituye un privilegio: pa-

40 HABERMAS, Jürgen, *El concepto de dignidad humana y la utopia realista de los derechos humanos,* Revista Diánoia, vol. LV, n° 64, 2010.

triarcal, clasista, colonial. Es decir, que considero válidas y aun primordiales los argumentos de crítica que encontramos ya en MacPherson y su crítica de la teoría política del individualismo posesivo, en Étienne Balibar o Immanuel Wallerstein y en Luigi Ferrajoli, que denuncian asimismo las formulaciones tímidamente reformistas de ese modelo liberal restringido (como la de John Rawls, incluso cuando se lanza a la dimensión internacional redescubriendo el derecho de gentes a estas alturas).

Es decir, que el reto consiste en superar una ciudadanía que se ha convertido en buena medida en un instrumento de domesticación en lugar de emancipación (un título que justifica la condición preferente en el consumo de servicios), y, junto a ello, claro está, el reto de superar la condición creciente de pertenencia sin ciudadanía, ya denunciada por Sayad, y que persevera en la lógica colonial para con determinados colectivos (los trabajadores, las mujeres, hoy los inmigrantes), compatible con la excelencia ofrecida a los nacionales y, en particular, a las elites. Eso es lo que justifica el exabrupto de Cole sobre la esquizofrenia democrática que estaría instalada en la democracia liberal, hoy.

Por eso creo que antes de formular propuestas de cambio hay que tener en cuenta las razones del incremento vertiginoso de la crisis de la visión liberal restringida, de ese universalismo abstracto, de sustitución (por utilizar los términos de Seyla Benhabib) que es el cáncer del discurso políticamente correcto del universalismo de los derechos humanos que constituye hoy el postulado insuperable, acríticamente aceptado en su formulación liberal, que, sin embargo, es a todas luces contradictoria con la aspiración universalista. Ciertamente, desde 1989, los movimientos sociales (de los trabajadores, las mujeres, la descolonización) las luchas sociales que han protagonizado, han conseguido relativizar ensanchar – esas restricciones, pero las nuevas condiciones contextuales que han marcado el fin del siglo corto nos dan de bruces ante el hecho indiscutible de la permanente ilegitimidad y aun más la inadecuación de una y otra categoría, las de Estado-nación y ciudadanía en un mundo que no ha cesado de cambiar y que nos muestra nuevas formas de precariedad y de desafiliación que hacen cada vez más frágil el vínculo social y político al que tratan de dar respuesta –cada vez más patéticamente impotente– las viejas categorías del Estado-nación y de la ciudadanía, en particular, como vengo recordando, el fenómeno de la transnacionalidad, de las redes y de lo sujetos transnacionales, y por eso la importancia de los movimientos migratorios como síntoma, como campo de juego; por otro, la generalización de la condición de multiculturalidad a la que no escapa ninguna sociedad contemporánea y que ha propiciado un debate confuso en el que no pocas veces se llega a camuflar las profundas líneas de quiebra del vínculo social tras los árboles del conflicto cultural o de identidades.

En realidad, como se acepta ya en la discusión, la pregunta que debemos plantearnos no es por qué no hemos avanzado en la construcción cosmopolita, sino ¿por qué no se ha producido el cambio institucional adecuado al fenómeno social de la transnacionalidad? Esto es, ¿por qué no hemos sido capaces de desnacionalizar o al menos transnacionalizar la ciudadanía? Para responder, hay que examinar la dificultad de las respuestas que permitirían ciudadanizar –si se me permite el barbarismo– es decir, ampliar la ciudadanía de forma plural e inclusiva, sin romper la autonomía de sociedades más plurales que nunca: cómo romper esa jaula de hierro que atrapa en el vínculo "nacionalidad-trabajo formal-homogeneidad cultural", una jaula que reitera otras como la que reducían la ciudadanía al espacio público definido desde el género.

Las pistas para vencer esas dificultades se encuentran más bien en la recuperación de la ciudadanía como "derecho a la ciudad", que por definición es derecho a una presencia visible desde la condición de residencia estable, que no definitiva, ni impuesta con el sacrificio de la aculturación. Y al mismo tiempo, es preciso superar la miopía del culturalismo en el debate de la ciudadanía, que, paradójicamente, es funcional al mantenimiento del debate en clave de seguridad y orden público –frente al otro diverso, al inmigrante extraño– y a la perspectiva instrumental según la cual no debe hablarse una "nueva fábrica de ciudadanos", sino sólo de reconocer derechos (no de ciudadanía) a los trabajadores necesarios mientras no sean costosos, es decir, siempre que su presencia no genere más costes (por ejemplo, en términos de acceso a servicios, de ejercicio de derechos) que los beneficios que producen.

3. Evocando a Beck: la ciudadanía apolítica, abstracta, como categoría "zombie"

Porque quizá el problema radique en la profunda pero mal digerida transformación de la noción de ciudadanía, que ha llevado a imponer hoy, en el occidente rico en el que viven los ciudadanos del nuevo orden global, una visión plana (conservadora), de la ciudadanía, que, como insiste Ferrajoli, desactiva su capacidad de transformación, su dimensión de factor de emancipación. La ciudadanía hoy se nos muestra como un proceso histórico que puede comportar retrocesos, no como un derecho irreversible y de contenido acumulativo (primero derechos civiles, luego políticos, sociales económicos y culturales finalmente) que se extiende inexorablemente con aspiración universal: esa noción es válida sólo en aquellos estados- nación desde los que el mercado impone su ley y, sobre todo, sólo para aquellos que son sujetos del nuevo espacio transnacional de la globalización. Por eso pierde su capacidad de factor de emancipación que había de contribuir a liberar a los seres humanos, para convertirse en la prueba del doble rasero, de los privilegios de los que gozan los sujetos del primer mundo.

Quizá es que cabe entenderla como una de las que Ulrich Beck ha denominado categorías *zombies,* que parecen gozar de buena salud pero que *de facto* son muertos vivientes. Cualquier reflexión atenta demuestra que la ciudadanía como estatus ofrece una realidad mucho más tenue y débil de lo que pensamos. Y no faltan quienes, ante la confusión de nuevas propuestas tan a menudo delicuescentes, cuando no contraproducentes, pues provocan justamente lo que se quería impedir, ya que protegen cada vez menos a los nacionales/ciudadanos y excluyen *per se* y *sine die* a los no ciudadanos/extranjeros[41], tienen nostalgia por las viejas nociones fuertes de ciudadanía y de Estado, que garantizaban la igualdad de todos los titulares del estatus, también un mínimo para los más vulnerables.

Esa denuncia del carácter conservador que adquiere la ciudadanía es la que subraya Balibar: "la gran ecuación establecida por los estados modernos entre *ciudadanía* y *nacionalidad* (que precisamente da su contenido a la idea de 'soberanía del pueblo') comienza a funcionar enton-

41 Ese el riesgo de la ciudadanía cosmopolita, que puede propiciar más discriminación y subordinación en lugar de igualdad y autonomía.

ces en contra de su significado democrático: no para hacer de la nacionalidad la forma histórica en la que se construyan una libertad y una igualdad colectivas, sino para hacer de ella la esencia de la ciudadanía, la comunidad absoluta que todas las comunidades deben reflejar". Ese proceso de abstracción, de tecnificación de la ciudadanía, omite hechos y realidades y genera ficciones y desigualdades. En efecto, hoy asistimos a un proceso de desagregación de los tres elementos clásicos de la ciudadanía como categoría política propia de las comunidades políticas que son los estados nacionales, es decir, como *vínculo de pertenencia e identidad* (la condición de miembro de una comunidad nacional, portador de una cultura homogénea), como *título de soberanía* (la condición de sujeto de los derechos políticos, el núcleo duro de la condición de ciudadano) y como *título de beneficios sociales* (la condición de ciudadanía social).

Sin duda, la *destrucción del trabajo formal y estable* como elemento básico del vínculo social, consecuencia del modelo de globalización del mercado, unida a la *implosión de la homogeneidad cultural* (que es condición implícita de la cohesión social en el modelo de Estado-nación y por ello en su noción de ciudadanía) como consecuencia a su vez de la creciente multiculturalidad, uno de cuyos factores sería precisamente la presencia estable de inmigrantes ajenos a nuestra comunidad cultural, transforman radicalmente esos viejos supuestos. Y con ello transforman también la razón de ser de la distinción entre ciudadano y el que no lo es. Alteran el dogma de que el que viene de fuera no sólo no es, sino que muy raramente puede pretender llegar a ser ciudadano, porque su interés y sus necesidades lo sitúan como ajeno a nuestra comunidad política. La caducidad del dogma arranca de la falsedad de la identificación de la comunidad política con la comunidad cultural, del *demos* con el *etnos* sobre la que reposa la identidad nacional de los estados modernos impuso la negación del pluralismo cultural *ya existente* en el interior de los estados y la correlativa asimilación o eliminación (en el menos duro de los supuestos, segregación) de poblaciones con peculiaridades culturales y lingüísticas, las minorías. En suma, consagra un modelo en el que la plena ciudadanía sólo está al alcance de quienes se identifican con el sujeto político *tout court,* que, aunque pretendidamente abstracto, tiene todos los rasgos de la identidad nacional fundacional o hegemónica. Y eso, por ejemplo, altera la tesis de que esa dimensión de la integración le sería ajena por completo, sería extraña a su naturaleza de otro, que es la de inmigrante, el caso por antonomasia de extranjero, hoy.

Eso es lo que permite que algunos como Bauböck enfaticen la distinción entre dos tipos de ciudadanía: ciudadanía formal y ciudadanía sustantiva[42]. La ciudadanía formal significa ser miembro legal de un Estado con un estatus de ciudadano. La ciudadanía sustantiva conlleva el contenido práctico de la misma, esto es: la capacidad de acceder y disfrutar de los derechos de ciudadanía, lo que supone ser aceptado y acogido como un conciudadano. Si nos detenemos en el contenido sustantivo de ciudadanía, cabe hablar de ciudadanos/integrados y no-ciudadanos/excluidos en términos de acceso práctico a los derechos y del trato que reciben por parte de sus vecinos y funcionarios públicos. En otras palabras, si definimos al ciudadano como un integrado y al no-ciudadano como un excluido, podremos desarrollar una matriz "dos por dos" que esclarezca el estatus y práctica de ciudadanía. La matriz nos da cuatro categorías de ciudadanos y no-ciudadanos definidas en términos de aceptación como miembros de pleno derecho de la comunidad nacional o de exclusión hasta cierto punto. Estas cuatro categorías son, en primer lugar, integrados aceptados como tales; integrados no aceptados y tratados como excluidos; excluidos tratados como integrados y excluidos tratados y excluidos como tales. En realidad, la constatación de la caducidad de la vieja noción de ciudadanía lleva a tratar de encontrar sustitutos que combinen el modelo liberal y el comunitario. El modelo liberal es contractual y enfatiza la dimensión técnico-jurídica, da una enorme importancia al individualismo y los derechos individuales. La ciudadanía se vincula al disfrute de los derechos civiles, políticos y sociales. El enfoque liberal hace hincapié en los derechos individuales y en las oportunidades; en la autonomía personal, el derecho a la participación política y el trato igualitario bajo la ley. Los deberes de la ciudadanía se relegan a un segundo plano al ser concebidos como intolerantes, restringiendo la libertad de acción del individuo. El comunitarista subraya que los individuos se unen en sociedad para perseguir metas comunes, tienen una identidad común y su deber es participar en los asuntos públicos.

En realidad, las tradiciones occidentales de ciudadanía no sólo se asocian, por tanto, con formas liberales, voluntarias y contractuales de ciudadanía sino con el ser miembros de una comunidad y más específicamente miembros de una comunidad nacional. La ciudadanía del Estado se construye en términos de ser miembro de un supuesto Estado-nación

---

42 BAUBÖCK, Rainer, *op.cit.*

figurado[43]. El ser miembro de un Estado tiene su origen en una exclusividad de doble sentido: un acceso limitado desde fuera y una homogeneidad sociocultural dentro. El atributo de ciudadanía, por consiguiente, no sólo otorga seguridad legal y la titularidad y garantía de derechos civiles, políticos y sociales, sino que significa también que el reconocimiento como miembro igual, de pleno derecho, de una sociedad y de una comunidad nacional. La persona a la que se le atribuye ciudadanía es un integrado y no un excluido.

De ahí la necesidad de encontrar otras formas de ciudadanía. Alternativas como, por ejemplo, la *ciudadanía multicultural,* entendida por Kymlicka como medio de justificar y promover los derechos de las minorías territoriales, culturales y étnicas, así como de justificar la garantía de sus derechos de grupo además de proteger sus derechos individuales Se han propuesto otros conceptos como *ciudadanía transnacional* enunciada por Bauböck, o la *ciudadanía posnacional* de la que habla Soysal[44] con el fin de reflexionar y defender desarrollos en un mundo de migraciones internacionales y otras formas de globalización. Y obviamente, el de *ciudadanía cosmopolita* que, sin perjuicio de otras formulaciones está en el núcleo de la aportación de Ferrajoli en su *Principia Iuris.*

4. Contexto y función de la ciudadanía, hoy

Pero hoy es posible constatar que, en lugar de avanzar en esa revisión, nuestras democracias se limitan a privilegiar la dimensión jurídico-abstracta de la ciudadanía, su función estática y adscriptiva, que no puede no subrayar la barrera entre los que son sujetos plenos *qua* ciudadanos (qua nacionales), haciendo así visible como señala Ferrajoli en el núcleo de su tesis, la condición creciente de *privilegio* que adquiere la ciudadanía en el contexto de este mundo globalizado. Haciendo visible, además, el contraste con otra dimensión, la política, dinámica, activa, que remite

43 ANDERSON, Benedict, *Imagined Communities: Reflections on the Origin and Spread of Nationalism*, London, Verso, 1991 (1983).

44 Cfr. BAUBÖCK, Rainer, BOSNIAK, Linda & SOYSAL, Yasemin, *Ciudadanía sin nación*, Bogotá, Siglo del Hombre, 2010.

a un proceso, a una *praxis* orientada a definir y regular la convivencia colectiva a través del ejercicio de los derechos que le son propios, los derechos políticos y muy concretamente los de participación y comunicación. En suma, despolitizando la ciudadanía, privándola de su capacidad política radical. Entiéndase: cuando hablo de despolitización de la ciudadanía no me refiero a que no se utilice en el juego político. Al contrario. Hoy asistimos a su constante invocación como herramienta en la contienda partidista, como cabe comprobar con el discurso de preferencia nacional que los partidos ofrecen a los ciudadanos para asegurarles su preocupación por ellos, para defender sus intereses y su estatus amenazado por los de fuera, pero también en el discurso pretendidamente progresista de quienes hablan ahora de conciudadanos para referirse a los otros (a los inmigrantes) y proponen extenderles una ciudadanía que se revela vacía, porque se le priva de su contenido genuino, el de la capacidad de agencia, es decir, de decisión política. No. Creo que el problema es la desactivación de la ciudadanía como arma de emancipación para los de dentro os que son ciudadanos *qua* nacionales pero están reducidos a su dimensión de consumidores abstractos, haciendo omisión de la condición concreta que les *desciudadaniza:* género, edad, clase– y a fortiori para los de fuera, para los que pugnan por entrar en el campo de juego.

Esto es lo que trato de recordar: el debate sobre la ciudadanía no puede reducirse a una cuestión teórica, a un concepto que juega fuera del ámbito de las tensiones sociales y las relaciones de poder. Hoy necesitamos un nuevo modelo de ciudadanía que vuelva a la raíz, como movimiento por la inclusión, que se ejerce dentro y fuera de las fronteras, exigiendo una extensión interna y otra externa, la más novedosa y polémica. En el caso de la extensión *externa* de la ciudadanía, la más controvertida, pues supone difuminar los límites antaño precisos que distinguían al ciudadano (que lo es *qua* nacional) del extranjero (el no ciudadano *qua* no nacional), el movimiento de reinterpretación y ampliación de la ciudadanía trata de reivindicar la inclusión de todos aquellos que, pese a habitar incluso establemente– en el territorio de soberanía nacional de un Estado son considerados habitantes *extramuros* (inmigrantes, asilantes) y por ello ajenos a la condición de ciudadanos. Los factores que influyen en ese proceso son todos aquellos que afectan a la especificidad de sus intereses materiales e ideales (condiciones de admisión en el país, institucionalización de los derechos sociales para los no nacionales, acceso a la naturalización y al derecho de voto, reconocimiento de derechos culturales, medidas antidiscriminatorias y de *empowerment)* y cabe resumirlos en una vieja fórmula, la igualdad efectiva.

Como ha apuntado, entre otros, Carlota Solé[45], lo decisivo aquí es la capacidad de negociación y de explicitación de necesidades e intereses, previa al establecimiento de intereses comunes. Estas autoras defienden una noción supranacional y pluricultural de ciudadanía que implica explicitar las condiciones de pertenencia y los intereses objetivos de los inmigrantes, de los autóctonos y de los actuales estados-naciones. Los inmigrantes residentes en diversos países de la UE, entre ellos España, perseguirán el objetivo común de mejorar sus condiciones de vida. Desarrollarán intereses comunes por el hecho de compartir circunstancias y hechos, como su situación de precariedad y discriminación en el mercado de trabajo, la marginación social y la no participación política. Estos hechos y circunstancias marcan la interacción (relación) entre ellos y con los autóctonos. Intentar superar la situación objetiva de desventaja respecto a los autóctonos induce a los inmigrantes a desear alcanzar la condición de ciudadanos. Los autóctonos, por su parte, admitirán esta posibilidad en la medida que sus intereses económicos (substitución en el desempeño de las tareas socialmente menos valoradas aunque imprescindibles para el proceso de producción) y políticos (ampliación potencial del electorado) se cubran. En este proceso, unos y otros, inmigrantes y autóctonos, cederán parte de sus anteriores haberes o, incluso, privilegios con el fin de lograr la conjunción y convergencia de intereses, compartir una identidad y perseguir y optar por unos beneficios materiales y simbólicos, como es el bien social de la ciudadanía, una nueva ciudadanía, inclusiva de los inmigrantes".

Lo que resulta más urgente es la recuperación de la tercera dimensión de la ciudadanía, como estatus jurídico, y ello a su vez nos obliga a clarificar su cada vez más confusa relación con las otras dos dimensiones, la de pertenencia/identidad y la de titularidad de la acción política, de la soberanía que exige a su vez la redefinición de lo público y de las cuestiones que lo constituyen, que cada vez son más comunes, en el sentido de que superan las fronteras estatales-nacionales: bienes como la energía o el agua, retos como la lucha contra el hambre y la enfermedad,

---

45 Cfr. SOLÉ, Carlota, *Inmigración, Mercado de Trabajo y Género*, CentrA, Documento de Trabajo S2003/1; asimismo, los trabajos dirigidos por la misma SOLÉ, con PARELLA, Sonia y CAVALCANTI, Leonardo.

el logro de un desarrollo sostenible, la protección del patrimonio cultural. Ahí es donde se juega la recuperación o la recreación del espacio de lo político, de lo público, que exigen otros espacios infra y supraestatales y otras dimensiones de la ciudadanía adecuadas a ellos.

Por eso, el ejemplo que mejor describe esa dimensión de ciudadanía activa es el debate acerca del reconocimiento de los inmigrantes como sujetos, esto es, de la inmigración como cuestión política estructural, y por ello como *frontera* –nunca mejor dicho– de nuestras democracias, una tesis que se encuentra repetida entre otros en Balibar, Sayad, Cahrens, etc. Lo es, desde luego, por lo que se refiere al ámbito clásico de las democracias, el estatal. En efecto, la inmigración es un test respecto a los dos desafíos más importantes que afronta hoy la democracia en el marco estatal. Esos son el *desafío de la democracia plural,* esto es, la conjugación de cohesión, pluralidad e inclusión; y el *desafío de la recuperación de lo público,* que es el reto de la participación, porque, como advirtiera Tocqueville, esa es la clave de la calidad democrática: si los hombres han de seguir siendo civilizados o llegar a serlo, el arte de asociarse unos con otros debe crecer y mejorarse en la misma proporción en que se incremente la igualdad de condiciones. Una y otra empresa nos proponen la necesidad de redefinir la democracia en términos de inclusión política de la pluralidad y en sentido activo.

Pero la inmigración constituye también el test en el ámbito más novedoso de la democracia, el propio de la sociedad internacional, en términos de lo que podemos llamar la *democracia global,* como lo pone de manifiesto crecientemente el proceso de globalización. Los movimientos migratorios están vinculados a la desigualdad planetaria, a la asimetría en la oportunidad de acceder a la libertad y las riquezas, que es el efecto llamada del que hablaba *avant la lettre* Montesquieu. Pero también lo están a las reglas que imponen una libre circulación asimétrica: total libertad de circulación –incluida la deslocalización– cuando así conviene a los intereses del centro (o del norte, si se prefiere). Y cuando esos intereses lo exigen, se cierran las barreras y se alzan las fronteras, para las mercancías y para los seres humanos. Ese doble rasero y esas causas de expulsión y de atracción es lo que algunos escritores y algunos directores de cine han sabido explicar mejor que muchos expertos. Mientras no existan reglas que universalicen las exigencias de la democracia y los derechos humanos, la negación de la visibilidad y presencia activa de los inmigrantes será el espejo del déficit democrático, de las insuficiencias de la ciudadanía.

5. El corazón de la disputa: la *egalibertad*

La posición de Ferrajoli da de lleno en la diana en su diagnóstico al identificar la actual condición de ciudadanía como un obstáculo para la exigencia de la lógica del Estado de Derecho y de la universalidad de los derechos. Lo que sucede es que quienes subrayan el déficit de reconocimiento de pluralismo (en términos de inclusión política) en un modelo de ciudadanía abstracta *–colour-blind–* como es el del liberalismo restringido, no siempre entienden el rigor de la exigencia de igualdad:

> Tengo la impresión de que la mayor parte de las críticas dirigidas estos años a la idea de igualdad por el pensamiento de la diferencia parten de una contraposición entre "igualdad" y "diferencia" que se apoya en la ambigüedad del término "igualdad"; y que, además, lo que contesta no es el *valor* de la igualdad, sino el *concepto* de "igualdad jurídica" tal y como fue construido por la tradición liberal en los orígenes del Estado moderno. Es tan cierto, que estas críticas, por lo general, no proponen el abandono o la descalificación del "principio de igualdad" y del "universalismo" de los derechos, sino una refundación y una redefinición de uno y otro que no hagan abstracción de la diferencia sexual[46].

En el fondo, ese malentendido de uno y otro lado (los que critican el exceso del propósito de ciudadanización en detrimento de la prioridad de la igualdad efectiva en derechos, con particular insistencia en los económicos, sociales y culturales y los que, por su parte, insisten en la ceguera ante el pluralismo de identidades), no debe hacernos perder de vista que el verdadero desafío proviene del fundamentalismo de mercado, de la ideología y la práctica neoliberales, que entronizan la desigualdad y el privilegio. En definitiva, la cuestión de la igualdad compleja, uno de cuyos primeros obstáculos es el lenguaje jurídico heredado, o, mejor, el uso de términos jurídicos que se crean para diferenciar primero y para justificar la discriminación y la subordinación/dominación: extranjero, inmi-

46 FERRAJOLI, Luigi, *Derechos y garantías. La ley del más débil*, op.cit., p.73.

grante. Como ha escrito Martinello, la clave no está en el principio de que se reconoce dicha diversidad, sino más bien en el reconocimiento concreto mediante el presupuesto público. El multiculturalismo es una cuestión de recursos públicos y redistribución, y, por lo tanto, de justicia social".

Así, la prioridad en la agenda de la discusión sobre derechos políticos y ciudadanía se enfrenta a los argumentos de la desagregación de la ciudadanía como consecuencia de la globalización, tal y como nos propone el análisis del fenómeno de la transnacionalización, y de la irrelevancia de la ciudadanización del debate de la inmigración (Mezzadra) como crítica a la ideología cómodamente progresista que ve en la dimensión política de la ciudadanía la solución áurea para la gestión democrática de la inmigración. La crítica señala, con razón, que sólo se habla de integración (cultural y política) pero no social y económica, olvidando que no es casual que se comience a diseñar políticas de inmigración precisamente en el contexto de la desaparición del Estado del bienestar, uno de cuyos resultados es la desagregación social y la precarización, la vulnerabilidad de los trabajadores. Como señalan Bauman, Marini, Castel, Gil, hay una analogía en la nueva construcción social y política de la cuestión de la pobreza y de la inmigración (ambas en el contexto del desmoronamiento de la sociedad salarial) como cuestiones a criminalizar, que se sitúan ahora preferencialmente en el ámbito del control, del orden y de la intervención de orden público, incluso penal.

En todo caso, insistamos, parece obvio el papel crucial como test que desempeñan los derechos sociales: en primer lugar, porque resulta insostenible la distinción liberal entre derechos de verdad y aspiraciones o directrices políticas para caracterizar la diferencia entre los derechos civiles y políticos y los económicos, sociales y culturales. Es ocioso insistir en la continuidad axiológica y la indivisibilidad estructural de los derechos, pero es que, además, la jurisprudencia y la doctrina han ido mostrando la posibilidad de otorgar mecanismos de protección equivalentes, también en materia de exigibilidad judicial (Abramovich, Curtis).

Y es que resulta evidente, a propósito de la inmigración y como han señalado por ejemplo Añón o Pisarello, la confluencia de dos fenómenos que son particularmente interesantes a nuestro propósito, la extranjerización de la fuerza de trabajo y el de la política precisamente "ciudadanista" en el sentido más clásico, el de la preferencia nacional, que se sirve de un trabajo degradado de la población extranjera y pobre y condena a los no-ciudadanos, sobre todo a aquellos que se encuentran en situación de irregularidad, a un apartheid jurídico, político y social. Todo ello en el contexto de una reformulación de la cuestión social, el escenario de la política de redistribución de recursos que exige la degradación de los derechos sociales, una caída a la baja que admite escalas que terminan siempre en los inmigrantes como colectivo más vulnerable. Ahí es donde actúa el mensaje jurídico de la política de extranjerización que adquiere cada vez más una fuerte dimensión etnocultural que justifica a su vez la exclusión del reconocimiento y que, *quod erat demonstrandum,* afecta sobre todo a los que no pueden ser ciudadanos o, en todo caso, denizens, o ciudadanos de frontera (los dotados de una presencia ausente). Ya hemos insistido en que no le falta razón a Mezzadra cuando señala que los inmigrantes son ciudadanos de la frontera, con una esquizofrenia, una doble conciencia: la de vivir en un doble espacio cultural y político que les hace irrelevante la naturalización, aunque no la legalización. La crisis de las *banlieues,* la aparición del fenómeno de desagregación en el modelo multicultural del Reino Unido son índices de este fenómeno. El déficit de las 3 R, *reconocimiento, respeto y representación*, que evidencia que –como se descubre en el acto fallido del lenguaje de las 3 generaciones de inmigrantes– la ciudadanía republicana es una burbuja.

Pero precisamente todo esto subraya la fuerza de interpelación política que entraña el fenómeno migratorio, en los términos de Sayad/Bourdieu, en los de Favell: la presencia del inmigrante cuestiona profundamente el fundamento de la unidad nacional (del Estado nacional o de los procesos de formación de estados nacionales, una tendencia hoy muy relevante en Europa y en España) y a la vez, el fundamento del vínculo social en un contexto de desagregación y fragmentación del mismo, de debilitamiento del estatuto del trabajador, de vulnerabilidad/debilidad de todas las formas de agregación, pertenencia y vinculación. Dicho de otra forma, el no lugar la presencia ausente– de los derechos políticos y de la ciudadanía en las políticas de inmigración son la muestra de la voluntad de taxonomía y segmentación social: el rol del inmigrante, su función a partir de la tipología jurídica que se establece (en el eje legal/ilegal, ciudadano/extranjero, asimilable/ incompatible), que se basa en el eje útil y poco costoso. Por mi parte, me parece evidente que la imposibilidad del acceso de los inmigrantes a alguno de los elementos distintivos de la ciudadanía y, *a fortiori*, a la ciudadanía misma, es un dogma que envenena la posibilidad misma de transformarnos en democracias inclusivas y plurales.

Creo que estamos asistiendo en cierto modo a un *déjà vu*: el de la tensión, costosamente construida y hoy en entredicho, entre ciudadano y trabajador, en su dimensión social (ciudadanía social) y también en la política. Y por eso no estoy de acuerdo con quienes critican un exceso de atención a la *dimensión política* de la ciudadanía, porque creo que lo hacen desde una perspectiva reductiva de la ciudadanía: la clásica. La que entiende ante todo la ciudadanía como el vínculo entre el individuo y la nación-Estado. Es cierto que esa es la forma reductiva de entender el vínculo político el contrato de ciudadanía en el marco del Estado-nación y del nacionalismo como ideología política. Por supuesto que hay una relación entre lo que Rose denomina muerte de lo social (o metamorfosis de lo social), la vuelta a la comunidad y las políticas de integración como estrategia tramposa. Pero la dimensión política de la ciudadanía y de los derechos es algo más.

Esto se hace evidente en muchos ámbitos, pero particularmente agudo hoy a propósito de los retos que plantea la gestión de la inmigración. Ciertamente la presencia del inmigrante cuestiona el fundamento de la unidad nacional y del vínculo social en un contexto de desagregación y fragmentación de todas las formas de agregación, pertenencia y vinculación. Por eso, seguir insistiendo en el imposible acceso de las personas inmigrantes a alguno de los elementos distintivos de la ciudadanía, condiciona la posibilidad misma de transformarnos en democracias inclusivas y plurales.

Plantear el objetivo de la plena ciudadanía, más allá de las miopes miradas que la circunscriben a una estricta idea de pertenencia e identidad, sigue siendo necesario en la medida en que son inseparables la tres dimensiones que dicha categoría aglutina: ser titular de la soberanía es el resultado de la pertenencia al cuerpo social y al contrato político que permite el reconocimiento de la titularidad en derechos. La plena ciudadanía ha de incluir la total igualdad en derechos políticos, sin renunciar a la misma en el ámbito de los derechos sociales y civiles.

En esta línea, los derechos políticos han de ser concebidos desde una noción amplia que aglutina derechos de participación, de intervención en la vida pública. Dentro de los mismos se ubican, entre otros, los derechos políticos en sentido estricto (principalmente el sufragio activo y pasivo); los derechos relativos a la libre expresión e información, las medidas promocionales orientadas a facilitar el acceso de las personas inmigrantes a los medios de comunicación y la creación de plataformas propias de expresión; y las facultades de intervención en órganos, foros, consejos consultivos u otros dispositivos de participación y consulta. La clave está en aceptar que la igualdad no es una concesión, sino un proceso de conquista que siempre supone conflicto social y político. Así no podrá hablarse de igualdad mientras no haya reconocimiento de la plena condición de sujeto del espacio público que al inmigrante le corresponde.

Para conseguir este objetivo de ciudadanía inclusiva, el camino de la ciudadanía cívica no parece el más adecuado, puesto que retarda el reconocimiento de la plena igualdad en los derechos políticos y pone en evidencia que la primera es retórica si no se acompaña de la segunda. No hay igualdad si nos limitamos a la lucha contra la discriminación, sin incidir en la integración política, que no es más que reconocimiento como sujetos, respeto y participación. Ciudadanía es igualdad, pero no sólo igualdad jurídica (isonomía), ni igualdad de palabra (isegoría), sino también isocracia. Por eso me parece que la condición de la ciudadanía inclusiva es la egalibertad, y su test el reconocimiento y garantía efectivos de los derechos sociales a todos los que residen en el mismo espacio de soberanía. Sólo en esas condiciones es posible que la atribución extensiva del estatuto pleno de ciudadanía tenga garantías y sea algo más que un desiderátum.

Pero sucede que esa egalibertad resulta incompatible con el fenómeno de *subordiscriminación* que constituye el gran desmentido de la posibilidad de una democracia inclusiva ajena a la crítica de género. En efecto, si la permanencia institucional de un status de excepción (que lo es de exclusión) permanente resulta incompatible con el principio de egalibertad. Y es que, *in nuce*, los instrumentos jurídicos de las políticas de inmigración, construyen un estatuto de exclusión que priva a los inmigrantes de las reglas comunes del Estado de Derecho (Lochak). Es un estatuto que, en realidad, tiene mucho en común con la condición de *subordiscriminación* creada por razones de género, y que podemos ilustrar sobre todo con la situación de las mujeres inmigrantes, con normas, instituciones y prácticas que asientan dos status *discriminatorios* que les fragilizan[47]:

---

47 Por eso, los estudiosos del derecho antidiscriminatorio que se apoyan en las aportaciones de la crítica feminista del Derecho (Iris Marion YOUNG, Kimberlé

- crean ad hoc para esos individuos (por su pertenencia a los grupos en cuestión) un status de excepción, que les separa –e incluso invierte respecto a ellos– de la vigencia de principios básicos del Estado de Derecho: igualdad y no discriminación, presunción de inocencia, *favor libertatis*, seguridad jurídica, garantía de los derechos por juez ordinario, interdicción de la arbitrariedad y reducción de la discrecionalidad administrativa, etc. Un estado de excepción permanente, tal y como, según veremos, denuncia Lochak;
- someten a esos individuos y grupos a un status de dominación: la diferencia cultural es la coartada que propicia una jerarquía de dominio y el modelo de asimilación impuesta, así como la aculturación como condición *sine qua non* de la admisión de la presencia aunque sea presencia ausente. Y ello sobre la base de que se deben medir, comparar las culturas, las civilizaciones... Es el caso paradigmático de conflictos ligados al *status de la mujer* que no dependen de la diferencia cultural: un cierto tipo de Islam y un cierto tipo de cristianismo coinciden en ello.

CRENSHAW o Catharine MACKINNON) utilizan conceptos como los de "subordiscriminación" y "discriminación interseccional"; así, BARRERE, María de los Ángeles & MORONDO, Dolores, "Subordinación y discriminación interseccional: elementos para una teoría de derecho antidiscriminatorio", in: *ACFS* nº 45, 2011, pp.15-42. En ese número monográfico se recogen también trabajos interesantes de BELTRÁN, Elena, FEMENÍAS, María Luisa, MALIK, Maleiha, MESTRE, Ruth, REY, Fernando y asimismo uno de Ana RUBIO y Mercedes MOYA que es particularmente relevante desde la perspectiva de la inmigración. En España, además del trabajo pionero de BARRÈRE, María de los Ángeles, *Discriminación, derecho antidiscriminatorio y acción positiva a favor de las mujeres*, Madrid, Civitas, 1997; pueden cfr. el análisis de RUBIO Ana, sobre la complejidad del principio de igualdad en el ordenamiento español, "Art.14. Igualdad y no discriminación", in: *Comentarios a la Constitución socio-económica de España*, Granada, Comares, 2002; y el colectivo VVAA, MESTRE, Ruth (ed.), *Mujeres, derechos, ciudadanía*, Valencia, Tirant lo Blanch, 2008.

6. Ciudadanía, identidad, género

En definitiva, se trata de recordar que, más allá de la discusión identitaria, habría una cuestión previa: la construcción de la dimensión de género como una discriminación inserta en el origen mismo de la formulación del vínculo social en la tradición de sociedades marcadas por el patriarcado, por el machismo como rasgo del vínculo social mismo y, por ende, del contrato político. La exclusión institucionalizada de las mujeres en el espacio público sería el obstáculo mayor para la construcción de una democracia inclusiva puesto que viciaría en su raíz el contrato *original.* las consecuencias del modelo impuesto por la modernidad liberal restringida, que son hoy tan insoportables y sobre todo, tan difíciles de gestionar eficazmente, que resulta evidente la necesidad de encontrar alternativas. Por tanto, el reto consiste en superar una noción de derechos y de ciudadanía que se ha convertido en buena medida en un instrumento de domesticación en lugar de emancipación (un título que justifica la condición preferente en el consumo de servicios). Junto a ello, claro está, el reto de superar la condición creciente de *pertenencia sin ciudadanía*, ya denunciada por Sayad, y que persevera en la lógica colonial para con determinados colectivos: hoy, las mujeres, y los inmigrantes; a fortiori, insisto, las inmigrantes[48]. Un status, insistimos, compatible con la excelencia ofrecida a los nacionales y, en particular a las elites. Eso es lo que justifica el exabrupto de Cole sobre la "esquizofrenia democrática" que estaría instalada en la democracia liberal, hoy.

Por eso, antes de formular propuestas de cambio hay que tener en cuenta las razones del incremento vertiginoso de la crisis de la visión liberal restringida, de ese universalismo abstracto, de sustitución (por utilizar los términos de Benhabib) que es el cáncer del discurso políticamente correcto del universalismo de los derechos humanos que

48 Una fragmentación que afecta en particular a mujeres inmigrantes en la medida en la que los nichos laborales en que se ocupan permiten todavía hoy que sus empleadores las mantengan en el ámbito de la economía sumergida o clandestina: *la gestión del cuidado*, de la que habla Sassen y que incluye más allá del trabajo doméstico strictu sensu, la atención a niños a ancianos, a enfermos y discapacitados. Como es sabido, Sassen además pode de relieve en qué medida se produce un efecto de discriminación de las mujeres inmigrantes ligado a la "liberación" de las mujeres del primer mundo al que aquellas emigran.

constituye hoy el postulado insuperable, acríticamente aceptado en su formulación liberal, que sin embargo es a todas luces contradictoria con la aspiración universalista.

Ciertamente, desde 1789 los movimientos sociales (primero de los trabajadores, y de la descolonización; luego, el movimiento feminista, que está lejos de haber conseguido aún romper la barrera de la subordiscriminación), es decir, las luchas sociales que han protagonizado esos movimientos, han conseguido relativizar –ensanchar– esas restricciones, pero las nuevas condiciones contextuales que han marcado el fin del *siglo corto* nos dan de bruces ante el hecho indiscutible de la inadecuación de una y otra categoría, las de Estado nación y ciudadanía, en un mundo que no ha cesado de cambiar y que nos muestra nuevas formas de precariedad y nuevos procesos de desafiliación que hacen cada vez más frágil el vínculo social y político al que tratan de dar respuesta –cada vez más patéticamente impotente– esas categorías. Globalizar la democracia y el Estado de Derecho pasa por redefinir el vínculo social y político, desde la apuesta por la igualdad y el reconocimiento, que reconstruya el espacio público y supere el arcaísmo discriminatorio de la ficción asentada sobre la división público-privado, que construye genero al servicio del modelo patriarcal y de una división el trabajo que incrementa exponencialmente el número y la categoría de los vulnerables, los prescindibles, los excluidos. Esa es la agenda política que merecería la pena desarrollar y en la que debiera insertarse como condición *sine qua, non*, cualquier política migratoria. A nuestro entender, ahí es donde residen las claves para tratar de ofrecer una respuesta al mismo tiempo legítima y eficaz, frente a los desafíos de esta transformación epocal a la que asistimos.

Jacques FIALAIRE, DCS, Université de Nantes

Les conditions d'émergence d'une « stratégie européenne des territoires ruraux »

Une question préalable doit être élucidée : quel rapport existe-t-il entre notre thématique centrée sur le développement rural et les transformations des identités territoriales engendrées par les migrations et mobilités en Europe? Précisons d'emblée qu'il ne s'agira pas ici d'envisager des mouvements migratoires affectant les espaces ruraux. Nous prendrons plutôt en compte une tendance générale suivant laquelle des identités territoriales traditionnelles sont refaçonnées au sein de ces espaces, sous l'effet de l'intensification des mobilités subies ou choisies par les habitants de ces espaces. Notre hypothèse de départ est optimiste, puisque l'on pressent que ces mobilités accrues, loin de dissoudre les espaces ruraux, sont pour eux des facteurs de revitalisation. Les vieilles craintes suscitées par la désertification des campagnes françaises[1] nous semblent pouvoir être dépassées.

Mais de quelles mobilités traite-t-on ? Il s'agira d'apprécier comment a pu être façonnée une « stratégie européenne des territoires ruraux », compte tenu des effets induits essentiellement par deux formes de mobilité qui se superposent partiellement : celle des résidents quittant les aires urbaines pour s'installer dans les espaces ruraux ; et les « mouvements pendulaires » effectués par certains de ces habitants vers les bassins d'emploi situés en zones agglomérées. Des éléments de mobilité spatiale et de mobilité sociale s'interpénètrent donc, que des travaux de sociologie ont éclairés[2].

Un diagnostic de départ semble largement partagé. Une caractéristique que l'on s'accorde à conférer à la notion d'identité, par ailleurs si difficilement définissable, est l'existence d'une « singularité ». Nous au-

1 V. GRAVIER, Jean-François Gravier, *Paris et le désert français*, Paris, Flammarion, 1947.

2 V. notamment : ABIDI, Abdelhamid « Introduction » *in :* FIALAIRE, Jacques (dir.), *Quelle gouvernance au service de la mobilité durable ?* Paris, L'Harmattan, coll. Sociologie et environnement, 2011, pp.13, s.

rions alors assisté à « la perte de l'identité rurale », broyée dans un mouvement apparemment inexorable faisant que « le rural n'est plus un ensemble homogène dont l'identité est exclusivement agricole, il est plus ou moins urbanisé et isolé et l'urbain, ensemble composite, sort de ses limites traditionnelles ». Tout un courant sociologique dominant encore dans les années 1980 peut ici se reconnaître[3].

On ne peut aujourd'hui en rester à un tel constat. L'idée d'un déclin inéluctable de la ruralité et de ses valeurs tend à être combattue par la diffusion d'une vision désenclavée de ces types d'espaces à l'échelle européenne. Dans ce sens, le « schéma de développement de l'espace communautaire » approuvé les 10 et 11 mai 1999 à Potsdam préconise sur un plan global, un « modèle de développement polycentrique afin d'éviter une concentration excessive de la population et de la puissance économique, politique, financière dans une seule zone dynamique ». Sur un plan sectoriel, on détecte notamment deux options affichées résidant, l'une dans « la promotion de stratégies intégrées de développement urbain au sein des Etats membres et englobant les espaces ruraux situés à proximité », l'autre dans la stimulation du « développement endogène, de la diversité et de la performance des espaces ruraux, ainsi que de leurs reconversions afin de résoudre leurs faiblesses structurelles »[4]. Il apparaît alors que « la diversité des cultures, une grande partie du patrimoine naturel architectural et historique qui fondent l'identité européenne s'y enracinent. Les références au territoire et la cohésion entre les générations y sont traditionnellement fortes ».[5] Des enjeux économiques sont perçus, sachant que, d'après la définition de l'OCDE, fondée sur la densité de population, « les régions rurales représentent au niveau de l'UE-27 :

- 90% du territoire ;
- 54% de la population ;
- 42% de la valeur ajoutée brute ;
- 53% de l'emploi. »

---

3 V. MENDRAS, Henri, *La fin des paysans*, Arles, Actes Sud, 1984 (1967).

4 HAUMONT, Francis, *Droit européen de l'aménagement du territoire et de l'urbanisme*, Bruxelles, Bruylant, 2007, pp.47-48.

5 « Développement durable : équilibre et solidarité urbain-rural – rendre la ville durablement habitable et les campagnes durablement habitées », colloque de Chambéry, 16-17 sept.1999, éd. du ministère de l'Aménagement du territoire et de l'environnement.

On touche dès lors à l'objectif idéal de la « stratégie européenne des territoires ruraux », située au cœur de notre propos, qui consiste à renforcer ou revitaliser des identités territoriales. Si l'on voit poindre ici cette notion, elle doit être replacée dans son contexte, n'ayant gagné que récemment en consistance. Dans les années 1960 la ruralité ne s'exprimait dans l'espace de la Communauté économique européenne qu'à travers les premiers développements de la Politique Agricole Commune (PAC). Le primat de la recherche de gains de productivité excluait toute préoccupation en faveur d'une quelconque promotion d'identités rurales, voire les condamnait à terme à se diluer. Une évolution se dessine à la suite de l'option retenue par le Conseil européen réuni à Berlin les 24 et 25 mars 1999, qui voit l'adjonction à la PAC d'un *2ème pilier* consacré au développement rural, mettant notamment l'accent sur l'amélioration de la compétitivité de l'agriculture et de sa multifonctionnalité, et sur la promotion de la protection de l'environnement en agriculture. Parallèlement il est apparu, « en analysant les évolutions de cette politique, y compris celles apportées par la programmation 2007-2013, que celle-ci ne peut pas être le seul outil du développement des territoires ruraux »[6]. Un autre cadre d'action se rangeant dans la politique régionale communautaire a intégré des orientations tendant à la revitalisation des espaces ruraux, que ce soit dans la promotion de la coopération territoriale transfrontalière à travers la « dynamique des petites Europe »[7], ou certains procédés plus spécialement dédiés au développement des territoires ruraux. On rencontre dans cette politique les prémisses de la notion de « stratégie européenne des territoires ruraux ». Un chercheur relève même que c'est « à partir du début des années 1990 que les programmes LEADER mis en œuvre ont participé à l'émergence de nouveaux territoires d'action publique, comme les 'Pays' en France »[8]. En témoigne un des volets de la réforme de la politique régionale communautaire ouvrant la période d'application 2007-2013, qui a vu la refonte de l'ancien fonds européen

6 Ruralité-Environnement-Développement association internationale « Propositions pour une politique européenne des territoires ruraux après 2013 », <www.ruraleurope.org> (dernière consultation le 15 octobre 2013).

7 Comité stratégique de la DATAR, *Une nouvelle politique de développement des territoires pour la France – contribution au débat sur la décentralisation, l'Europe et l'aménagement du territoire*, éds DATAR, 29 janvier 2003, p.58.

8 PASQUIER, Romain, « Politiques territoriales : les paramètres européens qui font bouger les lignes », *Pouvoirs locaux,* n° 81 II/2009, p.40.

de garantie agricole (FEOGA), mu en nouvel instrument dédié au soutien à l'aménagement des territoires ruraux : le Fonds Européen Agricole pour le Développement Rural. La ruralité bénéficie aussi d'appuis provenant d'autres fonds, tel le fonds européen de développement régional[9].

Selon une perspective heuristique, la stratégie européenne des territoires ruraux pénètre encore davantage dans l'esprit de l'actuelle politique communautaire d'aménagement du territoire, dite « politique européenne de cohésion », qui a pu être qualifiée de « réponse au phénomène essentiel de notre époque qu'est la rupture de l'unité fondamentale des territoires sous l'effet de la mondialisation »[10]. La question de la redécouverte des identités rurales fait retour ; du moins si l'on en croit les préceptes de la philosophie aristotélicienne selon lesquels, afin d'atteindre « l'unité des propriétés », « l'identité repose sur des principes de cohésion »[11]. Le recul historique, et l'intensification des mobilités des personnes, laisse toutefois à penser qu'il pourrait bien s'agir d'identités recomposées.

> Depuis les premières sociétés sédentaires jusque dans les Etats nations, les trois espaces essentiels de la vie en société se confondaient sur un même territoire : l'espace de vie, l'espace économique, l'espace des régulations par la puissance publique ; les hommes, pour la plupart, naissaient, vivaient, mouraient sur un territoire à l'économie autocentrée qui s'organisait selon ses propres règles [...]. Sous l'effet de la mondialisation l'espace économique s'étend, directement ou indirectement, à l'échelle de la planète. L'espace de la régulation a éclaté entre d'innombrables organismes, s'est internationalisé, régionalisé souvent et de plus en plus d'acteurs privés s'en emparent[12].

---

9 L'actuel programme européen FEDER en Pays de la Loire inclut dans son axe 2 (« une euro-Région éco-responsable : environnement et prévention des risques »), un objectif de « valorisation du patrimoine culturel en milieu rural en tant que potentiel pour le développement socio-économique et le développement durable » (Planète publique, *Evaluation légère sur l'actualisation du Programme opérationnel FEDER en Pays-de-la-Loire,* rapport, juin 2009).

10 de BERRANGER, Thibaut, « L'aménagement du territoire dans l'UE : dimension nationale et dimension communautaire », in : BODIGUEL, Jean-Luc & FIALAIRE, Jacques, (dir.), *Le renouveau de l'aménagement du territoire,* Paris, L'Harmattan, coll. Logiques juridiques, 2002, p.51.

11 ARISTOTE, *De Anima*, II, 1.

12 HUSSON, Claude, *L'Europe des territoires ignorés,* étude pour le compte de la DATAR, février 2001.

Une problématique surgit. Mais si la quête d'une cohésion compensant les inégalités socio-économiques frappant certains territoires ruraux peut inspirer une politique publique, cet objectif est-il assez puissant pour orienter toute la trame de celle-ci ? Ce que le juriste traduit dans cette interrogation : Quel peut être l'impact de la notion de « cohésion territoriale », fondant la compétence de l'UE dans le domaine de l'aménagement du territoire ?

Nous nous proposons d'appréhender cette question à travers un volet particulier de la politique européenne de cohésion : il s'agira d'analyser la dynamique engendrée par l'emploi du « Fonds européen agricole pour le développement rural » dans le cadre du programme LEADER (programme européen de « liaison entre les actions de développement de l'économie rurale »), par lequel l'UE investit dans l'aménagement rural.

Conçu pour favoriser la co-construction des projets territoriaux et pour « encourager la mise en œuvre des stratégies originales de développement durable intégrées », suivant les termes du Règlement CE N°1260/1999 (art.20 à 22), l'animation du programme européen LEADER impose en principe une structuration réelle et efficace à l'échelle d'un territoire local ayant une dimension de « bassin de vie »[13]. Cependant le système fonctionne encore en décalage par rapport à ce schéma vertueux (1).

Reste que le bilan globalement positif du programme LEADER peut laisser augurer des développements ultérieurs, accentuant les effets du concept de cohésion territoriale. Une prochaine génération de programmes LEADER (au-delà de 2013) est préparée par l'Union Européenne, où pourrait prendre place une « stratégie européenne des territoires ruraux ». La politique européenne d'aménagement du territoire serait alors en mesure de mieux se conjuguer avec la consolidation d'identités territoriales (2).

---

13 Tel que défini par les statisticiens de l'INSEE, un « bassin de vie » est le plus petit territoire sur lequel les habitants ont accès aux équipements et à l'emploi.

1. Un idéal de « cohésion territoriale » perverti par une application incertaine du principe de subsidiarité

Les programmes de type LEADER, tels qu'ils ont été « mis en œuvre à partir du début des années 1990 ont participé à l'émergence de nouveaux territoires d'action publique, tels que les 'Pays' en France »[14]. L'idéal de « cohésion territoriale » y trouve une grande place (a).

Cependant il s'avère que l'idée de « cohésion », et par delà celle-ci l'affirmation « d'identités territoriales », demeure à un stade formel, tant prévaut la référence au principe prégnant de subsidiarité, ménageant les compétences des Etats membres de l'UE (b).

a Les projections de l'objectif de « cohésion territoriale »

Une base juridique est fournie dans le traité sur le fonctionnement de l'UE qui prévoit (art. 174) que, s'agissant de l'action de l'Union « tendant au renforcement de sa cohésion économique, sociale et territoriale », « parmi les régions concernées, une attention particulière est accordée aux zones rurales ».

Au regard de la diversité des espaces ruraux, nous avons retenu deux cas d'étude, selon qu'ils sont gagnés par la périurbanisation autour des grandes aires urbaines, ou qu'il s'agit de « territoires verts » plus naturels et à faible densité démographique.

Observons en premier lieu les outils déployés par la politique européenne d'aménagement du territoire, en vue de la promotion de l'identité rurale, appliqués à un territoire gagné par la périurbanisation. On envisagera ici la mise en œuvre d'un programme LEADER à un territoire à dominante rurale en Loire Atlantique : le pays de Grandlieu – Machecoul – Logne (GML). Une forme de mobilité, la mobilité résidentielle, est ici très présente, expliquant une croissance démographique du Pays GML supérieure à celle de ce département avec une progression de + 23,5% entre 1999 et 2008, contre un gain démographique départemental

14 PASQUIER, Romain, *op. cit.*

de +10,7% dans la même période[15]. Afin de faire face au mitage des espaces ruraux par la périurbanisation, les objectifs retenus convergent vers la reconstitution d'une identité rurale forte, le programme retenant l'appui à la « multifonctionnalité de l'espace rural, l'adaptation des services collectifs aux besoins des néo-ruraux, ainsi que la conservation et la valorisation du petit patrimoine culturel rural.

En prenant du recul, on comprend que les orientations du programme LEADER tendent à compenser les effets néfastes des inadéquations du cadre juridique français aux besoins de développement des territoires ruraux, se caractérisant par une approche trop uniformisée des institutions locales ; un tel corset bride les potentiels de développement local, malgré l'existence de certaines normes sectorielles comme la loi n°2005-157 du 23 février 2005 relative au développement des territoires ruraux.

Une influence indirecte du programme LEADER est perceptible, à travers une extension du champ d'action de deux des trois intercommunalités à fiscalité propre couvrant l'aire du pays étudié. Les communautés de communes de la région de Machecoul et de Loire Atlantique Méridionale ont incorporé des compétences prenant en compte la « ruralité » de leurs territoires. Pour mieux accompagner la réalisation du programme LEADER, la première a créé un « observatoire de l'espace agricole » rattaché au bloc de compétences « aménagement de l'espace », tandis que la seconde en est venue à accorder des aides à l'agriculture durable, fonction intégrée dans le bloc de compétences « actions de développement économique ».

Mais l'impact est plus profond à y regarder de près. Une forte valeur ajoutée se dégage du fonctionnement de ce syndicat de Pays, qui a permis la montée en puissance d'un capital d'expertise. Afin d'être capable de « monter des dossiers » en réponse aux appels d'offres européens, le syndicat mixte a recruté plusieurs chargés de mission ; cette ressource humaine se déploie en aval par l'exercice d'une ingénierie d'animation dans des domaines variés (développement touristique, valorisation du patrimoine culturel, coordination d'actions en urbanisme et habitat), offrant ainsi un service mutualisé au profit des petites communes rurales.

15 Eleo Conseil, GERS, DCS Université de Nantes, *Evaluation du projet de territoire et des politiques contractuelles,* rapport au syndicat de Pays de Grandlieu Machecoul Logne, juillet 2012, p.10.

Ce constat rejoint une observation plus générale, relevant « l'institutionnalisation croissante d'une composante européenne dans les métiers de la gouvernance territoriale »[16].

La politique régionale communautaire contribue aussi à la défense de l'identité rurale dans un « territoire vert », s'entendant comme un « espace à faible densité » (signifiant qu'il est peuplé de moins de 30 habitants au km^2 selon les critères retenus par la DATAR). Nous retiendrons ici l'exemple d'une grande partie de la région Auvergne. Dans le cadre de la politique de cohésion 2007-2013, plusieurs programmes d'aides européennes concernent cette région. Parmi eux, l'Auvergne bénéficie d'un programme de développement rural européen financé par le Fonds européen agricole et de développement rural (FEADER). Il se rattache en même temps à la « Stratégie de Lisbonne » centrée sur la stimulation de « l'Europe de la connaissance » ; d'où des actions de promotion de l'innovation dans les territoires ruraux ainsi qu'en faveur de la compétitivité et la création de richesses et d'emploi. Une telle programmation, loin de céder au postulat de la condamnation de l'économie de ces territoires fragilisée par un processus irrémédiable de désertification, transforme en « atout » leur caractère « diffus » et « peu polarisé »[17]. L'objectif de défense de l'identité rurale de ces territoires locaux se rencontre au travers des aides apportées à l'éclosion d'activités économiques multifonctionnelles[18].

Que tirer de ces expériences ? La « stratégie européenne des territoires ruraux » produit au moins deux effets vertueux :

- une promotion d'identités rurales renouvelées peut trouver son chemin si l'on retient une certaine « approche de l'identité des personnes et des collectivités développée en anthropologie ». On y perçoit alors des formes d'identité « culturellement codées », appelant

16 PASQUIER, Romain, *op.cit.*, p.37.

17 QUEVA, Christophe, « Qu'est-ce qu'un espace à faible densité ? », communication au colloque *Vivre et travailler dans les espaces à faible densité,* Clermont-Ferrand, 29-30 novembre 2012.

18 Evènement symbolique, le jeudi 20 mai 2010, à Bruxelles, le président du Conseil régional d'Auvergne a reçu un prix « RegioStars » 2010 des mains du commissaire européen chargé de la politique régionale, dans la catégorie « couverture des réseaux à large bande dans les régions ou zones rurales moins développées ».

des « rituels d'appartenance »[19]. C'est bien cet esprit qui inspire une orientation du programme LEADER appliqué dans le Pays de Grandlieu Machecoul Logne, justifiant au titre du « maintien d'une identité rurale à travers la valorisation des produits fermiers et le maintien d'une diversité agricole », un appui à une « expérimentation des organisations innovantes pour la valorisation et à la commercialisation de proximité des produits fermiers ». En Auvergne on entrevoit une vocation semblable derrière des actions telles que la valorisation du petit patrimoine rural ou le mixage d'actions de développement local combinant une offre de produits touristiques et un espace économique de type « villageois »[20] ;

- un trait caractéristique des identités rurales – du moins quand elles ne sont pas éteintes – réside dans la force des initiatives locales, entrepreneuriales ou citoyennes. Elle se trouve confortée par le processus de mise en œuvre d'un programme de type « LEADER », qui exige une démarche participative impliquant des populations locales dans chaque projet de développement, sous la forme de « Groupes d'action locale », lesquels doivent inclure plus de 50% d'acteurs privés. Dans les territoires ruraux français, la concertation dans le cadre des conseils de développement de Pays s'en trouve légitimée. On rejoint une rhétorique officielle déjà ancienne appelant au passage de « la politique française d'aménagement du territoire d'une logique de guichet à une logique de projet », substituant « aux décisions prises et imposées par l'Etat aux territoires, axées sur la redistribution financière en faveur des zones défavorisées, des projets émanant des acteurs locaux (démarche ascendante) »[21].

Il reste que le bilan de la mise en œuvre des programmes LEADER comporte une part d'ombre.

---

19 SINDZINGRE, Nicole, notice « identité », in : *Encyclopédie thématique Universalis*, Sciences humaines, 13, p.2311.

20 HOUDEMON, Samuel, « Atelier 4 : agriculture, tourisme, quelles potentialités ? Le cas du pays de Saint-Flour Haute Auvergne », communication au colloque *Vivre et travailler dans les espaces à faible densité,* Clermont-Ferrand, 29-30 novembre 2012.

21 DATAR, *Aménager la France de 2020 – Mettre les territoires en mouvement*, DF, 2000.

b Les projections de l'objectif de « cohésion territoriale »

Au regard du droit européen, ce principe se définit classiquement comme signifiant que :

> [...] dans les domaines qui ne relèvent pas de sa compétence exclusive, l'Union n'intervient seulement si et dans la mesure où les objectifs de l'action envisagée ne peuvent être atteints de manière suffisante par les Etats membres [...], mais peuvent l'être mieux, en raison des dimensions ou des effets de l'action envisagée, au niveau de l'Union.

Tout en reproduisant cette définition, l'article 3 ter §3 du traité de Lisbonne du 13 décembre 2007 sur l'Union européenne, élargit la portée du principe de subsidiarité, en ajoutant une réserve supplémentaire au champ d'action de l'UE, admise « seulement si, et dans la mesure où, les objectifs de l'action envisagée ne peuvent pas être atteints de manière suffisante par les Etats membres, tant au niveau central qu'au niveau régional et local ».

Ce principe s'appliquant pour délimiter les contours de la politique européenne d'aménagement du territoire, bâtie sur un partage de compétences entre l'UE et les Etats membres, ses effets doivent par conséquent s'apprécier au-delà de la seule répartition des compétences entre l'Union et les Etats membres, en prenant en compte les missions ressortant des pouvoirs publics régionaux et locaux. On peut en déduire que le droit de l'UE manifestant ainsi un respect direct en faveur des autonomies locales, souscrit à une défense possible des identités rurales.

Transposée au programme européen LEADER, l'application du principe de subsidiarité suit le cadre de la politique de cohésion. Si l'on envisage l'espace courant d'application de ce programme, se situant en France à l'échelle d'un Pays, les actions éligibles sont réputées compléter les interventions des communes, des communautés de communes et autres entités porteuses de Pays, qui sont les bases d'organisation des pouvoirs publics en zone rurale. L'insuffisance de ressources de celles-ci justifie a priori le concours des fonds structurels européens. Concrètement si les conditions d'éligibilité au programme LEADER sont satisfaites, leur réalisation tendra vers des objectifs particuliers de rénovation de l'offre de services collectifs de proximité, complétés par des objectifs plus généraux de développement durable.

Mais si certains principes d'emploi des fonds structurels européens sont assez bien opérationnalisés, tel celui de partenariat, d'autres connaissent une application plus incertaine. De fait, il arrive que les principes de subsidiarité et d'additionnalité, prévus par le traité de Lisbonne (article 3 ter §3), le second venant renforcer le premier, soient contournés dans l'accomplissement de certaines actions réalisées au titre de la programmation LEADER.

Nous avons pu vérifier une dégradation de la portée de ces principes directeurs dans les conditions d'abondement de fonds structurels pour couvrir des besoins de services collectifs des territoires ruraux bénéficiaires des aides européennes. Il nous a été donné d'observer que le soutien apporté au titre de ce programme à telle ou telle action de conseil en urbanisme partagé, s'il répond à un réel besoin des petites communes rurales non dotées de services d'urbanisme, se substitue en réalité à des prestations de services pour le compte de ces communes, que les services territoriaux de l'Etat ne réalisent plus comme par le passé. Déjà pointé au début des années 1990[22], ce désengagement de l'Etat produisant des transferts de charges indirectes sur les collectivités territoriales, s'est accéléré dans les années 2000 avec la « réforme de l'Etat territorial »[23]. Et le cas français n'est pas isolé. Il est observé plus généralement que « dans de nombreux pays, les aides européennes ont été substituées aux aides nationales, au lieu de s'y ajouter, et n'ont donc pas eu l'effet théoriquement recherché »[24]. Le recours à l'UE peut devenir un substitut au désengagement de l'Etat. D'évidence, on ne peut attendre de ce phénomène de pure opportunité, un impact favorable sur la construction d'identités territoriales.

La dérive se vérifie encore au regard de la déclinaison d'exigences propres à la programmation LEADER, renvoyant à une approche anglo-saxonne de la subsidiarité, impliquant une mise en œuvre intégrant une démarche participative. Si celle-ci se matérialise à travers l'intervention

22 V. Sénat, *Rapport sur l'avenir de l'espace rural français*, JORF doc. Sénat, 1991.

23 V. REIGNER, Hélène & EPSTEIN, Renaud, « Controverses contemporaines sur l'Etat local », *Pouvoirs locaux*, N° 91 IV/2011, p.89 ; BRICAULT, Jean-Michel, « Des conséquences de la RGPP en milieu rural », in : NÉMERY, Jean-Claude (dir.), *RGPP et réforme des collectivités territoriales*, Paris, L'Harmattan, coll. GRALE, p.99.

24 MONOD, Jérôme & de CASTELBAJAC, Philippe, *L'aménagement du territoire*, Paris, PUF, QSJ, 2012, p.109.

des communautés d'habitants à l'intérieur des « groupes d'action locale » (GAL), la pratique est souvent en déphasage dans le cas français où la présence des acteurs privés demeure sporadique. On a pu tenter de relativiser ce handicap en faisant valoir les effets du morcellement communal français, la force de l'engagement dans la vie publique locale[25] compensant la faible ossature des organisations privées. Mais cet argument résiste mal au diagnostic opéré dans un rapport parlementaire rendu en 2006 sur *la ruralité en Europe*, faisant état de « grandes différences d'approches entre la France et ses voisins européens, en particulier sur le statut des structures œuvrant au développement rural, réservées aux seuls élus, à l'administration et aux entreprises en France, là où d'autres pays tendent à y associer, notamment dans des formes coopératives ouvertes, l'ensemble des acteurs privés »[26]. Comment ne pas y voir un plaidoyer en faveur d'une stimulation accrue dans notre pays des structures d'économie sociale et solidaire en milieu rural ?

La politique européenne de cohésion connaissant un nouveau tournant, on peut en espérer un approfondissement de la « stratégie européenne des territoires ruraux ».

2. De la cohésion à la « solidarité territoriale » : les perspectives de renouvellement de la « stratégie européenne des territoires ruraux »

En France, on soutiendra que les structures de Pays, ébranlées par la réforme des collectivités territoriales du 16 décembre 2010, pourraient être re-légitimées par l'adoption d'un principe de « solidarité territoriale » (a).

---

25 Mesurable à travers le ratio rapportant le nombre de conseillers municipaux selon le seuil de population par commune, qui est de 9 membres pour les communes de moins de 100 habitants (C. électoral, art. L.225).

26 Sénat, *Le nouvel espace rural français*, Délégation à l'aménagement du territoire, rapport présenté par Jean-François PONCET & Claude BÉLOT, N° 468, 2007-2008, p.107.

La perspective d'une révision constitutionnelle étant hypothétique, plus prometteur serait un possible approfondissement du principe de cohésion territoriale, dans le fil du droit dérivé communautaire (b).

a L'extension du cadre conceptuel : de la cohésion à la « solidarité territoriale »

Le traité de Nice du 26 février 2001 avait renforcé l'européanisation de l'aménagement du territoire en introduisant le triptyque de la cohésion économique, sociale et territoriale. Un lien est ainsi fait avec le cadre juridique applicable aux services économiques d'intérêt général, tandis que l'aménagement du territoire devient un moyen au service de cette cohésion globale. On a pu en tirer la leçon selon laquelle, dans le contexte d'élargissement de l'UE, « la contrainte territoriale s'impose à côté de celle de l'approfondissement institutionnel »[27]. La cohésion territoriale viendrait-elle à être érigée en principe juridique ?

Le traité de Lisbonne du 13 décembre 2007 (entré en vigueur le 1er décembre 2009) actualise le sujet en prévoyant que la politique régionale communautaire doit poursuivre à la fois des objectifs de cohésion territoriale et de cohésion économique et sociale (TFUE, art. 174, al.1er). La cohésion territoriale, à laquelle nous nous intéresserons plus particulièrement, gagne en substance, en s'entendant comme impliquant une égalité d'accès aux services publics de proximité au bénéfice des citoyens européens quel que soit leur lieu de résidence, et l'atteinte d'une équité territoriale. Un critère sûr peut être retenu pour vérifier le respect d'un tel principe si l'on se réfère au droit français, et plus spécialement aux dispositions applicables aux syndicats mixtes « fermés » dont certains sont constitués en vue de l'administration de Pays. Sachant que leur régime renvoie en bonne part à celui des syndicats intercommunaux, il n'est que de considérer la règle selon laquelle « une commune peut adhérer à un syndicat pour une partie seulement des compétences exercées par celui-ci » (CGCT, art. L.5212-16, al.1er). Recevable en droit, cette formule qui a pu être dénommée « syndicalisme à la carte », se matérialise par la création possible d'un syndicat mixte « tel qu'il puisse porter des projets dont les périmètres incorporent des communes différentes ».

---

27 HUSSON, Claude, *op.cit.*

Elle trouve un prolongement financier, la loi disposant que dans ce cas « chaque commune supporte obligatoirement, dans les conditions fixées par la décision d'institution [créant le syndicat], les dépenses correspondant aux compétences qu'elle a transférées au syndicat ainsi qu'une part des dépenses d'administration générale » (CGCT, art. L.5212-16, al.3). Cette règle nous apparaît contraire à l'objectif de cohésion territoriale énoncé dans le droit de l'UE, au regard des effets financiers qu'elle produit.

L'idée de cohésion territoriale n'est pas absente du cadre juridique français puisque l'article 72-2 al.5 de la Constitution renvoie à la loi le soin de « prévoir des dispositifs de péréquation destinés à favoriser l'égalité entre les collectivités territoriales ». Consacrée au plus haut niveau de la hiérarchie des normes depuis la loi constitutionnelle n°2003-276 du 28 mars 2003, la notion de solidarité financière entre collectivités territoriales se traduit par « un aménagement du partage entre elles des ressources pour redistribuer des moyens inversement proportionnels à leur richesse »[28]. Il reste que l'évaluation des effets de cette pratique conduit à un verdict sévère. Les commentateurs s'accordent à faire valoir que « les mécanismes font preuve d'une grande complexité et d'une très faible efficacité », du fait que « les montants concernés ne permettent que des effets marginaux, surtout au regard des écarts initiaux de richesse »[29].

Au-delà de ce principe de péréquation financière, nous sommes favorables à l'adoption d'un principe de solidarité territoriale qui serait la transposition du principe européen de cohésion territoriale, découlant du traité de Lisbonne du 13 décembre 2007. A l'échelle d'un territoire rural de type « Pays », l'application d'un tel principe conjuguerait la reconnaissance d'un intérêt public local et l'atteinte d'une équité territoriale.

---

28 MUSELLEC, Raymond, « La péréquation financière entre les collectivités locales : perspectives et réalités », *RFD adm.* 1995, p.923.

29 RENOUX, Thierry & de VILLERS, Michel (dir.), *Code constitutionnel commenté,* Paris, Litec, 2011, p.834.

b Vers une nouvelle « stratégie européenne des territoires ruraux » ?

L'horizon de cette stratégie est préfiguré dans le « schéma de développement de l'espace communautaire » adopté par le Conseil de Postdam les 10/11 mai 1999, qui suggère aux Etats, à leurs entités infranationales, ainsi qu'aux institutions européennes, d'orienter leurs politiques autour des trois axes suivants :

- un développement spatial polycentrique et le renforcement des partenariats ville/campagne ;
- une parité d'accès aux infrastructures de transports et de télécommunication et au savoir ;
- une gestion prudente du patrimoine naturel et culturel.

On croit encore entendre un plaidoyer de Jean Renard, lancé au moment de l'adoption de la loi d'orientation sur l'aménagement et le développement du territoire n°95-115 du 4 février 1995 : « L'avenir, c'est la petite ville centre et son pays »[30]. Mais ces lignes directrices dépassent un tel relent de nostalgie. On remarquera que ce n'est pas le charme bucolique de campagnes figées dans leur passé rupestre qui est « mis sous cloche » par ce schéma prospectif européen, mais que sont valorisées des identités rurales transformées, ouvertes et communiquant sans entraves avec les espaces urbains.

Une « stratégie européenne des territoires ruraux » a été promue depuis 2006 auprès du Comité des Régions par différentes associations d'élus locaux de plusieurs Etats membres de l'UE et proposée dans le cadre de la révision en cours de la politique européenne de cohésion. Elle met notamment l'accent sur la dimension optimale de ces territoires, correspondant au périmètre d'un bassin de vie et à la nécessité d'encourager une structure participative. Les structures de Pays peuvent prétendre satisfaire en France cette exigence à travers leurs conseils de développement, du moins lorsque ces derniers ont un fonctionnement effectif.

Ces idées cheminent au sein des instances européennes. Après en 2008 le lancement d'un « Livre vert » – sorte de consultation publique à l'échelle européenne – visant à exprimer le sens du principe de cohésion

---

30 RENARD, Jean, interview, *Le Régional,* février 1995. Jean RENARD est professeur émérite à l'Université de Nantes, spécialiste de géographie rurale.

territoriale, la Commission européenne s'est vue remettre un rapport en juin 2009 préconisant un assouplissement de la répartition des compétences entre les différents échelons d'administration eu Europe[31]. Le Comité des Régions de l'UE plaide depuis plusieurs années pour une traduction du concept de cohésion territoriale, par une « réelle gouvernance multi-niveaux »[32], laquelle se déclinerait dans chaque Etat membre sous la forme de « pactes territoriaux », lesquels associeraient des représentants des collectivités territoriales, garantissant la conformité de la mise en œuvre nationale de la politique régionale communautaire avec le principe de cohésion territoriale. Surtout ce même Comité plaide pour une ambition nouvelle qui passerait par « une meilleure articulation des dimensions urbaines et rurales et une prise en compte de la cohésion territoriale dans toutes les politiques de l'Union »[33]. Observons que le Comité des régions reprend à son compte des thèses formulées par des chercheurs[34].

Un lobbying est aussi engagé par des groupements de défense des Pays, qui défendent une réforme plus ample de la politique de cohésion, « plaidant pour une programmation régionale unique regroupant l'ensemble des fonds régionaux », tendant à « généraliser l'approche LEADER à l'ensemble des pays ruraux, ou à la partie rurale des pays, après 2013 »[35]. Des modèles sont avancés, tel le « programme opérationnel plurirégional « Massif Central » 2007-2013 alimenté par une tranche du FEDER, résultat d'une concertation ayant associé la Commission européenne, le gouvernement français et les six conseils régionaux concernés.

---

31 BARCA, Fabrizio, *Un agenda pour une politique régionale renouvelée,* rapport à la Commission européenne, avril 2009.

32 KANNER, Patrick, « Cohésion sociale : des territoires jusqu'à l'UE : des liens à resserrer », *Pouvoirs locaux,* N° 83 IV/2009, p.104.

33 BRICAULT Jean-Michel, « Les travaux du Comité des régions », in : GRALE, *Droit et gestion des collectivités territoriales,* annuaire 2012, Eds. Le Moniteur, 2012, p.723.

34 JEAN, Yves Jean & VANIER, Martin, *La France, aménager les territoires,* Paris, Armand Colin, 2e éd., 2009. Les auteurs soutiennent la nécessité d'une forte coopération entre les acteurs publics et privés, incluant le monde industriel et financier ainsi que les citoyens.

35 Association de promotion et de fédération des pays et Leader France, rapport sur *la politique de développement des territoires après 2013,* LAMY CT, mai 2011, N° 68, p.48.

Il reste toutefois que le « paquet législatif » adopté le 6 octobre 2011 par la Commission européenne retient une définition a minima du principe de cohésion. Surtout rien ne laisse penser dans le contexte actuel d'exacerbation de la crise financière des « dettes souveraines », qu'il soit donné suite à la proposition du Comité des régions tendant à ce que la politique de cohésion territoriale « soit dotée de ressources suffisantes pour favoriser la diversification des espaces ruraux »[36].

Mais la mobilité affectant maints espaces ruraux peut aussi justifier le concours d'autres politiques européennes croisant la politique de cohésion ; on pense à la recherche-innovation. Là où la mobilité de type pendulaire est importante, un appui pourrait être trouvé dans la notion de transport durable, esquissée au niveau européen depuis 1991et instrumentalisée comme vecteur de compétitivité économique par la Commission européenne depuis 2003, tandis que l'accessibilité aux transports devient un paramètre déterminant du volet social du développement durable. Sur ce plan, encore bien des territoires ruraux pourraient demeurer à l'avenir éligibles à des aides européennes, venant en complément d'aides régionales et départementales. L'attention devrait alors se porter sur la mesure des gains d'accessibilité au bénéfice des publics vulnérables, ce qui se présentera plus aisément dans les cas de desserte des zones reculées et défavorisées justifiant une extension des réseaux, ou dans la mise en accessibilité aux personnes handicapées. Tout un processus d'innovation serait stimulé, qui voit déjà des intercommunalités ou des syndicats de Pays en milieu rural, autorités organisatrices de second rang du service public de transport interurbain (les départements étant organisateurs de premier rang) mettre en place des services de transport à la demande, pour présenter une offre de déplacements flexible et mieux adaptée aux besoins des populations rurales vivant en habitat dispersé. Ces dynamiques sont mieux connues grâce aux fruits d'études croisées entre la recherche-action et la recherche académique, menées tant dans un cadre général[37], que sectoriel[38]. Elles pourraient à l'avenir connaître

36 Comité des régions de l'UE, *Avis sur le 5ème rapport sur la cohésion,* COTER-V-011, CdR 128/2011, rapp. : M. DELEBARRE.

37 GRALE-CNRS, « Transports et politiques locales de déplacement », *Droit et gestion des collectivités territoriales,* annuaire 2012, ed. Le Moniteur.

38 Une thèse de géographie a récemment été engagée par M. KOULNTÉ GNAMKOULAMBA SIMMALA, évaluant « la place accordée à l'offre de

un essor si devaient être confirmées certaines options prévues dans l'actuel projet de loi sur la décentralisation et la réforme de l'action publique[39], tendant au renforcement des prérogatives des Régions dans la planification en matière d'enseignement supérieur et de recherche (art. 18), et surtout dans la gestion des fonds structurels européens (art. 29).

Un enjeu majeur réside dans la poursuite de la mise en œuvre d'une « stratégie européenne des territoires ruraux ». Ce besoin ne provient pas seulement de l'insuffisance des effets produits par les mécanismes nationaux de péréquation financière. Il est conforté en France par un relatif immobilisme, les réformes opérées évitant tout autant de redéfinir les principales circonscriptions administratives territoriales de l'Etat et d'opérer une refonte de la carte communale. Cette même aspiration est encore accrue en raison de la méfiance suscitée par des démarches, plus que trentenaires, favorisant la polyvalence des services publics en milieu rural[40], souvent perçues comme un moyen d'accompagner le retrait des administrations de l'Etat de zones dépeuplées. Au fond, l'UE n'agit jamais mieux que lorsqu'elle s'emploie à rassembler ses territoires en ménageant leurs diversités. Il se pourrait qu'elle se soit approprié l'idée véhiculée par André Corboz, urbaniste dans les années 1980, suivant laquelle « le territoire est un palimpseste », soit une « sorte de mille-feuilles dont chaque couche témoigne d'un épisode historique du couple nature et culture »[41].

---

transports à but privée dans la région des Pays-de-la-Loire », sous la direction de Bernard FRITSCH (Université de Nantes, IGARUN).

39 Suivant les axes dégagés dans le discours du président de la République François HOLLANDE, prononcé le 5 octobre 2012 devant les « états généraux de la démocratie territoriale » réunis au Sénat.

40 Les premières initiatives en la matière ont été généralisées par le décret n°79-889 du 16 octobre 1979 relatif à l'organisation administrative en milieu rural et à la création de services postaux polyvalents.

41 CORBOZ, André, « Le territoire comme palimpseste », *Diogène, n°121, janvier-mars 1983.*

II

Politiques et perspectives nationales

Mario P. Díaz BARRADO, Universidad de Extremadura

La política de migración en España desde el tratado de Schengen

1. Precedentes : la modernización económica española de mediados del siglo XX y la Transición democrática

A los niños españoles a mediados del siglo XX, en pleno franquismo, se les explicaba en la escuela que –además de un imperio invencible– España había sido siempre un cruce de caminos, un espacio por dónde pasaron todas las civilizaciones del pasado y dónde esas civilizaciones se habían mezclado e influido mutuamente, generando como consecuencia un pueblo con orígenes celtas, árabes, judíos, griegos, romanos, germanos…

Pero, mientras se explicaba esto, esos mismos niños contemplaban una realidad muy distinta. Casi todo el mundo debía someterse a las mismas prácticas sociales, no existía mezcla de razas y los únicos diferentes (los gitanos) eran considerados marginales, además de ser muy pocos en el conjunto de la población. En la España de entonces casi nadie viajaba y pocas veces llegaban extranjeros, por tanto existía un fuerte apego al entorno más próximo, lo cual explica en parte el regionalismo intenso de la España actual y el hecho de que siga siendo, incluso hoy, uno de los países europeos en los que existe menos movilidad interna entre sus regiones.

En el imaginario de esa sociedad tan cerrada en sí misma existían, sin embargo, bastantes referencias a la emigración, a los emigrantes que, casi siempre por motivos económicos, habían marchado a América, además de a los exiliados forzados a salir tras el fin de la guerra civil. Desde 1850 a 1950 marcharon a América más de 3 millones de españoles y en los años 20 y 30 del siglo XX casi 500.000 más marcharon a Europa. Al mismo tiempo sólo vivían en España unos 50.000 extranjeros.

Tras una larga y dura postguerra, España era todavía a mediados de los años 50 un país esencialmente agrario que, al avanzar los años 60, atravesó por un proceso de cambio intenso en sus condiciones socioeconómicas. En apenas 20 años la población agraria pasaría a ser minoritaria y creció exponencialmente la dedicada a la industria y los servicios. Ello obligó a que una parte importante de la población se trasladase a la ciudad y se convirtiese en urbana rápidamente desde su origen campesino. Al morir Franco, en 1975, más de la mitad de la población residía en grandes ciudades. Había surgido una clase media con ciertos derechos sociales para acceder a la educación y la sanidad públicas. El bienestar económico produjo de inmediato un optimismo que se reflejó, entre otras cosas, en el mantenimiento de una alta tasa de natalidad que hizo aumentar la población en diez millones en veinte años.

Lo más significativo es que este aumento poblacional vino acompañado de una enorme movilización de la población campesina hacia las ciudades. Unos 5 millones de españoles se trasladaron desde las zonas rurales a los polos industriales de Madrid, Cataluña y el País Vasco. También, mientras disminuían los flujos de población hacía América, aumentaban hacia Europa, alcanzando los 2 millones al comienzo de los años 70. Esta emigración hacia la Europa entonces en recuperación tras la II Guerra Mundial, era casi siempre temporal y, a veces, incluso para tareas concretas como la vendimia en Francia, etc. Pero estos emigrantes españoles en Europa fueron claves para el desarrollo español, pues aportaban el 3% del PIB y eran una importante fuente de divisas para la economía española que estaba sentando las bases de su modernización definitiva.

Sin embargo, en medio de este fenómeno intenso de emigración interior y exterior, la presencia de extranjeros en España seguía siendo testimonial y, aunque es cierto que no había dejado de crecer desde los años 50, representaban el 0,4 de la población total española en 1975.

Con la Transición democrática, España se abre al mundo en todos los sentidos, pero especialmente en el terreno económico o en actividades que tienen un componente social y económico a la vez y que ya habían despegado durante el Franquismo como, por ejemplo, el turismo, uno de los pilares de la economía española hasta la actualidad. Las empresas extranjeras comienzan a invertir fuertemente en España y nuestros productos penetran sobre todo en la Europa comunitaria. Esta tendencia se refuerza aún más con la entrada de España en la CEE (actual UE) en 1986.

Con la democracia se ampliaron las prestaciones sociales, pero también las dificultades para la economía española en un contexto de crisis provocada por la subida espectacular de los precios del petróleo. En los años 70 y 80 creció el paro y se va configurando una economía sumergida cada vez más amplia en el conjunto de la actividad económica. A ello se suma la entrada masiva de la mujer en el mercado laboral al comenzar la década de los 90.

La extensión a toda España de un modelo económico equiparable al del resto de Europa hizo que, en unos años, la tasa de natalidad se fuera reduciendo, primero de forma moderada y luego muy intensamente hasta situarse entre las más bajas del mundo. Consecuencia de ello fue el envejecimiento de la población autóctona en apenas una generación. Cesaron las migraciones interiores y una parte importante de los emigrados a Europa retornaron, si bien España mantiene actualmente alrededor de 2 millones de emigrantes en el exterior que siguen contribuyendo, aunque sea ya más modestamente, al PIB español.

Pero lo más llamativo de los flujos de población en España a finales del siglo XX, es que el país sufre una transformación radical en la dirección de esos flujos, y pasa de ser un país de emigrantes a recibir inmigrantes. Es decir de expulsar o reacomodar internamente a su población, a acoger cantidades importantes de población extranjera. Además, dentro de este fenómeno completamente novedoso en las últimas décadas del siglo XX, la población extra-europea supera claramente hacia finales del siglo XX a la población extranjera de origen europeo que había sido tradicionalmente la de mayor presencia en España.

Según el Instituto Nacional de Estadística (INE), al comenzar el año 2011 residían en España casi 6,7 millones de personas nacidas fuera de sus fronteras (de los cuales casi un millón habían adquirido la nacionalidad española). Esto representa el 14,1% de una población total registrada de 47,1 millones de personas.

Con la llegada masiva de inmigrantes a España se produce también un doble proceso que hay que tener en cuenta: por una parte la nacionalización de una parte importante de estos extranjeros que al adquirir la condición de nacionales van a ir desapareciendo de las estadísticas como extranjeros y, sobre todo, el amplio colectivo conformado por la inmigración ilegal, los llamados "sin papeles" que han ido aumentando a lo largo de la primera década del siglo XXI, a pesar de las sucesivas regularizaciones emprendidas por los gobiernos españoles.

Después de hacer este pequeño recorrido histórico y contextualizar el fenómeno, vamos a analizar en profundidad el fenómeno migratorio en España en los últimos años.

2. Política migratoria española desde los años 70 al tratado de Schengen (1985)

La crisis del petróleo supuso el fin de la etapa dorada de crecimiento en Europa occidental. Las consecuencias de la crisis fueron la degradación del empleo y el paro, la pérdida de poder adquisitivo y, para lo que nos atañe, la decisión de cerrar las puertas a la inmigración que había contribuido de forma decisiva al crecimiento de los países europeos. A partir de entonces se va reforzando el rechazo a los inmigrantes y a sus descendientes, más intensamente a medida que las diferencias culturales son más profundas y en toda Europa surge el denominado problema de la inmigración.

Los poderes públicos toman conciencia del mismo y se empieza a legislar para intentar encontrar un cauce adecuado para solucionar el problema, entendiendo casi desde el comienzo que se trataba de un asunto supranacional, por eso las iniciativas sobre la inmigración tienen lugar esencialmente en el ámbito de la Unión Europea, en esos años aún con la denominación de Comunidad Económica Europea (CEE).

En España, recién desembarcada en la democracia, la llegada de extranjeros no se observaba con preocupación, de hecho instalarse en España a finales de los 70 y comienzos de los 80 era bastante fácil. Los españoles no tenían la misma percepción que los habitantes de los países centrales de Europa, que se enfrentaban al problema de la inmigración desde hacía varias décadas. De hecho, la inmigración en España era, al comenzar los años 80, básicamente inexistente, pues su economía seguía basándose de forma sustancial en el turismo (presencia extranjera pero pasajera) y en las aportaciones de los emigrantes españoles que habían marchado a Europa. Dos décadas antes.

En los 80, si acaso, llegaban entonces a España los exiliados políticos (sobre todo lo perseguidos por las dictaduras iberoamericanas), pero su número era poco importante, o también inmigrantes de países africanos (marroquíes o subsaharianos), pero que utilizaban España como lugar de paso en su intento de penetrar en países como Francia, que ya entonces ponía serías restricciones a su llegada y sufría ya el fenómeno de la inmigración ilegal.

A estos extranjeros en España se irán sumando, según avanzan los años 80, la presencia cada vez más importante de rentistas y jubilados del centro de Europa, que venían a España a pasar los últimos años de su existencia, atraídos por el clima y la calidad de vida.

Pero el deterioro de la situación económica en España a mediados de los años 80 y las negociaciones para el ingreso de España en la CEE (que conlleva el control unificado de las fronteras europeas), transforman radicalmente la situación de la inmigración en España hasta la actualidad.

En 1985 se firma como sabemos el tratado de Schengen que suscriben originalmente Alemania, Francia, Bélgica, Holanda y Luxemburgo, con el fin de eliminar los controles de las fronteras entre estos países y asegurar la seguridad interior mediante colaboración policial y judicial entre ellos, es decir tenía un objetivo no declarado de controlar el fenómeno de la inmigración, que pasaba a ser un problema de seguridad nacional. No era una iniciativa en el marco de la Unión Europea, pero al acuerdo se fueron sumando mas países de la Unión entre ellos Italia, España y Portugal. El llamado espíritu de Schengen consistía en realidad en desconfiar de los inmigrantes ya presentes en esos países y tratar de limitar –cuando no rechazar abiertamente– la presencia de nuevos inmigrantes.

Pese a todo, no existía una política común europea en torno a la inmigración. Los acuerdos que pudieron establecerse por consenso seguían demostrando que el objetivo esencial era controlar y limitar el flujo de población hacia Europa, crear una especie de cordón de seguridad, acordando con países periféricos el reenvío de los inmigrantes a su lugar de origen en cuanto fueran descubiertos como irregulares.

En España empieza a legislarse sobre la inmigración en 1985 con la Ley de derechos y libertades de los extranjeros, que ya ponía en acento sobre el orden público en todo lo que tuviera que ver con la inmigración y limitaba en parte las posibilidades de los que llegaban para integrarse en el mercado laboral. Además, el contrato laboral es el que otorgaba el permiso de residencia y por lo tanto la inmigración irregular no hizo sino crecer y la situación de los inmigrantes fue progresivamente más precaria.

En 1992, con la aprobación del tratado de Maastricht se establecen las normas de la ciudadanía europea y, por tanto, se establecen de forma clara las diferencias entre ciudadanos comunitarios y no-europeos y se expulsa a éstos últimos de la participación en el desarrollo de Europa. Todavía no existe una política europea –sigue prevaleciendo la legislación de cada país– si acaso existe un consenso básico en que la inmigración es un asunto de seguridad. Nuevos países se suman a Schengen (Grecia, Austria) y sólo quedan fuera Gran Bretaña e Irlanda.

En España, la regularización de 1991 permite la legalización de más de 100.000 personas e impulsa la reforma de la Ley de 1985, culminada con la Ley de extranjería del año 2000 actualmente vigente. A partir de esta regularización de 1991 es cuando se diseña por primera vez en España una política migratoria como tal y se supera la obsesión casi exclusiva por la seguridad, que marcaba la legislación anterior. Primero se crea una Dirección General de Migraciones que coordinaba diversos departamentos de la administración central ocupados del problema de la inmigración; luego se puso en marcha una política de contingentes laborales a partir de 1993 para regular nuevas entradas de trabajadores no comunitarios y se aprueba un Plan de Integración Social de Inmigrantes en 1994, creando incluso un Foro de participación con representantes de la administración, los sindicatos, ONGs y asociaciones de inmigrantes.

Estas iniciativas coinciden en parte con la firma del tratado de Schengen por parte de España en 1993, y a partir de aquí se establece claramente la diferencia entre comunitarios y extra-comunitarios, teniendo los primeros muchas mas ventajas, pues no necesitan permiso de trabajo y se les permite votar en elecciones municipales, llevando a cabo para ello la única reforma hasta ahora de La Constitución de 1978. Mientras tanto, los inmigrantes procedentes de otros países se ven sometidos a nuevos procedimientos al unificar las figuras del refugio y el asilo y cambiar las normas de regularización en aras de permitir al estado una mayor facilidad para rechazar las peticiones.

No obstante en 1996, antes de la llegada del nuevo gobierno del Partido Popular, se procede a una nueva regularización que permite lograr la legalización con bastante facilidad (mostrar algún documento que demuestre la presencia del solicitante en España antes del 1 de enero de 1996 y que hubieran tenido contrato de trabajo o residencia o tuvieran familiares regularizados).

3. Política migratoria española desde 1997 a la actualidad

El Tratado de Ámsterdam, aprobado en 1997, resulta muy importante para las políticas migratorias de los países de la Unión Europea. Lo más significativo es que a partir de su firma se adscribe el tratado de Schengen a la normativa europea con un periodo transitorio y con el acuerdo previo sobre las políticas migratorias de todos los estados (recordemos que era una iniciativa de países, no de la Unión), para alcanzar una Europa de los ciudadanos más abierta. Las disposiciones concretas sobre inmigración dejaron de estar sometidas a la regla de la unanimidad –después de logrado el acuerdo previo general– y se permitió la mayoría cualificada del Consejo de ministros europeos, siendo de cumplimiento obligado por parte de todos los estados miembros. En la cumbre de Tampere de 1999 los jefes de gobierno acuerdan impulsar un ámbito europeo de libertad y justicia único (tras lograr la unificación del mercado, la moneda única y la libre circulación de ciudadanos europeos diseñados en Maastricht). En este sentido se impulsan un procedimiento común de asilo, admisión y residencia de los extracomunitarios y un estatuto jurídico de los extranjeros lo más cercano posible al de los europeos, pero a la vez se habla de la necesidad de coordinar la acción policial y desarrollar la policía de fronteras, es decir sigue preocupando más el peligro y la presión de los inmigrantes que la integración de los mismos.

Esta impresión se confirma en la cumbre de Niza de 2000 que, aunque no ratificados sus acuerdos por los estados nacionales, muestra la desatención al fenómeno de la inmigración y la escasa voluntad de contar con unos ciudadanos que trabajan y viven en la Unión. En realidad, con el paso del tiempo se ha ido afirmando en la Unión la idea de abrir el espacio europeo a los mercancías y los capitales, al tiempo que se refuerza el control de las fronteras exteriores, sobre todo con aquellos países del Sur que aportan el masa de inmigrantes que presiona a la Unión cada vez más intensamente.

La crisis económica por la que atraviesa el mundo desarrollado a partir de 2007 obliga a reforzar mucho más esta idea, además de mitigar en parte el flujo migratorio como consecuencia de la propia crisis y la perdida de oportunidades e intensifica el recelo y la prevención de los nacionales de cada país europeo, incluso hacia otros europeos: rumanos búlgaros, etc.

En lo que respecta a España, en 1996 asume el poder el Partido Popular después de casi 14 años de gobiernos socialistas. Hay que tener en cuenta que en la última década del siglo XX y los primeros años del siglo XXI, la inmigración crece en España de forma exponencial, conformándose los colectivos más significativos de inmigrantes hasta la actualidad.

Podemos establecer dos categorías básicas en la inmigración a España por su origen. El colectivo conformado por los ciudadanos de otros países de la UE, que vienen a España por motivos laborales pero en gran medida por otros motivos de ocio o retiro tras la jubilación (ingleses, alemanes, etc.) y los inmigrantes extracomunitarios que viene buscando trabajo y nuevas oportunidades para su expectativas vitales, huyendo de la pobreza y tratando de mejorar su estatus.

Los inmigrantes, independientemente de su origen, se suelen concentrar en las zonas más desarrolladas del país, tanto porque reclaman mano de obra como porque ofrecen servicios sociales de calidad. Madrid y Cataluña son las regiones de mayor concentración de inmigrantes (el País Vasco a pesar de su prosperidad económica apenas ha atraído inmigrantes), y junto a estas dos regiones la costa –especialmente la levantina – y las islas, que suelen ser el destino de los inmigrantes comunitarios que buscan disfrutar del clima suave de España. Por el contrario regiones como Extremadura o Galicia apenas cuentan con un contingente significativo. Casi el 50% de los inmigrantes están censados entre Madrid, Barcelona y Alicante.

La inmigración en España es de muy diverso origen, aunque predominan los colectivos con cercanía cultural a la española. En primer lugar el origen más importante de la inmigración es Iberoamericano (36%) –la cercanía cultural y el idioma juegan un papel esencial en este hecho– después van los comunitarios (casi el 35%), el norte de África (15%) y luego a gran distancia otros orígenes como África subsahariana, Europa no comunitaria (8% en conjunto), Extremo Oriente, India o América del Norte, etc. en cantidades casi inapreciables.

Una de las primeras medidas del nuevo Gobierno del Partido Popular fue separar la gestión laboral de la inmigración (permisos de trabajo, etc.) de la atención social a los inmigrantes (albergues, atención sanitaria y material). La política del partido Popular fue continuista en lo que se refiere a los compromisos derivados de la adhesión de España al tratado de Schengen (control de fronteras exteriores sobre todo), pero también en lo referido al criterio fundamental de tratar de impedir nuevas oleadas de inmigrantes poniendo muchas trabas a la entrada y, al mismo tiempo, intentar la integración de los que ya se habían establecido en España sin discriminaciones llamativas con los nacionales.

Con el "boom" económico de la primera década del siglo XXI, se fue imponiendo la idea de que la mano de obra inmigrante era necesaria para asegurar la estabilidad de la economía española, aunque este discurso esconde la realidad de que la mano de obra inmigrante estaba asumiendo los empleos más penosos o peor pagados que la población española despreciaba en el contexto de la nueva prosperidad.

En esta época se llega a acuerdos con países como Marruecos, Colombia, Ecuador, Polonia –todos ellos con una fuerte presencia entre el conjunto de la inmigración extranjera en España– para regular procedimientos de contratación en el país de origen ante la falta de mano de obra en España en determinados sectores. Estos acuerdos implican un flujo regulado y temporal de trabajadores que vuelven a su país una vez terminada la tarea para la que fueron contratados.

En el año 2000 se aprueba la ley de Extranjería actualmente vigente, que supone un giro total frente a la legislación anterior. Con su mayoría absoluta del año 2000, el Partido Popular impone una contrareforma en los derechos de los inmigrantes que divide en dos a la sociedad española. No obstante, la ley del 2000 permitió una regularización masiva de casi 250.000 inmigrantes, en gran medida por la presión de la izquierda que reclamaba "papeles para todos" y también muchas manifestaciones de los inmigrantes apoyados por los partidos de izquierda que reclamaban más derechos sociales.

El Gobierno fue cediendo a la presión de la calle y propuso nuevas regularizaciones a pesar de haber declarado que la del año 2000 sería la última, para evitar lo que se denominó el "efecto llamada". No obstante, desde el 2000 se produjeron tres regularizaciones más: la revisión de los denegados en el 2000, el acuerdo con Ecuador (otro colectivo muy importante en el conjunto de la inmigración en España) y la regularización por arraigo –presencia ilegal en España pero con algún familiar legal o permanencia de larga duración– que tuvo mas de 300.000 solicitudes.

La llegada sorpresiva al poder del Partido Socialista en 2004, tras los atentados de Atocha, y el liderazgo de Zapatero suponen una nueva etapa y un nuevo criterio ante la inmigración, sobre todo porque el PSOE había impulsado muchas reivindicaciones de los inmigrantes cuando estaba en la oposición. La labor del ministro Caldera fue en principio acorde con sus promesas y la facilidad de regularización provocó un efecto llamada que asustó a las autoridades y llevó al ministro a utilizar los instrumentos de la tan criticada antes Ley de Extranjería del año 2000, para intentar frenar un flujo que se volvía imparable. La consecuencia de ese giro fue un aumento exponencial de la inmigración ilegal (sobre todo subsahariana: las famosas pateras), hasta que la crisis golpeó con fuerza a la economía española desde 2008 y de pronto se produjo un parón casi total en el flujo, determinado por la imposibilidad del país de ofrecer nuevas oportunidades a los inmigrantes. De hecho en los 3 últimos años se han producido incluso algunos retornos a los países de origen.

La crisis económica está potenciando el recelo y la prevención antes los inmigrantes. La degradación del orden público y la delincuencia se achacan a los colectivos inmigrantes (en parte con razón pues, sobre todo los rumanos, son los responsables del aumento de los delitos en España).

Los próximos años serán probablemente muy difíciles y España tendrá que decidir entre aprender a convivir con la presencia de la inmigración o estigmatizarla como vía de alivio ante la dureza de la crisis. En estos momentos, cuando la dureza de la crisis se siente más que nunca en España, los inmigrantes han pasado a ser un problema sólo cuando compiten con los españoles por el trabajo escaso o cuando provocan problemas de orden público y delincuencia.

Ángeles SOLANES CORELLA, Universitat de València

Ciudadanía, igualdad e integración : un análisis desde el ordenamiento juridico español

El mantenimiento de vínculos jurídicos con el país de origen y la existencia de afiliaciones en los países receptores alteran los presupuestos tradicionales de la lealtad a una comunidad prepolítica integrada por descendencia, tradición compartida y lengua común. En el caso de la Unión Europea, se da una confusión latente que muestra una importante presencia migrante y la permanencia del modelo monista de ciudadanía basado en la pertenencia singular y única a un Estado-nación culturalmente homogéneo.

Es el seno de esta contradicción donde pueden plantearse algunas de las cuestiones fundamentales como qué identidades son necesarias para qué ciudadanos, si los flujos migratorios en el espacio europeo han descompartimentado las barreras nacionales o han contribuido a reforzarlas, y si esos flujos suponen una Europa necesitada de generar solidaridades y nuevas formas de pertenencia.

Dichos interrogantes remiten al alcance que debería tener una nueva ciudadanía a articular en los Estados de la Unión Europea. En ese modelo diferente es imperativa la necesidad de globalizar la democracia y el Estado de Derecho, redefiniendo el vínculo social y político, desde la apuesta por la igualdad y el reconocimiento, para hacer posible una democracia inclusiva, que no exija el sacrificio de la identidad[1].

El punto de partida de este trabajo se centra en el contexto migratorio español que, influido y determinado por las pautas europeas pero con rasgos diferenciales, dista mucho de esa democracia inclusiva (ni siquiera para los propios nacionales, en un debate de nacionalismo politizado) que no exija a las personas inmigrantes (más bien de origen inmigrante)

---

1 "Sobre los fundamentos de la igualdad y del reconocimiento. Un análisis crítico de las condiciones de las políticas europeas de integración ante la inmigración", in: DE LUCAS, Javier *et al.*, *Inmigración e integración en la UE. Dos retos para el siglo XXI*, Bilbao, Eurobask. Consejo Vasco del Movimiento Europeo/Parlamento Vasco, 2012, pp.35-43.

el sacrificio de su identidad (individual, etnocultural) en el ámbito público. Dicho de otro modo, lo que este estudio pretende es evidenciar que la construcción del binomio ciudadanía-identidad en el contexto migratorio español sigue siendo una asignatura pendiente, marcada por una evidente falta de igualdad, no sólo pero sí muy especialmente, en la dimensión jurídica.

Para justificar la mencionada hipótesis de partida, dividiré la exposición en tres partes: la primera destinada a analizar brevemente el binomio ciudadanía-identidad desde un enfoque pretendidamente europeísta pero marcadamente nacional; la segunda, centrada en la urgente recuperación de una de las categorías vinculadas a la ciudadanía: la del estatuto jurídico del inmigrante en España; en tercer lugar, me detendré en la articulación de la política de integración en el contexto español como elemento indispensable de un nuevo modelo de ciudadanía.

1. El binomio ciudadanía-identidad: una relación con muchos vértices

Una de las propiedades fundamentales que se le atribuye a la noción de ciudadanía es la de configurar la cualidad de miembro, es decir, es la condición que define la pertenencia de un sujeto a una comunidad política. En una acepción más restringida, ciudadanía se equipara a nacionalidad, a la afiliación formal de personas a los Estados. En todo caso la ciudadanía es una categoría con varias dimensiones[2]:

- en sentido formal o técnico jurídico hace referencia al status legal que se adquiere y pierde de acuerdo con las normas de cada Estado y que va asociado a la titularidad y el ejercicio de los derechos ligados a la condición de miembro pleno de la comunidad;
- en una dimensión política alude a un título de poder, que hace del ciudadano titular de la soberanía y partícipe de las decisiones de la comunidad política;

2 DE LUCAS, Javier, *Globalización e Identidades. Claves políticas y jurídicas*, Barcelona, Icaria Antrazyt, 2003, p.107.

- puede también concebirse como un vínculo de identidad, de pertenencia y de reconocimiento conectado a una identidad nacional.

En su acepción jurídica, la ciudadanía es una noción estática y adscriptiva que va ligada a los privilegios de la pertenencia. Desde el punto de vista político, es concebida como un proceso que afecta a la convivencia colectiva y que se refleja en el ejercicio de los derechos democráticos de participación.

La ciudadanía desde una perspectiva moderna ha sido concebida como un proceso de formalización de los sujetos individuales como titulares de iguales derechos. Este reconocimiento de derechos frente a la autoridad política, que permite dar el paso de súbdito a ciudadano, constituye el elemento distintivo de la nueva concepción moderna de la relación entre las personas y las instituciones estatales. Ahora bien, esto no significa que este tipo de ciudadanía tenga una connotación incluyente, más bien al contrario, tradicionalmente ha estado marcada por su carácter diferenciador[3].

En este contexto, de modo claro en el ámbito europeo, la nacionalidad ha aglutinado la capacidad jurídica de pertenencia y ha relegado la categoría de ciudadanía al discurso político y social, incidiendo en la dimensión reivindicativa de una ciudadanía cívica. Como el propio Ministerio de Justicia Español señala, de acuerdo con la legalidad a partir del artículo 11 de la Constitución Española, la nacionalidad es el vínculo jurídico que une a la persona con el estado y tiene la doble vertiente de ser un derecho fundamental y constituir el estatuto jurídico de las personas. Por esta relación, el individuo disfruta de unos derechos que puede exigir a la organización estatal a la que pertenece y ésta, como contrapartida, puede imponerle el cumplimiento de una serie de obligaciones y deberes. "La nacionalidad, en definitiva, es la máxima expresión jurídica de la integración de una persona en una comunidad estatal, es algo más que la autorización de residencia y trabajo"[4].

El punto de partida en la configuración del estatuto jurídico del extranjero inmigrante en España, lo constituye básicamente, desde el régimen constitucional, los artículos 10.2 y 13.1 CE, que se relacionan a su

3 PEÑA, Javier, *La ciudadanía hoy: problemas y propuestas*, Valladolid, Secretariado de Publicaciones e Intercambio Editorial, Universidad de Valladolid, 2000, p.23.

4 <www.mjusticia.gob.es> (fecha de consulta 15 de septiembre de 2012).

vez, con el artículo 14 CE. Al amparo de los mencionados preceptos, las normas relativas a los derechos y libertades que la Constitución establece se interpretarán atendiendo a lo establecido en la Declaración Universal de Derechos Humanos y los tratados y acuerdos internacionales ratificados por España, teniendo en cuenta que los extranjeros en España gozarán de las libertades públicas que se garantizan en el Título I "en los términos que establezcan los tratados y la ley". Esta posibilidad de configuración legal de buena parte de los derechos y libertades de los extranjeros, constituye el elemento de mayor limitación en la aplicación del principio de igualdad.

En efecto, tal como ha señalado la jurisprudencia constitucional, el principio de igualdad no supone una igual atribución para españoles y extranjeros de los derechos y libertades recogidos en el Título I de la Constitución, reforzando la tradicional teoría tripartita de los derechos[5].

La jurisprudencia constitucional, en sentencias como la STC 3236/2007 y siguientes, ha insistido en la posibilidad de configuración legal de los derechos de los extranjeros atendiendo a dos límites:

- el grado de conexión de los concretos derechos con la garantía de la dignidad humana;
- el contenido preceptivo del derecho, teniendo en cuenta que éste puede venir reconocido a los extranjeros directamente por la Constitución;
- las condiciones de ejercicio establecidas por la ley deberán estar encaminadas a preservar otros derechos, bienes o intereses constitucionalmente protegidos, guardando la adecuada proporcionalidad con la finalidad perseguida.

A pesar de estas precisiones, la LODYLE[6] constituye una buena muestra de la retórica que apuesta por la igualdad, al tiempo que establece diferenciaciones destinadas a cuestionarla. Así según el mencionado artículo

5 GARCÍA VÁZQUEZ, Sonia, *El estatuto jurídico-constitucional del extranjero en España*, Valencia, Tirant lo Blanch, 2007.

6 Ley Orgánica 4/2000, de 11 de enero, sobre derechos y libertades de los extranjeros en España y su integración social, tras la redacción dada por la Ley Orgánica 8/2000, de 22 de diciembre; por la Ley Orgánica 11/2003, de 29 de septiembre; por la Ley Orgánica 14/2003, de 20 de noviembre, por la Ley Orgánica 2/2009, de 11 de diciembre; por la Ley Orgánica 10/2011, de 27 de julio y el Real Decreto-ley 16/2012, de 20 de abril, y su reglamento de desarrollo aprobado por RD 557/2011, de 20 de abril.

3.1 los derechos que se reconocen a los extranjeros deben interpretarse atendiendo al principio de igualdad. De ahí que dicha ley contemple en su artículo 23, una cláusula antidiscriminatoria encaminada a evitar los actos que conlleven una distinción, exclusión, restricción o preferencia contra un extranjero basada en la raza, el color, la ascendencia o el origen nacional o étnico, las convicciones o prácticas religiosas, que tenga como fin o efecto el destruir o limitar el reconocimiento en condiciones de igualdad de los derechos humanos y de la libertades fundamentales. Por tanto, la titularidad y el ejercicio de los derechos surge de la combinación de los parámetros relativos al "tipo" de derecho ante el que nos encontremos y al "tipo" de sujeto que sea titular del mismo[7].

Como en el caso español, en los Estados de la Unión no se ha conseguido desarraigar la ciudadanía de la nacionalidad, más bien al contrario se ha compartimentado la ciudadanía y se mantienen las dificultades en el acceso a la nacionalidad.

Así la integración de los distintos Estados nacionales en entidades políticas supranacionales como la Unión Europea mantiene la dinámica excluyente de la ciudadanía nacional. Aunque los flujos migratorios siguen sacando a debate la cuestión de la pertenencia, en su asociación al reconocimiento y ejercicio de derechos, revitalizando las discusiones sobre la ciudadanía en Europa, los Estados se resisten a ceder su soberanía en cuestiones vinculadas a la inmigración, especialmente, cuando tienen que ver con la concreción del estatuto jurídico.

Esa dimensión transnacional, a nivel jurídico, ha supuesto lo que podríamos denominar una estratificación de la ciudadanía, añadiendo un plus con la ficción de la "ciudadanía europea", Con ello no se pretende más que aplicar los viejos esquemas a nuevos contextos, en los que sin reformular ya no son válidos. Las estructuras supraestatales trasladan a un ámbito que le es ajeno, como el contexto europeo, las dinámicas nacionales y reproducen los mismas carencias y exclusiones que hemos señalado en la vinculación de la ciudadanía al modelo clásico de Estado-nación. En efecto la ciudadanía europea como "añadida", que no sustitutiva, a la nacional, reproduce la tendencia diferenciadora y limitadora de

---

7 BOZA, Diego, DONAIRE, Francisco Javier & MOYA, David, (eds.), *La nueva regulación de la inmigración y la extranjería en España. Régimen jurídico tras la LO 2/009, el Real Decreto 557/2011 y la ley 12/2009*, Valencia, Tirant lo Blanch, 2012, pp.85-139.

derechos nacida de la lógica estatal. Los diferentes instrumentos de la Unión, como el Tratado de Lisboa, reafirman la dualidad ciudadano-extranjero que deja fuera del estatuto jurídico pleno a los inmigrantes. La pertenencia europea en clave ciudadana está, igualmente, predeterminada por los respectivos Estados intentando consagrar el vínculo formal, jurídico y de identidad al que se indicaba al principio únicamente para aquellos que disfruten de la previa ciudadanía nacional de uno de los países miembros.

El establecimiento de la ciudadanía europea no ha impedido el fortalecimiento, casi contradictorio, de las medidas legales de accedo a la nacionalidad. En el caso concreto español la estrecha normativa de acceso a la nacionalidad sólo se vio exceptuada por las previsiones de la Ley 52/2007, (de 26 de diciembre, por la que se reconocen y amplían derechos y se establecen a favor de quieres padecieron persecución o violencia durante la guerra civil y la dictadura) conocida como Ley de la Memoria Histórica, que aunque generó medio millón de nuevos españoles de origen[8] pretendiendo cubrir la deuda pendiente con el exilio, contemplaba pautas de carácter muy restringido.

Incluso con el denominado plan intensivo de tramitación de los expedientes de adquisición de la nacionalidad española por residencia, que se puso en marcha con la Instrucción de la Dirección General de los Registros y del Notariado de 26 de Julio de 2007 (BOE de 8 de agosto de 2007) y que se ha completado con la Instrucción de 2 de octubre de 2012 (de la Dirección General de los Registros y del Notariado), sobre determinados aspectos del plan intensivo de tramitación de los expedientes de adquisición de la nacionalidad española por residencia, no se ha conseguido obtener un trámite ágil para el acceso a la nacionalidad debido a los requisitos exigidos alguno, como veremos en la tercera parte de esta exposición, vinculado a los informes relativos al grado de integración del solicitante de la nacionalidad en la sociedad española.

Por tanto, la cuestión planteada inicialmente sobre qué identidades son necesarias para qué ciudadanos, como se ha señalado, desde una dimensión jurídico normativa se insiste en apostar erróneamente por el fortalecimiento de una identidad "nacional" como ficción homogenizadora compartida, exclusiva y excluyente, que conlleva un estatuto jurídico

8 IZQUIERDO, Antonio, *La migración de la memoria histórica*, Barcelona, Bellaterra, 2012.

pleno (manteniendo la discriminación asentada sobre la división público-privado), que el inmigrante no tiene.

2. El estatuto jurídico del inmigrante en España: la tiranía de la comunidad nacional

Si como se indicaba al principio lo que resulta más urgente es la recuperación de la tercera dimensión de la ciudadanía, como estatus jurídico[9], la debilidad del modelo de ciudadanía en España exige el análisis conciso del estatuto jurídico de extranjería.

En las continuas reformas legislativas el inmigrante es un objeto de Derecho no un sujeto activo del mismo. El estatus jurídico se concibe vinculado a la situación administrativa limitando (en el caso de los residentes) o negando (en casos de irregularidad) determinados derechos, llegando a negar la dimensión de la ciudadanía como participación (como título de poder) incluso a algunos residentes.

La normativa española, no supera el test de los derechos sociales[10], como claros "indicadores sociales de la gestión de la convivencia plural en la vida cotidiana"[11]. Más bien al contrario el año 2012 fue un ejemplo de regresividad en el reconocimiento y garantía de los derechos sociales para el conjunto de la población y muy significativamente para los inmigrantes en situación administrativa irregular. La política de integración, como veremos más adelante, ha sufrido un importante ataque en forma de recorte de derechos que ha desestructurado los logros que se habían obtenido en los años previos al impacto de la crisis económica, de nuevo utilizada como excusa para los recortes más represivos. Así, el recorte de derechos sociales, en educación y muy especialmente en sanidad se ha

---

9 DE LUCAS, Javier, 2012, *op.cit.*, pp.84-87.

10 PISARELLO, Gerardo, *Los derechos sociales y sus garantías. Elementos para* una *reconstrucción*, Madrid, Trotta, 2007.

11 DE LUCAS, Javier, "La integración de los inmigrantes: la integración política, condición del modelo de integración" in: DE LUCAS, Javier & DÍEZ, Laura, *La integración de los inmigrantes*, Madrid, Centro de Estudios Políticos y Constitucionales, 2006, p.13.

querido presentar como una consecuencia inevitable de la crisis económica cuando en realidad es más que cuestionable, en concreto en las medidas que se han tomado respecto a las personas inmigrantes.

La reforma aprobada por el Real Decreto-ley16/2012, sobre medidas urgentes para garantizar la sostenibilidad del Sistema Nacional de Salud y mejorar la calidad y seguridad de sus prestaciones (BOE de 24 de abril de 2012), modificó el artículo 12 de la LODYLE incorporando un retroceso en el ámbito de la asistencia sanitaria que ha dejado fuera del disfrute de este derecho a las personas en situación irregular. Así hemos pasado de un precepto que reconocía dicho derecho con carácter general a los extranjeros que se encontraran en España, con independencia de su situación administrativa pero requiriendo en su dimensión práctica la inscripción padronal; a otro que remite a la legislación vigente en materia sanitaria. En concreto el artículo 3 de la ley 16/2003 de Cohesión y Calidad del Sistema Nacional de la Salud ha sido reformado por el mencionado Real Decreto para suprimir la referencia "a todos los españoles y los extranjeros en territorio nacional en los términos previsto en el artículo 12 de la LO 4/2000", sustituyéndola por el reconocimiento de la asistencia sanitaria en situaciones especiales a los extranjeros que no sean residentes en España tan sólo en supuesto de urgencia por enfermedad grave o accidente, hasta la situación de alta médica y la asistencia al embarazo, el parto y el postparto. Quedan fuera de esta limitación los extranjeros menores de dieciocho años, que recibirán asistencia sanitaria en las mismas condiciones que los españoles (las previsiones de esta disposición hay que completarlas con las del Real Decreto 1192/2012, de 3 de agosto, –BOE 4 de agosto de 2012–, que establece la condición de asegurado y beneficiario, insistiendo en la restricción del derecho a la salud y a la atención sanitaria).

Aunque sea más que cuestionable, desde un punto de vista de técnica jurídica, que en este caso pueda argumentarse la extraordinaria y urgente necesidad para la aprobación por parte del Gobierno de este Real Decreto-ley, así como que sea posible justificar el procedimiento para su tramitación acudiendo a la urgencia y la celeridad, otros argumentos sirven para desarticular las diversas justificaciones que se esgrimen en defensa del Real Decreto y su aplicación a las personas inmigrantes.

Como se reconoce en la propia exposición de motivos, una de las principales justificaciones de la reforma es la necesidad de regular la condición de asegurado para evitar algunas de las situaciones abusivas que se están produciendo y debilitan el Sistema Nacional de Salud. Entre ellas, la asistencia sanitaria de personas que la tiene ya cubierta, bien por las instituciones de sus países de origen, o bien por seguros privados, de tal forma que al ser asumido al mismo tiempo el servicio por el Sistema Nacional de Salud, éste se ha visto fuertemente erosionado al mermar su capacidad financiera e impedir la mejora de los servicios.

Sin negar, que éstos y otros abusos se produzcan en el ámbito de la asistencia sanitaria pública, y que sea necesario un control y supervisión del cumplimiento de los requisitos legales para el disfrute de las prestaciones, ello no significa que sea imprescindible negar el derecho fundamental a un colectivo como el de los inmigrantes por su situación administrativa de irregularidad. En efecto, el Tribunal de Cuentas en su informe[12], no pone en tela de juicio las prestaciones sanitarias a la población inmigrante en situación irregular, ni cuestiona el carácter universal del sistema sanitario o la atención que se venía prestando a la población inmigrante atendiendo a la legislación internacional y a la garantía de los derechos humanos. Respetando el derecho a la salud y a las prestaciones sanitarias, lo que el Tribunal de Cuentas destaca son las deficiencias en la gestión administrativa y las disfunciones en diferentes órganos de las administración que han provocado la no reclamación y facturación a ciudadanos europeos de prestaciones sanitarias ofrecidas en España. Por ejemplo, el caso de Reino Unido es muy significativo para entender a qué tipo de abusos se refiere el informe. Como constata el Tribunal de Cuentas, en el caso británico, hasta el 31 de diciembre de 2008, aplicando el sistema de estimaciones en lugar del de facturación de las prestaciones por costes efectivos o gasto real, España dejó de percibir anualmente, al menos 20 millones de euros en los ejercicios 2007 y 2008[13].

Por otra parte, si se atiende a la configuración del derecho a la salud en la Constitución española, a la doctrina del Tribunal Constitucional sobre los derechos fundamentales de los extranjeros a partir de la ya mencionada sentencia 236/2007 y siguientes, y a los límites de configuración legal cuando se trata de derecho fundamentales, es más que cues-

---

12 Tribunal de Cuentas, Informe de Fiscalización de la gestión de las prestaciones de asistencia sanitaria derivadas de la aplicación de los Reglamentos Comunitarios y Convenios Internacionales de la Seguridad Social, nº 937, 29 de marzo de 2012, disponible en <www.tcu.es> (consultado el 13 de septiembre de 2012).

13 Informe Tribunal de Cuentas nº 937, 2012, *op.cit.*, p.39.

tionable que una medida tan regresiva como la que dicho Real Decreto-ley incorpora en relación a la asistencia sanitaria resistiera los más elementales filtros del mandato constitucional. La restricción que deja sin cobertura sanitaria a las personas en situación administrativa irregular, salvo las mencionadas situaciones especiales, atenta a derechos fundamentales consagrados por tratados internacionales y a la configuración constitucional del mismo sobrepasando los límites de lo que podría estar incluido en la modulación legal (Comissión d'Extrangería ICAB)[14].

De hecho, el Tribunal Constitucional, ha avalado la decisión del gobierno vasco de prestar atención sanitaria a los inmigrantes en situación irregular, aún manteniendo el copago farmacéutico, al entender que el derecho a la salud y el derecho a la integridad física de los inmigrantes irregular y la conveniencia de evitar riesgos para la salud del conjunto de la sociedad, tienen una importancia singular en el marco constitucional que no puede verse desvirtuada por la "mera consideración de un eventual ahorro económico que no ha podido ser concretado"[15].

Otra matización resulta especialmente importante para desmontar la argumentación tras la que se esconden las verdaderas pretensiones del mencionado Real Decreto-Ley: aparentemente subyace la idea de que estas disposiciones de 2012 son imprescindibles porque el sistema público se sostiene, de forma exclusiva, con las aportaciones que los trabajadores y las empresas realizan a la Seguridad Social, de tal modo que si no se es trabajador (como el caso de los inmigrantes irregulares) no se puede tener atención sanitaria más allá de los casos indicados. Dicha idea es falaz. El sistema de financiación de las prestaciones sanitarias públicas está establecido dentro del modelo de financiación de las Comunidades Autónomas y procede también de los impuestos (tales como el Impuesto del Valor Añadido, el impuesto sobre la Renta de las Personas Físicas e impuestos especiales) que ya pagan el conjunto de los administrados, por supuesto también los extranjeros con independencia de su situación administrativa, al consumir cualquier producto o servicio (Foro para la Integración Social de los Inmigrantes 2012).

14 Comissión d'Extrangería ICAB, Grup de Treball RD-Ley 16/2012, *El derecho de los extranjeros a la protección de la salud,* disponible en <www.icab.cat>, (consultado el 8 de septiembre de 2012).

15 Auto del Tribunal Constitucional 4510/2012, de 13 de diciembre de 2012.

Por ello es claramente discriminatorio que se acuda a un sistema de convenios de prestación de asistencia sanitaria para las personas que no tengan carácter de aseguradas ni beneficiarias del Sistema Nacional de Salud.

La ya complicada gestión administrativa ligada a la extranjería, supone un problema añadido a las exigencias de demostrar la condición de asegurado y beneficiario que ahora se exigen. Es decir, en el supuesto de trámites de renovación de la autorización de residencia y trabajo, si la Seguridad Social deja al residente en espera de la concesión de su renovación, trámite que en función de la Comunidad Autónoma en cuestión puede demorarse entre dos y cinco meses, existe la posibilidad de que se deriven problemas con la tarjeta sanitaria tanto para el asegurado como para los dependientes de éste.

Diferentes Comunidades Autónomas, entre ellas como se ha señalado de forma emblemática la vasca[16], desde la entrada en vigor de los mencionados recortes, han mantenido de una u otra forma la asistencia sanitaria a las personas inmigrantes en situación irregular, y colectivos de médicos, entre otros, han objetado al cumplimiento de estas disposiciones. En este recorrido, supuestamente avalado por un discurso de necesaria austeridad, en todo caso selectiva, se vislumbra la destrucción de ese pretendido modelo de integración basado en los derechos cuya igualdad nunca ha llegado a consolidarse.

España se acerca así, peligrosamente, a lo que ha ocurrido en otros sistemas descentralizados, en los que como consecuencia de la distribución de competencias sanitarias entre el gobierno central, las regiones y los gobiernos locales, se ha producido una variedad de prácticas administrativas en la atención sanitaria a los inmigrantes irregulares en función de su lugar de residencia. La ambigüedad de las normas facilita las distintas interpretaciones por parte de los empleados públicos y los médicos. En este contexto, las iglesias católica y protestantes y las ONG suplen o cumplimentan el cuidado sanitario de los inmigrantes irregulares, siendo en algunos Estados los únicos servicios de atención sanitaria a lo que estas personas pueden acudir[17].

---

16 *Ibid.*

17 GONZÁLEZ, Carmen, "La atención sanitaria de los inmigrantes irregulares. Una comparación europea", *Área: Demografía y Migraciones Internacionales ARI* 53/2012, Madrid, Real Instituto Elcano, 2012, p.6.

Las consecuencias prácticas que se derivan de este tipo de medidas normativas son muy diversas, tal como advirtió el Foro para la Integración Social de los Inmigrantes (junio 2012). Por señalar sólo algunas, como muestra, la imposibilidad de prevención y detección temprana de enfermedades, incluso en los casos en lo que éstas puedan tener un impacto en la salud pública, y continuidad en los tratamientos que la requieran por tratarse de enfermedades crónicas (y en ocasiones graves como los tratamientos antirretrovirales, radioterapia o quimioterapia); y la desatención de colectivos especialmente vulnerables como, por ejemplo, las mujeres víctimas de violencia de género y de trata respecto a las que será complicado activar los protocolos necesarios para su protección. En estos dos últimos supuestos, desde diferentes organizaciones se viene insistiendo en la necesidad de desvincular la persecución de la violencia de género del control de la inmigración y eliminar las barreras legales, estructurales y prácticas que impiden a los inmigrantes en situación irregular acceder a los servicios sociales, incluida la asistencia sanitaria, a los que han de tener derecho[18].

Además, dentro del colectivo que queda fuera de la atención primaria se encuentran también personas en situaciones de especial vulnerabilidad, que hasta el momento habían sido destinatarias de medidas encaminadas a combatir la exclusión, tales como las personas dependientes o los discapacitados.

Desde la perspectiva de un pretendido modelo de integración, y de las políticas vinculadas a ésta que habían sido concebidas en buena medida de forma transversal para evitar la estigmatización del inmigrante, las disposiciones legales de 2012 tendrán un fuerte impacto sociológico "desintegrador". En efecto, este tipo de precisiones proyectan al conjunto de la sociedad española estereotipos o fobotipos respecto a los inmigrantes tales como que abusan del sistema sanitario público español o se benefician del denominado "turismo sanitario", cuando en realidad desde diferentes perspectivas ha quedado demostrado que la población migrante en el contexto español es joven y no transmiten enfermedades que traigan de sus países sino que su vulnerabilidad aumenta debido a las

18 PICUM (Platform for International Cooperation on Undocumented Migrants), *Estrategias para combatir la doble violencia contra las mujeres migrantes irregulares. Proteger sus derechos y asegurar la justicia,* Bruselas, PICUM, 2012.

condiciones de vida, de trabajo y otros factores en los Estados de recepción[19].

En cuanto a los derechos de participación social su ejercicio se ha reconocido por la vía de la inconstitucionalidad en las normativa de extranjería española[20], básicamente por condicionar su ejercicio a la situación administrativa del extranjero. Obviamente, la estructura de oportunidades políticas de la sociedad de recepción (que resulta de los mecanismos de inclusión/exclusión desarrollados por los estados y sus políticas) también determinarán las formas de participación de la población inmigrante.

En el contexto español encontramos tres instrumentos fundamentales de participación alternativos al sufragio: la participación en asociaciones de inmigrantes, la participación en órganos consultivos (consejos ciudadanos, foro para la integración); y la participación en procesos consultivos públicos (consultas populares o referéndums). Entre éstos el asociacionismo ha sido una de las principales vías de participación de los inmigrantes[21].

Las asociaciones de inmigrantes en España han actuado como importantes agentes de cambio en diferentes sentidos:

- La existencia de asociaciones ha facilitado el debate en la vida pública y la sociabilidad[22]. Las asociaciones son ámbitos privilegiados de una sociabilidad especial que permite redefinir la propia identidad;
- Las asociaciones han actuado como red social, con el intercambio de información, de capital social, existiendo relaciones de poder tanto dentro como fuera de la red. Se han constituido también a menudo

---

19 AGUDELO-SUÁREZ, Andrés *et al.*, "Sickness presenteeism in Spanish-born and immigrant workers in Spain", BMC Public Health, 2010, 10:791.

20 SOLANES CORELLA, Ángeles, "Un balance tras 25 años de leyes de extranjería en España: 1985-2010", *Revista del Ministerio de Trabajo e Inmigración* 90, 2010, pp.77-102. BOZA, Diego, DONAIRE, Francisco Javier & MOYA, David, (eds.), *op.cit.*

21 SIMÓ, Carles & TORRES, Francisco, "Tipos de inmigrantes, inserción social y asociacionismo. El caso de la Comunidad Valenciana", in: CHECA, Francisco, ARJONA, Ángeles & CHECA, Juan-Carlos (eds.), *Transitar por espacios comunes: inmigración, salud y ocio,* Barcelona, Icaria Antrazyt, 2010, pp.285-313.

22 FONT, José, MONTERO, Joan & TORCAL, Mariano, "Ciudadanos, asociaciones y activistas", in: *Ciudadanos, asociaciones y participación en España*, Madrid, Centro de Investigaciones Sociológicas, 2006, pp.25-46.

como espacios de encuentro y expresión cultural e identitaria para permitir el acercamiento y los espacios de encuentro con la población autóctona;
- Han funcionado como "espacios puente", en ese sentido siguen siendo una pieza clave en el proceso de incorporación de los inmigrantes a la cotidianeidad y al espacio publico (todos los problemas que se pueden generar en el espacio público por diferencias culturales, religiosas, etc.)
- Las asociaciones han sido un agente activo, un interlocutor con las autoridades públicas y con otras asociaciones. Así se ha hecho patente lo que autores como Toral[23] denominan una doble integración o relación:
- 1. Integración horizontal: en las relaciones de unas asociaciones con otras, que en términos de colaboración ha sido débil;
- 2. Integración vertical: en la relaciones de las asociaciones de inmigrantes y las autoridades públicas. Estas relaciones han generado múltiples críticas que también deben tenerse en cuenta al analizar el papel de las asociaciones de inmigrantes como motor de cambio y sobre todo la percepción de éstas por parte de la población autóctona. Me refiero a la creciente dependencia de las subvenciones públicas, la cooptación de las asociaciones por parte de los organismos oficiales, la tendencia a la profesionalización, o la utilización de las asociaciones para legitimar determinadas decisiones políticas (por ejemplo, la campaña de captación de adhesiones de la Conselleria de Immigració i Ciutadania de la Generalitat Valenciana respecto a la controvertida medida del compromiso de integración).

Por otra parte, en el contexto de igualdad sometida a la posible modulación legal se sitúan los derechos de participación política. Dentro de ésta, en el marco constitucional, el ordenamiento jurídico español recoge tres categorías de derechos: los derechos de participación directa, el derecho de sufragio activo y el de sufragio pasivo. Por lo que se refiere a la primera de las categorías, la Constitución concreta distintas formas de lo que podría considerarse una democracia directa, tales como la iniciativa

---

23 TORAL, Guillermo, "Las asociaciones de inmigrantes como sociedad civil: un análisis tridimensional", *Revista Española de Investigaciones Sociológicas,* n° 132, 2010, pp.105-130.

legislativa popular y el referéndum, si bien opta claramente por privilegiar la representativa[24].

El sufragio activo, se concreta en el artículo 23.1 CE, que reconoce la posibilidad de "los ciudadanos" de participar en los asuntos públicos mediante elecciones libres y periódicas de representantes, acudiendo a la fórmula del sufragio universal, libre, igual, directo y secreto, como se desprende de otros preceptos constitucionales como el 68.1, 69. 2 y 140. Por su parte, el sufragio pasivo, recogido en el artículo 23.2 CE, incorpora además el acceso a las funciones y los cargos públicos, siendo completado por el artículo 103.3 CE, pero sin salvar su vinculación con la ciudadanía. Precisamente en consonancia con esta limitación que recoge el artículo 23 CE en su conjunto, el 13.2 CE, reserva para "los españoles" la titularidad de los derechos del 23 CE salvo lo que se establezca atendiendo a criterios de reciprocidad, por tratado o ley, y exclusivamente para las elecciones municipales[25].

Los motivos esgrimidos para justificar esta suerte de diferenciación legalmente construida y perpetuada, son muchos y variados, pero pueden sintetizarse en tres aspectos relevantes[26]:

- la nacionalidad se entiende que es el cauce adecuado para acceder a los derechos políticos, como punto de diferenciación respecto de quienes no "pertenecen" al Estado en cuanto comunidad política;
- la participación política de la persona extranjera se concibe como un ataque a la soberanía nacional. En la relación clásica entre soberanía, pueblo, nacionalidad y ciudadanía, se entiende que la soberanía reside en el pueblo integrado por los nacionales, identificados con los

---

24 RUIZ MIGUEL, Alfonso, "Los derechos de participación política", in: BETÉGON, Jerónimo, DE PÁRAMO, Juan Ramón, LAPORTA, Francisco & PRIETO, Luis (ed.), *Constitución y derechos fundamentales*, Madrid, Centro de Estudios Políticos y Constitucionales, 2004, pp.723-747. PISARELLO, Gerardo, "Constitución y gobernabilidad: razones de una democracia de baja intensidad", in: CAPELLA, Juan Ramón (comp.), *Las sombras del sistema constitucional español*, Madrid, Trotta, 2003, pp.129-149, 139-146. PÉREZ LUÑO, Antonio Enrique, "Soberanía popular y Estado de Derecho", in: LAPORTA, Francisco, *Constitución: problemas filosóficos*, Madrid, Centro de Estudios Políticos y Constitucionales, 2003, pp.45-74.

25 BOZA, Diego, DONAIRE, Francisco Javier & MOYA, David, (eds.), *op.cit.*, pp.98-99.

26 Cfr. ALÁEZ, Benito, *Nacionalidad, ciudadanía y democracia ¿a quién pertenece la Constitución?*, Madrid, Centro de Estudios Políticos y Constitucionales, 2006.

ciudadanos, a quienes corresponde el disfrute de dicha soberanía mediante el reconocimiento, ejercicio y garantía de los derechos de participación política. La soberanía nacional es utilizada como argumento que legitima la exclusión de los extranjeros vetando su participación pública;
- el reconocimiento de estos derechos a la población extranjera supondría una ruptura de la identidad nacional y del patriotismo, constituyendo un ataque al Estado.

Frente a éstos, otros argumentos aconsejan la extensión de los derechos de participación política a las personas inmigrantes. En un momento de profundos cambios en las sociedades modernas, acelerados no sólo pero especialmente por los movimientos migratorios, mantener la idea de homogeneidad y unidad básicas en las nociones clásicas de nacionalidad y ciudadanía trasladándolas a su dimensión jurídica es casi imposible, tal como señalábamos al principio, salvo que se sacrifique claramente la posibilidad de integración y cohesión social. Más bien al contrario, la necesidad de aprovechar las nuevas realidades multiculturales, o si se prefiere, interculturales, invita a las modernas democracias actuales a superar la estricta diferenciación entre nacional/ciudadano y extranjero. Para ello es vital el reconocimiento de derechos políticos a los extranjeros, puesto que, una política de integración seria, eficaz y funcional, tiene que partir de la premisa de que la equiparación de derechos es una condición previa, no posterior y graciable.

Según lo establecido en el artículo 13.2 CE y a la concreción legal que del mismo realiza el artículo 6. 1 LODYLE, los extranjeros residentes en España pueden ser titulares del derecho de sufragio en las elecciones municipales, atendiendo a criterios de reciprocidad, de acuerdo con lo que se concrete por ley o tratado. Respecto a esta previsión es necesario hacer tres puntualizaciones:
- la posibilidad constitucional de los extranjeros para acceder al derecho de sufragio activo y pasivo, como señalábamos anteriormente, se contempla como una salvedad a los derechos reconocidos en el artículo 23 CE, que concreta el derecho de los ciudadanos a participar en los asuntos públicos. Además expresamente menciona y limita, el reconocimiento del derecho de sufragio en el ámbito de las elecciones locales;

- la actual redacción constitucional es producto de la reforma operada en 1992 para reconocer derechos de sufragio "pasivo" en las elecciones municipales a los nacionales de Estados miembros de la Unión Europea. Precisamente con motivo de esta reforma que permitió encajar en el sistema constitucional el derecho de sufragio activo y pasivo de los ciudadanos comunitarios en las elecciones locales, el Tribunal Constitucional tuvo ocasión de pronunciarse sobre el artículo 13.2 CE. Más allá de la tesis clásica de exclusión del derecho al voto pero sin apostar por una interpretación propiamente inclusiva, el Tribunal combinó dos argumentos para ubicar y justificar dicho derecho de sufragio. Por una parte, señaló que las elecciones municipales deben ser consideradas como administrativas, de forma que la participación en las mismas, en este caso por parte de extranjeros, no supone propiamente una participación en órganos electivos con potestades unidas al ejercicio de la soberanía. Por otro lado, limitó la consideración de titulares del ejercicio de la soberanía a los órganos representativos a los que bien la Constitución o bien los Estatutos de Autonomía atribuyan potestades especiales (sólo aquellas unidas al ejercicio de la soberanía. Declaración del Tribunal Constitucional nº 132.bis –Pleno–, de 1 de julio de 1992, que textualmente señala "tampoco la proclamación inscrita en el art. 1.2 de la Constitución queda contradicha, ni afectada siquiera, por el reconocimiento del sufragio pasivo en las elecciones municipales, a un determinado círculo o categoría de extranjeros").
- El artículo 6.1 LODYLE, tan sólo alude al derecho de sufragio sin distinciones, por lo que, atendiendo a los mencionados parámetros constitucionales, debe entenderse que se refiere tanto al sufragio activo, en cuanto posibilidad de participar en los procesos electorales locales como votante, cuanto al sufragio pasivo, es decir, también como elegible.

Parece obvio que la atribución de derechos de participación política está directamente vinculada con el nivel de integración de los extranjeros que cada país opta por potenciar.

El principio de reciprocidad, condiciona el derecho de sufragio de las personas inmigrantes en España, al tratamiento que reciben los nacionales españoles en los países de origen de aquéllas. Tiene, por tanto, un carácter sumamente restrictivo puesto que parece aunar la reciprocidad tanto en el reconocimiento cuanto en el ejercicio del derecho. Es por ello que, mientras se rechace la posibilidad de reforma constitucional, la interpretación y concreción del concepto de reciprocidad, constituye un punto crucial en el debate sobre el derecho de participación política, en concreto el sufragio, de las personas inmigrantes[27].

En la actualidad, si existiera una voluntad (básicamente política) de reconocer a los extracomunitarios, a los inmigrantes, el derecho de sufragio activo y pasivo, podría haberse optado por la reforma constitucional. En este punto caben dos posibilidades: bien suprimir la exigencia de reciprocidad del artículo 13.2 CE; o bien suprimir el apartado segundo en su conjunto, en ambos casos el resultado final sería idéntico. La iniciativa puede venir tanto del Gobierno, cuanto de los Grupos Parlamentarios en el Congreso, en el Senado y de los Parlamentos de las Comunidades Autónomas. Tal como ocurrió para poder ratificar el tratado de Maastricht, se acudiría a la vía establecida en el artículo 167 de la Constitución, siendo la más viable y desde luego la más fácil para conseguir la modificación constitucional[28].

Sin embargo, no es esto lo que ha sucedido en España. Sin tocar el texto constitucional, se ha optado por activar la reciprocidad mediante la firma de acuerdos con los países de origen. Precisamente con tal finalidad en agosto de 2008 se nombró a un embajador en misión especial para la negociación de acuerdos de participación electoral de nacionales extranjeros no comunitarios en elecciones municipales[29]. Respetando la estricta cláusula de que votarán en las elecciones municipales los extracomunitarios en cuyos países de origen puedan votar, a su vez, los españoles, además de Noruega, ya se ha producido el canje de notas constitutivo del acuerdo para la participación en las elecciones municipales entre el Reino de España y, por ejemplo, Argentina, Colombia, Perú, Repúbli-

27 SANTOLAYA, Pablo & REVENGA, Miguel, *Nacionalidad, Extranjería y Derecho de sufragio*, Madrid, Centro de Estudios Políticos y Constitucionales, 2007.

28 AJA, Eliseo & DÍEZ, Laura, "La participación política de los inmigrantes", in: *Puntos de Vista. Cuadernos del Observatorio de las Migraciones y de la Convivencia Intercultural de la Ciudad de Madrid,* n° 2, Madrid, 2005, pp.7-20. SOLANES CORELLA, Ángeles, "La participación política de las personas inmigrantes: cuestiones para el debate", *Derechos y libertades: Revista del Instituto Bartolomé de las Casas* 12, n° 18, 2008, pp.67-96.

29 Real Decreto 1428/2008, de 14 de agosto, BOE n° 197 de 15 de agosto de 2008.

ca de Trinidad y Tobago, Chile, Ecuador, República de Cabo Verde, República de Paraguay, República de Corea, República de Islandia, Nueva Zelanda y República Plurinacional de Bolivia[30].

Esta fórmula, aunque supone un paso adelante, conlleva preocupantes diferenciaciones entre los propios colectivos de inmigrantes. En efecto, los nacionales de aquellos Estados con los no se ha negociado acuerdo de participación electoral, de momento no tienen el derecho de sufragio local, pero ¿puede haber algún país con el que la firma de dicho acuerdo no sea viable?.

Si se retoma la segunda pregunta que planteábamos al principio acerca de si los flujos migratorios en el espacio europeo han descompartimentado las barreras nacionales, como se ha evidenciado, más bien al contrario, desde la dimensión estrictamente jurídica, aunque la presencia de inmigrantes en el ámbito de la Unión Europea ha requerido de instrumentos comunitarios para la coordinación, las legislaciones nacionales han reforzado frente a los nacionales de terceros Estados los criterios de exclusión con estatutos jurídicos restrictivos como el español.

3. La dimensión jurídica de la integración

La existencia de un estatuto jurídico a la baja compromete la integración, puesto que ésta ha de ser entendida desde la igualdad de libertades y deberes, de tal forma que no puede haber integración sin derechos, y no a la inversa[31]. Las políticas que hasta el momento se han articulado han conseguido algunos significativos logros, si bien España se encuentra ahora en un momento de involución que ha olvidado la necesaria dimensión integradora en el ámbito de la extranjería para reconducirla no ya principal si no exclusivamente al mercado de trabajo aún cuando la posi-

30 BOZA, Diego, DONAIRE, Francisco Javier & MOYA, David, (eds.), *op.cit.*, p.98.

31 DE LUCAS, Javier & SOLANES CORALES, Ángeles, *La igualdad en los derechos: claves de la integración*, Madrid, Dykinson, 2009.

bilidad de demostrar que se está integrado sigue teniendo importantes consecuencias jurídicas[32].

En la legislación española la LO 2/2009 incorporó un artículo dedicado a la integración de los inmigrantes en el que se especifica que ésta será un principio fundamental en la articulación de la política inmigratoria española, teniendo en cuenta que el acervo de la Unión Europea en materia de inmigración y protección internacional apuesta por lograr un marco de convivencia de identidades y culturas. Así el artículo 2 bis recuerda, en su apartado segundo, que todas las Administraciones Públicas ejercerán sus competencias vinculadas con la inmigración en el respeto a principios como la coordinación con las políticas definidas por la Unión Europea; la ordenación de los flujos migratorios laborales, de acuerdo con las necesidades de la situación nacional del empleo; y la integración social de los inmigrantes mediante políticas transversales dirigidas a toda la ciudadanía.

Es cierto que esta primera referencia expresa al principio de integración en la legislación española de extranjería puede resultar criticable. En efecto, no se proporciona un concepto de integración preciso, y las referencias que se dan para concretar las claves que permitan comprender cuál es la concepción de integración que se propone, permiten avalar tanto una concepción unilateral de la integración que corresponde exclusivamente al inmigrante, cuanto la integración como proceso bidireccional, integral y transversal, en la línea tradicionalmente propuesta desde la Unión Europea.

Con todo, lo reseñable de estas dos afirmaciones es que suponen, en mi opinión, la negación de la existencia del denominado "contrato de integración" para los inmigrantes (exclusivo y excluyente) como obligación jurídica en España, puesto que, el marco jurídico de referencia es el general y las políticas han de ser transversales[33].

España se distancia así de la tendencia de algunos países que han impulsado desde sus respectivas normativas nacionales programas de integración de carácter jurídicamente vinculante, retrocediendo en buena

32 AÑÓN, Maria José, "Integración: una cuestión de derechos", *Revista Arbor* 477, 2010, pp.625-638.

33 Cfr. GUIRAUDON, Virginie, "Contratos de integración para inmigrantes: tendencias comunes y diferencias en la experiencia europea", *Área: Demografía, Población y Migraciones Internacionales ARI* 43/2008, Madrid, Real Instituto Elcano, 2008.

medida en lo que a reconocimiento de la diversidad se refiere[34]. Ello no significa que se haya superado el debate sobre un déficit de integración coincidiendo con una crisis asumida y la idea del declive de la capacidad inclusiva del Estado del Bienestar, más bien al contrario éste continua en auge[35].

En este contexto, es acertada la opción española perfilada con la LO 2/2009, concretada en el mencionado artículo 2 ter que conecta la integración con las acciones formativas, el conocimiento y respeto de los valores constitucionales y estatutarios de España, los valores de la Unión Europea, los derechos humanos, las libertades públicas, la democracia, la tolerancia y la igualdad entre mujeres y hombres, la incorporación al sistema educativo, el aprendizaje del conjunto de lenguas oficiales, y el acceso al empleo.

A nivel estatal el Plan Estratégico de Ciudadanía e Integración 2007-2010 (PECI I), ya se dirigió al conjunto de la población sin exigir especiales obligaciones a la población inmigrante. Más bien al contrario los tres principios en los que se basaba dicho plan (igualdad, ciudadanía e interculturalidad) pretendían establecer un marco político que orientara las actuaciones del conjunto de la sociedad en ese proceso bidireccional, de adaptación mutua, que la integración debería ser. La integración en el Plan era concebida, como un proceso continuo, dinámico y resultado de distintas fases y aspectos, a corto, medio y largo plazo[36]. Otras premisas especialmente reseñables venían a completar esta concepción inicial de

---

34 MARTINIELLO, Marco, *Cómo combinar la integración y la diversidad: el desafío de una ciudadanía multicultural en la UE,* Gipuzkoa, Ikuspegi, Observatorio Vasco de Inmigración, Informes n° 3, 2007. MICHALOWSKI, Ines, "Modelos de acogida en Alemania, Francia y los Países Bajos: diseño y efectividad de los programas de acogida e integración", in: BILES, John, MICHALOWSKI, Ines & WINNEMORE, Lara, *Políticas y modelos de acogida. Una mirada transatlántica: Canadá, Alemania, Francia y los Países Bajos*, Serie: Migraciones, n° 12, Barcelona, Fundació CIDOB, 2007, pp.67-92.

35 BOMMES, Michael, "The shrinking inclusive capacity of the national welfare state: international migration and the deregulation of identity formation", in: BROCHMANN, Grete (ed.), *Multicultural Challenge (Comparative Social Research,* vol. 22), Bingley, Emerald, 2003, pp.43-67. MORENO, Francisco Javier & BRUQUETAS, María, *Inmigración y Estado de bienestar en España*, Barcelona, Obra Social "la Caixa", Colección Estudios Sociales, n° 31, 2011.

36 SOLANES CORELLA, Ángeles, "Un balance tras 25 años de leyes de extranjería en España: 1985-2010", *op.cit.*, p.90.

la integración, entre ellas: la convicción de que el proceso de integración y su gestión debía de compartirse entre las distintas administraciones y también los actores sociales; la consideración del PECI como un marco de colaboración que podía permitir dinamizar políticas; la necesidad de un enfoque global; el hecho de articular las distintas medidas para el conjunto de la ciudadanía; y la consideración transversal de las cuestiones relativas a la integración de la población inmigrada en el marco de todas las políticas públicas relevantes[37].

Con el PECI I se intentaba, por primera vez, articular un modelo que cohesionara la intervención autonómica, de tal forma que el Estado se implicara en las políticas de integración. Una de las características a destacar era que la financiación que el Estado aportaba se completaba en parte por las respectivas Comunidades Autónomas, pero eran éstas las que decidían en qué políticas concretas invertirían esos recursos económicos atendiendo a sus necesidades específicas[38].

Como continuación del anterior, el Plan Estratégico de Ciudadanía e Integración 2011-2014 (aprobado el 23 de septiembre de 2011), actualmente en vigor, tiene como principal objetivo fortalecer la cohesión social, ahora bien en un nuevo contexto migratorio caracterizado por la reducción de flujos de entrada de inmigrantes. Uno de sus objetivos es reforzar tanto los instrumentos y políticas de integración como los servicios públicos y de participación, para garantizar el acceso de todos los ciudadanos en condiciones de igualdad. No se contemplan, por tanto, medidas específicas para los inmigrantes, sino que se reconoce que su integración es uno de los retos más importantes que afronta la sociedad española y un pilar básico de la política integral de inmigración puesta en marcha desde 2004, junto con los consabidos principios de la lucha contra la inmigración irregular, la vinculación de la inmigración legal a las necesidades del mercado de trabajo y la cooperación al desarrollo de los países de origen.

El PECI II mantiene la bidireccionalidad del proceso de integración, insistiendo en la necesidad de adaptación mutua, y diseñando una políti-

---

37 CACHÓN, Lorenzo, "La integración de y con los inmigrantes en España: debates teóricos, políticas y diversidad territorial", *Política y Sociedad* 45, 2008, n° 1, pp.223-224.

38 MARTINEZ DE LIZARRONDO, Antidio, "La incidencia del Fondo de Apoyo y el PECI en las políticas autonómicas de integración de inmigrantes", *Revista del Ministerio de Trabajo e Inmigración,* n° 85, 2010, pp.33-34.

ca basada en acciones que se dirigen a todos los ciudadanos, tanto inmigrantes como autóctonos. En mi opinión, esa transversalidad no es compatible con un integración contractual y vinculante, sino que es la vía de esa finalidad de normalización de la convivencia en una sociedad diversa. Por eso el Plan recoge nuevas medidas necesarias para dar respuesta a los retos del futuro inmediato como son la gestión de la diversidad, el fortalecimiento del capital humano y la igualdad de oportunidades para garantizar la cohesión social.

En este contexto de disposiciones normativas destinadas a activas políticas de inclusión, es cierto que la integración se ha vinculado también a temas sensibles como la diversidad cultural y religiosa, que abren y colocan en un primer lugar del debate social cuestiones candentes y muy sensibles como la utilización del velo integral (burka), del pañuelo islámico o la educación religiosa en el espacio público. En este ámbito es donde se ubican las tradicionales cuestiones que generan controversias en las sociedades plurales, incluso a nivel intraestatal con los derechos lingüísticos por ejemplo, que necesariamente han de ser afrontadas si se quiere integrar y no asimilar[39].

En este sentido puede señalarse que por ejemplo en Francia se ha producido, y continúa dándose, una superposición de lo social a lo identitario, de tal forma que las identidades colectivas, compartidas por un determinado grupo de personas y expresadas en el espacio público, cumplen una función (también) de refugio ante la marginación social. Es factible pensar que, por ejemplo, la cuestión del velo no integral islámico ha supuesto la instrumentalización de un signo religioso para una reivindicación social. Por eso, el conflicto no puede dirimirse meramente con normas jurídicas basadas en la prohibición de las manifestaciones religiosas, sino en la línea de garantía de los derechos, en la mejora de las condiciones de vida y en la promoción social[40].

La realidad francesa no resulta directamente extrapolable a otros Estados como España, pero no cabe duda que es un punto de referencia que

---

39 Cfr. CACHÓN, Lorenzo (ed.) *Inmigración y conflictos en Europa. Aprender para una mejor convivencia*, Barcelona, Editorial Hacer, 2011.

40 INNERARITY, Carmen, "La polémica sobre los símbolos religiosos en Francia. La laicidad republicana como principio de integración", *Revista española de investigaciones sociológicas*, nº 111, 2005, p.157. WIHTOL DE WENDEN, Catherine, "Algunas reflexiones sobre la ley francesa de inmigración e integración de 24 de julio de 2006", *Revista Española del Tercer Sector* 4, 2006, pp.261-66.

hay que tomar en consideración en especial en las limitaciones de su aplicación práctica. Ciertamente la percepción social de nuevas expresiones religiosas depende de la manera en que las sociedades receptoras valoran el hecho religioso en su conjunto, de tal forma que el encaje del hecho religioso en un determinado marco social es diverso. Por ello, el debate que se dé en un determinado Estado europeo puede ser diferente al que surja en España. Esta puntualización es del todo necesaria ante la tendencia de sociedades como la española a verse reflejada en realidades como la francesa, importando conceptos y debates de forma descontextualizada, que son fruto de procesos históricos y de culturas políticas distintas[41]. Ahora bien, con las diferencias entre los distintos Estados y con los mencionados procesos que marcan rasgos diferenciales, no puede obviarse que el debate en torno a los símbolos religiosos está presente en toda la Unión Europea y que estamos llamados a aprender de las experiencias europeas que nos preceden. A diferencia de Francia, otros Estados europeos no han optado por la normativa de la interdicción del velo, al menos en el ámbito nacional[42].

Lo realmente importante en estas cuestiones de gran impacto es que no pueden servir para enturbiar las políticas de la integración, creando la falacia de que la diferencia (cultural, social, lingüística) implica peligro, mientras que la seguridad de la homogeneización paradigma de la asimilación recala en la seguridad. Más bien al contrario, en la priorización de una integración está una de las forma de combatir los estereotipos vinculados a la inmigración. Sin embargo, la premisa se invierte y en lugar de ofrecer mecanismos, también administrativos, que permitan la normalización de la población inmigrante, derechos y obligaciones con los que conseguirla, a ésta se le pide que la demuestre tanto para acceder a situaciones de regularidad, como a la nacionalidad. En un contexto en el que además, la gestión por parte de las Comunidades Autónomas complica el entramado burocrático al que se enfrenta el inmigrante.

Si volvemos a los ejes básicos de la política estatal de inmigración española, hay que tener también en cuenta que ésta debe articularse

---

41 MORERAS, Jordi, *Migraciones y pluralismo religioso. Elementos para el debate*. Barcelona, Documentos CIDOB, nº 9, Migraciones, 2006, p.6.

42 BRIONES, Irene María, "El uso del velo islámico en Europa: un conflicto de libertad religiosa y de conciencia. Especial referencia a Francia, Alemania, Reino Unido, España e Italia", *Anuario de Derechos Humanos*, vol.10, 2009, pp.19-20.

atendiendo a la imperativa cooperación y coordinación entre las Comunidades Autónomas. La Valenciana o Cataluña, por citar solo dos ejemplos, han aprobados sus respectivas leyes en relación a la integración y acogida de inmigrantes para desarrollar las competencias legalmente atribuidas sin sobrepasar los límites de la norma estatal[43]. Así la LODYLE insiste en que la Administración General del Estado, las Comunidades Autónomas y los Ayuntamientos colaborarán en sus acciones en este ámbito tomando como referencia sus respectivos planes de integración. Esa coordinación partirá del Plan Estratégico de Inmigración, tras el cual el Gobierno y las Comunidades Autónomas acordarán, en la Conferencia Sectorial de Inmigración, programas de acción bienales para reforzar la integración social de los inmigrantes. Los programas se financiarán con cargo tanto a un fondo estatal como a través de la cofinanciación por parte de las Administraciones receptoras de las partidas del fondo.

Con esta regulación, las Comunidades Autónomas han adquirido una especial relevancia en la acreditación documental de la integración del inmigrante. Así en el RD 557/2011 se establece la posibilidad de presentar cuatro tipos de informes, que son competencia de las Comunidades Autónomas, aunque en dos de ellos (arraigo y vivienda adecuada) éstas pueden establecer que sean emitidos por las Entidades Locales. Dichos informes son el de esfuerzo de integración, de arraigo, sobre vivienda adecuada y el de escolarización de menores.

El primero de dichos informes, el de esfuerzo de integración, será emitido por la Comunidad Autónoma del lugar de residencia del extranjero, a petición suya, en caso de renovación de la autorización de residencia temporal no lucrativa, renovación de la autorización de residencia temporal por reagrupación familiar y renovación de la autorización de residencia temporal y trabajo por cuenta propia o ajena. Dicho informe no tiene que presentarse obligatoriamente, pero puede ser alegado por el extranjero en caso de no acreditar el cumplimiento de alguno de los re-

43 Ley 15/2008, de 5 de diciembre, de la Generalitat, de Integración de las Personas Inmigrantes en la Comunidad Valenciana, BOE núm. 9, de 10 de enero de 2009; Decreto 93/2009, de 10 de julio, por el que se aprueba el Reglamento de la Ley 15/2008, de 5 de diciembre, de la Generalitat, de Integración de las Personas Inmigrantes, DOCV núm. 6056, de 14 de julio; y Ley 10/2010, de 7 de mayo, de acogida de las personas inmigradas y de las regresadas a Cataluña BOE núm. 139, de 8 de junio de 2010.

quisitos normativamente previstos para la renovación de la autorización y será tenido en cuenta como información a valorar por la oficina de extranjería. Dentro de su contenido mínimo el informe tendrá la certificación, en su caso, de la participación activa del extranjero en acciones formativas destinadas al conocimiento y respeto de los valores constitucionales de España, los valores estatutarios de la Comunidad Autónoma en que se resida, los valores de la Unión Europea, los derechos humanos, las libertades públicas, la democracia, la tolerancia y la igualdad entre mujeres y hombres, así como el aprendizaje de las lenguas oficiales del lugar de residencia. En este sentido, la certificación hará expresa mención al tiempo de formación dedicado a los ámbitos señalados. El informe tendrá en consideración las acciones formativas desarrolladas por entidades privadas debidamente acreditadas o por entidades públicas.

La valoración positiva del esfuerzo de integración del extranjero acreditado mediante el informe positivo de la Comunidad Autónoma de su lugar de residencia en los mencionados trámites administrativos, ha de entenderse como un añadido a la posibilidad de renovación de la autorización en cuestión cuando el extranjero lo presente o cuando éste no cumpla los requisitos exigidos a tal efecto, pero no como un requisito de carácter excluyente. En la misma línea ha de interpretarse el informe exigido en el caso del arraigo social[44].

En dicho caso, normativamente se exige tener vínculos familiares con otros extranjeros residentes o, en su defecto, presentar un informe de arraigo que acredite la integración social. Es decir, si se tienen vínculos familiares con otros extranjeros residentes, referidos a los cónyuges o parejas de hecho registradas, ascendientes y descendientes en primer grado y en línea directa, no será necesario solicitar el informe. Ambos documentos son necesarios únicamente cuando en el informe se exima al extranjero de la necesidad de contar con un contrato de trabajo siempre y cuando acredite que cuenta con medios de vida suficientes. Este informe es emitido por la Comunidad Autónoma en la que tenga su domicilio habitual el extranjero o por el Ayuntamiento de su lugar de residencia en caso de que así lo haya establecido la Comunidad Autónoma. No puedo obviarse además que el reglamento de la LODYLE en su artículo 124.4,

44 Instrucción DGI/SGRJ/3/2011 sobre aplicación del reglamento de la Ley Orgánica 4/2000, sobre derechos y libertades de los extranjeros en España y su integración social, en materia de informe de arraigo, de 28 de junio de 2011.

para las autorizaciones de residencia temporal por razones de arraigo, contempla la posibilidad de que por Orden del titular del Ministerio de la Presidencia a propuesta de los titulares de los Ministerios del Interior y de Trabajo e Inmigración y previo informe de la Comisión Laboral Tripartita de Inmigración, se podrá determinar la aplicación de la situación nacional de empleo a las solicitudes de autorización de residencia temporal por razones de arraigo social.

El carácter de los mencionados informes no permite conectar las previsiones de la legislación española con las exigencias de un contrato de integración de carácter vinculante exclusivo para los inmigrantes. En efecto, la no consideración de obligaciones jurídicas específicas vinculadas a la integración para los inmigrantes, parece estar en consonancia con las diferentes acciones autonómicas y estatales puestas en marcha hasta la fecha para favorecer la integración. Me refiero a los planes de integración de las Comunidades Autónomas, articulados con anterioridad al 2012, que comparten áreas de acción como acogida, educación, salud, trabajo, formación, alojamiento, servicios sociales, sensibilización, cooperación al desarrollo y asistencia jurídica[45]; y planteamientos básicos. Entre los primeros, Martínez de Lizarrondo[46] destaca la pretensión de atender a la población sin enfatizar los criterios de permanencia legal, la identificación de las políticas de integración con políticas multidimensionales, la aplicación del principio de normalización y universalidad como criterio rector de todas las políticas sociales, evitando la creación de recursos específicos que puedan suponer la instauración de una red paralela, aunque no se rechace la posibilidad de articular servicios especializados para facilitar el acceso a los servicios normalizados para toda la población.

Los planes autonómicos de integración no obvian que el mercado de trabajo y el modelo de bienestar son elementos determinantes de la integración de los inmigrantes en el contexto español. En el contexto de las diferentes Comunidades Autónomas tradicionalmente se ha producido una estratificación de la inmigración basada sobre todo en características

---

45 COVAS, Carla *et al.*, *Los planes de las Comunidades Autónomas para la integración social de las personas inmigrantes*, Madrid, Confederación Sindical de Comisiones Obreras, 2003.

46 MARTINEZ DE LIZARRONDO, Antidio, "Una mirada a los planes de integración de las comunidades autónomas", *Inmigración y políticas sociales,* in: CACHÓN, Lorenzo & LAPARRA, Miguel (eds.), Barcelona, Bellaterra, 2009, pp.58-61.

socio-estructurales de los espacios de acogida[47]. Es decir, las diferencias en la estructura económica y demográfica, la situación del mercado de trabajo y la configuración de las políticas sociales, además de la propia ubicación geográfica, dan lugar a distintas situaciones aun cuando muchos elementos proceden de la legislación básica estatal.

Asimismo como se apuntaba anteriormente, a propósito de la estrecha conexión entre ciudadanía y nacionalidad, el acceso a ésta a través de la residencia se vincula también a la integración. La ya mencionada Instrucción DGRN de 2 de octubre de 2012, insiste en la plena vigencia de la indicada Instrucción de 26 de julio de 2007, pero realiza algunas puntualizaciones, en concreto una directamente vinculada a la integración:

> Resulta de enorme importancia el contenido de los informes relativos al grado de integración del solicitante de nacionalidad en la sociedad española. En este punto, se encarece a los Encargados de los Registros Civiles la adecuada celebración de la entrevista personal, su constancia en acta y la elaboración de un informe completo que permita a esta Dirección General formarse un juicio de valor coherente, y ponderar adecuadamente el cumplimiento del requisito de la integración en la sociedad española...es por ello necesario que el informe del Encargado incluya de forma indubitada y expresa si este considera, o no, suficiente el grado de integración del promotor en la sociedad española a los efectos de la concesión de la nacionalidad.

La integración es en buena medida, por tanto, la vía de entrada en la regularidad administrativa, de la permanencia en ella y un requisito a tomar en consideración en el acceso a la nacionalidad por residencia, situaciones jurídicas todas ellas que conllevan el reconocimiento de derechos. Se invierte así la premisa básica que se ha sostenido a la largo de esta exposición en virtud de la cual un nuevo modelo de ciudadanía exige una igualdad jurídica como punto de partida, no como resultado de la integración. Los derechos democráticos de los que los sujetos pueden valerse, de forma reflexiva, permiten cambiar su situación, posición, o condición jurídica material. Si a determinados individuos se les niegan esos derechos, se limita su capacidad de asegurarse un trato igual y de

---

47 LAPARRA, Miguel & MARTINEZ DE LIZARRONDO, Antidio, "Espacio local, escenario para la integración social", in: LAPARRA, Miguel (ed.), *Extranjeros en el purgatorio. Integración social de los inmigrantes en el espacio local,* Barcelona, Bellaterra, 2003, pp.321-350.

influir sobre la toma de decisiones, cerrando así el círculo de la exclusión[48].

La cuestión que reaparece es cómo compatibilizar esa pretensión de integración, ese proceso irrenunciable en la idea de un nuevo modelo de ciudadanía, con una realidad en la que el estatuto jurídico es desigual. En este contexto potenciar la ascensión del proceso de integración a un primer plano en el discurso político, y por ende normativo, exige, modificar las actuales formulas legales generadoras de una exclusión estratificada que reconocen diversos niveles de derechos a los inmigrantes, para dejar paso a un estatuto pleno de derechos para los extranjeros que consolide y refuerce nuestra democracia al acercar la sociedad civil a la jurídica[49].

Los derechos y deberes comunes compartidos por el conjunto de personas en el seno del Estado de Derecho apelando al pacto social en la más pura concepción contractualista hacen innecesario, (incluso sumamente discutible si se alude también a las disposiciones internacionales y a la imposibilidad de hacer algunas distinciones en base a ellas), la articulación de obligaciones jurídicas específicas para determinados colectivos más allá de las ya estipuladas en el ordenamiento jurídico común.

Los límites en el Estado de Derecho son coincidentes: el respeto a la Constitución y a la ley han de ser compartidos[50]. Las personas inmigrantes, como el resto de sujetos de derecho, en los actuales Estados democráticos, han de ser jurídicamente concebidas como miembros para ubicarse en las raíces cosmopolitas de la democracia[51]. De esta forma puede afirmarse que tales individuos están de acuerdo con el contrato social, es decir, que admiten en base a esa ficción común compartida la existencia de una autoridad, de unas normas y leyes, a las que se someten, y si no lo hacen entran en juego los mecanismos generales previstos por el ordenamiento a tal efecto. Solo así puede garantizarse la cohesión, la paz social, puesto que "el hombre es un ser naturalmente sociable, y el que vive fuera de la sociedad por organización y no por efecto del azar, es

---

48 HABERMAS, Jürgen, *Facticidad y Validez. Sobre el derecho y el Estado democrático de derecho en términos de teoría del discurso*, Madrid, Trotta, 2000, p.626.

49 MEZZADRA, Sandro, *Derecho de fuga. Migraciones, ciudadanía y globalización*, Madrid, Traficantes de sueños, 2005, pp.97-100.

50 AJA, Eliseo, *Inmigración y democracia*, Madrid, Alianza, 2012.

51 BECK, Ulrich, "Las raíces cosmopolitas de la democracia: el caso de la Unión Europea", *Sistema: Revista de ciencias sociales*, 206, pp.3-20. BENHABIB, Seyla, *Los derechos de los otros*, Barcelona, Gedisa, 2005.

ciertamente, o un ser degradado, o un ser superior a la especie humana; y a él pueden aplicarse aquellas palabras de Homero[52] "Sin familia, sin leyes, sin hogar..." El hombre, que fuese por naturaleza tal como lo pinta el poeta, sólo respiraría guerra, porque sería incapaz de unirse con nadie como sucede a las aves de rapiña"[53].

Bibliografía citada

ALÁEZ, Benito, *Nacionalidad, ciudadanía y democracia ¿a quién pertenece la Constitución?*, Madrid, Centro de Estudios Políticos y Constitucionales, 2006.

AÑÓN, Maria José, "Integración: una cuestión de derechos", *Revista Arbor* 477, 2010, pp.625-638.

AGUDELO-SUÁREZ, Andrés *et al.*, "Sickness presenteeism in Spanish-born and immigrant workers in Spain", BMC Public Health, 2010, 10:791.

AJA, Eliseo, *Inmigración y democracia*, Madrid, Alianza, 2012.

AJA, Eliseo & DÍEZ, Laura, "La participación política de los inmigrantes", in: *Puntos de Vista. Cuadernos del Observatorio de las Migraciones y de la Convivencia Intercultural de la Ciudad de Madrid,* nº 2, Madrid, 2005, pp.7-20.

BECK, Ulrich, "Las raíces cosmopolitas de la democracia: el caso de la Unión Europea", *Sistema: Revista de ciencias sociales*, 206, pp.3-20.

BENHABIB, Seyla, *Los derechos de los otros*, Barcelona, Gedisa, 2005.

BOMMES, Michael, "The shrinking inclusive capacity of the national welfare state: international migration and the deregulation of identity formation", in: BROCHMANN, Grete (ed.), *Multicultural Challenge (Comparative Social Research,* vol. 22), Bingley, Emerald, 2003, pp.43-67.

BRIONES, Irene María, "El uso del velo islámico en Europa: un conflicto de libertad religiosa y de conciencia. Especial referencia a Francia, Alemania, Reino Unido, España e Italia", *Anuario de Derechos Humanos*, vol.10, 2009, pp.17-82.

BOZA, Diego, DONAIRE, Francisco Javier & MOYA, David, (eds.), *La nueva regulación de la inmigración y la extranjería en España. Régimen jurídico tras la LO 2/009, el Real Decreto 557/2011 y la ley 12/2009*, Valencia, Tirant lo Blanch, 2012, pp.85-139.

CACHÓN, Lorenzo, "La integración de y con los inmigrantes en España: debates teóricos, políticas y diversidad territorial", *Política y Sociedad* 45, 2008, n° 1, pp.223-224.

52 *La Iliada*, IX, 63.

53 ARISTOTELES, *La Política*, I, 1.

CACHÓN, Lorenzo (ed.) *Inmigración y conflictos en Europa. Aprender para una mejor convivencia*, Barcelona, Editorial Hacer, 2011.

Comissió d'Estrangeria ICAB, Grup de Treball RD-Ley 16/2012, *El derecho de los extranjeros a la protección de la salud,* disponible en <www.icab.cat>, (consultado el 8 de septiembre de 2012).

COVAS, Carla *et al.*, *Los planes de las Comunidades Autónomas para la integración social de las personas inmigrantes,* Madrid, Confederación Sindical de Comisiones Obreras, 2003.

DE LUCAS, Javier, *Globalización e Identidades. Claves políticas y jurídicas*, Barcelona, Icaria Antrazyt, 2003.

DE LUCAS, Javier, "La integración de los inmigrantes: la integración política, condición del modelo de integración", in: DE LUCAS, Javier & DÍEZ, Laura, *La integración de los inmigrantes*, Madrid, Centro de Estudios Políticos y Constitucionales, 2006.

DE LUCAS, Javier, "Sobre los fundamentos de la igualdad y del reconocimiento. Un análisis crítico de las condiciones de las políticas europeas de integración ante la inmigración", in: DE LUCAS, Javier et al., *Inmigración e integración en la UE. Dos retos para el siglo XXI*, Bilbao, Eurobask. Consejo Vasco del Movimiento Europeo/Parlamento Vasco, 2012, pp.11-91.

DE LUCAS, Javier & SOLANES CORALES, Ángeles, *La igualdad en los derechos: claves de la integración*, Madrid, Dykinson, 2009.

FONT, José, MONTERO, Joan & TORCAL, Mariano, "Ciudadanos, asociaciones y activistas", in: *Ciudadanos, asociaciones y participación en España*, Madrid, Centro de Investigaciones Sociológicas, 2006, pp.25-46.

Foro para la Integración de los Inmigrantes, *El nuevo marco legal y la salud de los inmigrantes*, Madrid, Ministerio de Empleo y Seguridad Social, Secretaria General de Inmigración y Emigración, Dirección General de Migraciones, 2012.

GARCÍA VÁZQUEZ, Sonia, *El estatuto jurídico-constitucional del extranjero en España*, Valencia, Tirant lo Blanch, 2007.

GONZÁLEZ, Carmen, "La atención sanitaria de los inmigrantes irregulares. Una comparación europea", *Área: Demografía y Migraciones Internacionales ARI* 53/2012, Madrid, Real Instituto Elcano, 2012.

GUIRAUDON, Virginie, "Contratos de integración para inmigrantes: tendencias comunes y diferencias en la experiencia europea", *Área: Demografía, Población y Migraciones Internacionales ARI* 43/2008, Madrid, Real Instituto Elcano, 2008.

HABERMAS, Jürgen, *Facticidad y Validez. Sobre el derecho y el Estado democrático de derecho en términos de teoría del discurso*, Madrid, Trotta, 2000, p.626.

INNERARITY, Carmen, "La polémica sobre los símbolos religiosos en Francia. La laicidad republicana como principio de integración", *Revista española de investigaciones sociológicas*, nº 111, 2005, pp.139-162.

IZQUIERDO, Antonio, *La migración de la memoria histórica*, Barcelona, Bellaterra, 2012.

LAPARRA, Miguel & MARTINEZ DE LIZARRONDO, Antidio, "Espacio local, escenario para la integración social", in: LAPARRA, Miguel (ed.), *Extranjeros en el purgatorio. Integración social de los inmigrantes en el espacio local,* Barcelona, Bellaterra, 2003, pp.321-350.

MARTINEZ DE LIZARRONDO, Antidio, "Una mirada a los planes de integración de las comunidades autónomas", *Inmigración y políticas sociales,* in: CACHÓN, Lorenzo & LAPARRA, Miguel (eds.), Barcelona, Bellaterra, 2009, pp.51-70.

MARTINEZ DE LIZARRONDO, Antidio, "La incidencia del Fondo de Apoyo y el PECI en las políticas autonómicas de integración de inmigrantes", *Revista del Ministerio de Trabajo e Inmigración,* n° 85, 2010, pp.31-45.

MARTINIELLO, Marco, *Cómo combinar la integración y la diversidad: el desafío de una ciudadanía multicultural en la UE,* Gipuzkoa, Ikuspegi, Observatorio Vasco de Inmigración, Informes n° 3, 2007.

MEZZADRA, Sandro, *Derecho de fuga. Migraciones, ciudadanía y globalización,* Madrid, Traficantes de sueños, 2005.

MICHALOWSKI, Ines, "Modelos de acogida en Alemania, Francia y los Países Bajos: diseño y efectividad de los programas de acogida e integración", in: BILES, John, MICHALOWSKI, Ines & WINNEMORE, Lara, *Políticas y modelos de acogida. Una mirada transatlántica: Canadá, Alemania, Francia y los Países Bajos,* Serie: Migraciones, n° 12, Barcelona, Fundació CIDOB, 2007, pp.67-92.

MORENO, Francisco Javier & BRUQUETAS, María, *Inmigración y Estado de bienestar en España,* Barcelona, Obra Social "la Caixa", Colección Estudios Sociales, n° 31, 2011.

MORERAS, Jordi, *Migraciones y pluralismo religioso. Elementos para el debate.* Barcelona, Documentos CIDOB, nº 9, Migraciones, 2006.

PEÑA, Javier, *La ciudadanía hoy: problemas y propuestas,* Valladolid, Secretariado de Publicaciones e Intercambio Editorial, Universidad de Valladolid, 2000.

PÉREZ LUÑO, Antonio Enrique, "Soberanía popular y Estado de Derecho", in: LAPORTA, Francisco, *Constitución: problemas filosóficos,* Madrid, Centro de Estudios Políticos y Constitucionales, 2003, pp.45-74.

PICUM (Platform for International Cooperation on Undocumented Migrants), *Estrategias para combatir la doble violencia contra las mujeres migrantes irregulares. Proteger sus derechos y asegurar la justicia,* Bruselas, PICUM, 2012.

PISARELLO, Gerardo, "Constitución y gobernabilidad: razones de una democracia de baja intensidad", in: CAPELLA, Juan Ramón (comp.), *Las sombras del sistema constitucional español,* Madrid, Trotta, 2003, pp.129-149.

PISARELLO, Gerardo, *Los derechos sociales y sus garantías. Elementos para* una *reconstrucción,* Madrid, Trotta, 2007.

RUIZ MIGUEL, Alfonso, "Los derechos de participación política", in: BETÉGON, Jerónimo, DE PÁRAMO, Juan Ramón, LAPORTA, Francisco & PRIETO, Luis (ed.), *Constitución y derechos fundamentales,* Madrid, Centro de Estudios Políticos y Constitucionales, 2004, pp.723-747.

SANTOLAYA, Pablo & REVENGA, Miguel, *Nacionalidad, Extranjería y Derecho de sufragio,* Madrid, Centro de Estudios Políticos y Constitucionales, 2007.

SIMÓ, Carles & TORRES, Francisco, "Tipos de inmigrantes, inserción social y asociacionismo. El caso de la Comunidad Valenciana", in: CHECA, Francisco, ARJONA, Ángeles & CHECA, Juan-Carlos (eds.), *Transitar por espacios comunes: inmigración, salud y ocio,* Barcelona, Icaria Antrazyt, 2010, pp.285-313.

SOLANES CORELLA, Ángeles, "La participación política de las personas inmigrantes: cuestiones para el debate", *Derechos y libertades: Revista del Instituto Bartolomé de las Casas* 12, n°18, 2008, pp.67-96.

SOLANES CORELLA, Ángeles, "Un balance tras 25 años de leyes de extranjería en España: 1985-2010", *Revista del Ministerio de Trabajo e Inmigración* 90, 2010, pp.77-102.

TORAL, Guillermo, "Las asociaciones de inmigrantes como sociedad civil: un análisis tridimensional", *Revista Española de Investigaciones Sociológicas,* n° 132, 2010, pp.105-130.

WIHTOL DE WENDEN, Catherine, "Algunas reflexiones sobre la ley francesa de inmigración e integración de 24 de julio de 2006", *Revista Española del Tercer Sector* 4, 2006, pp.261-66.

Stéphanie COUDERC-MORANDEAU,
CNRS/DCS, Université de Nantes

Les dispositifs d'accueil et d'intégration des migrants en France : quelle stratégie ?

Deux phénomènes politiques se juxtaposent : celui d'harmoniser des politiques européennes en matière d'intégration des migrants, d'une part ; celui de maintenir des politiques nationales avec leurs propres conceptions de la citoyenneté, d'autre part. Ce travail consiste à mettre en avant ce décalage entre les politiques européennes et les politiques nationales en prenant le cas de la France. Il s'agira de s'interroger sur cet écart et ses conséquences sur les rapports identité-citoyenneté européenne. Nous présenterons les dispositifs d'accueil et d'intégration des migrants mis en place en France lors de ces dernières années, reflets d'une réelle volonté de participation aux politiques européennes communes. Ensuite, nous analyserons les spécificités de la politique nationale via le concept d'assimilation.

1. Les dispositifs d'intégration et d'immigration en France : vers un modèle européen

Chaque pays possède ses traditions et ses principes en matière d'intégration. Le choix d'un modèle d'intégration plutôt qu'un autre, relève de la politique de chaque Etat. L'Union européenne ne dispose que de compétences limitées dans ce domaine. Toutefois, le traité de Maastricht entré en vigueur en 1993 et plus spécifiquement celui de Lisbonne de 2007, renforce le rôle de l'Union sur les questions d'immigration en incluant la gestion de « l'espace de liberté, de sécurité et de justice » dans les compétences partagées[1]. Au-delà de la diversité des modèles

1 Article 4 du Traité sur le fonctionnement de l'Union européenne, appelé TFUE.

d'intégration, une convergence progressive des politiques nationales d'accueil et d'intégration est apparue dans les années 1980, renforcée au cours des années 2000 avec la création de *Principes de base communs pour l'intégration*[2]. Ces principes ont été adoptés par le Conseil européen et par les représentants des gouvernements des Etats membres, ce qui indique que ces derniers étaient conscients que le sujet abordé relevait, pour l'essentiel, de la compétence des Etats membres de l'Union. Ces principes sont au nombre de onze. Le troisième et le quatrième principes indiquent par exemple que l'emploi, les connaissances de base sur la langue, l'histoire et les institutions de la société d'accueil sont des éléments de réussite essentiels à l'intégration[3].

De plus, la création par l'Union européenne d'un *fonds européen pour l'intégration* favorise l'intégration des migrants par le développement de différentes actions éducatives et culturelles, l'application de bonnes pratiques entre Etats membres. Par ces actions, l'Union européenne confirme l'idée d'une convergence progressive des politiques nationales d'intégration. Et si cette institution ne détient pas le pouvoir d'harmoniser les politiques d'intégration des Etats membres, elle facilite en revanche leur rapprochement en les orientant, via le *fonds européen*, vers des échanges de bonnes pratiques[4].

Depuis 2004, une coordination des politiques d'intégration se met en place entre les Etats membres, principalement les plus peuplés, où les ministres de l'intérieur instaurent des groupes de travail sur ces questions. La France participe à ces nouveaux principes politiques communs

---

2 Le Conseil européen qui s'est tenu en juin 2003 a demandé à la Commission et au Conseil d'établir un cadre européen commun cohérent pour le développement des politiques d'intégration des Etats membres. Cette demande a été reprise par le Conseil européen de la Haye des 4 et 5 novembre 2004 qui a souligné la nécessité d'une plus grande coordination des politiques d'intégration nationales et des initiatives de l'Union européenne dans ce domaine.

3 Les principes 3 et 4 sont précisément les suivants : « L'emploi est un élément clé du processus d'intégration, essentiel à la participation et à la contribution des immigrants dans la société d'accueil et à la visibilité de cette contribution » ; « Des connaissances de base sur la langue, l'histoire et les institutions de la société d'accueil sont indispensables à l'intégration ; permettre aux immigrants d'acquérir ces connaissances est un gage de réussite de leur intégration ».

4 A cet effet, la Commission a publié en novembre 2004, la première édition d'un manuel sur l'intégration destiné aux praticiens et aux décideurs politiques.

sur deux plans : celui de l'accueil et de l'intégration des migrants, et celui de l'accès à la citoyenneté.

En matière d'accueil et d'intégration, la politique française propose de nouveaux outils. En 2006, elle crée le contrat d'accueil et d'intégration (appelé CAI) qui permet la délivrance de la carte de résident permanent sous condition d'intégration. Dès lors, tout étranger, admis pour la première fois en France et qui souhaite s'y établir durablement, est contraint de conclure ce contrat pour une durée d'un an[5]. Le contrat a pour but d'instaurer entre la France et l'étranger « une relation de confiance et d'obligation réciproque ». L'office français de l'immigration et de l'intégration (L'OFII), placé sous la tutelle du ministère de l'Intérieur, établit le contrat que le Préfet signe dans l'objectif de fournir un permis de séjour à l'étranger[6]. Apparu en 2009, l'OFII accueille le migrant à son arrivée en France où il bénéficie d'une séance de formation collective, d'une visite médicale, d'un entretien individuel permettant de définir les formations dont il aura besoin. A l'issue de cette demi-journée, le migrant s'engage dans une relation de confiance et d'obligation réciproque envers la France par la signature du contrat.

Suite à la loi Hortefeux de 2007, les candidats sont soumis à l'évaluation de leur « degré de connaissances de la langue et des valeurs de la République française » dans leur pays de résidence[7]. L'intégration est testée en amont, dans le pays d'origine, y compris et même prioritairement pour ceux, qui, ayant des attaches familiales en France, ont normalement le droit de s'y établir[8].

Si l'évaluation en démontre le besoin, le candidat doit suivre une formation qui conditionnera l'obtention d'un visa de long séjour par

---

5 V. article 311-9.

6 L'OFII est désormais le seul opérateur de l'Etat en charge de l'immigration légale. Il a pour fonction la gestion des procédures régulières aux côtés ou pour le compte des préfectures et des postes diplomatiques et consulaires ; l'accueil et l'intégration des immigrés autorisés à séjourner durablement en France et signataires à ce titre d'un contrat d'accueil et d'intégration avec l'Etat ; l'accueil des demandeurs d'asile ; l'aide au retour et à la réinsertion des étrangers dans leur pays d'origine.

7 Le ressortissant étranger âgé (de plus de seize ans et de moins de soixante-cinq ans) ou le conjoint de Français qui sollicitent le regroupement familial, bénéficient dans leur pays de résidence, d'une évaluation de leur degré de connaissance de la langue et des valeurs de la République. Une formation ne peut excéder deux mois.

8 Cf. la loi HORTEFEUX du 20 novembre 2007.

l'intermédiaire de l'OFII. Dans ce cas, le candidat est obligé de suivre une formation civique présentant les institutions et les valeurs de la République française ainsi qu'une formation linguistique dès son arrivée en France.

Les séances de formation civique sont organisées selon le niveau et les origines des ressortissants étrangers. Le contenu de ces formations a évolué en 2011. Il porte désormais sur des principes clés tels que la laïcité, la démocratie, l'égalité hommes-femmes, les droits et les devoirs, l'explication de la devise de la République française « Liberté, égalité, fraternité », le refus de certaines pratiques et coutumes (voile intégral, mariages forcés, polygamie, mutilations sexuelles etc.)[9].

La formation linguistique est également suivie en fonction du niveau d'origine en imposant aux candidats de se soumettre à un test de connaissances orales et écrites en langue française dans le pays d'origine[10]. Si le résultat obtenu dans son pays d'origine est satisfaisant, le migrant est dispensé de formation linguistique ainsi que de l'obligation de passer le diplôme initial de langue française (DIFL) en France. Il reçoit « l'attestation ministérielle de dispense de formation linguistique ». Si le résultat est insuffisant, l'Etat propose au signataire du Contrat d'accueil et d'intégration ne parlant pas ou peu le français, de participer à une formation linguistique d'une durée maximum de 400 heures gratuite-

9 Trois ans après la mise en place de cette formation civique obligatoire, Eric BESSON a souhaité en améliorer le dispositif : « Dès le 1er janvier 2011, les séances de formation civique seront donc organisées, chaque fois que possible, selon des groupes homogènes, par niveau de scolarisation et par pays d'origine ». Cette nouveauté permettra aux primo-arrivants une meilleure assimilation des valeurs de la République. L'accent sera également mis sur les règles pratiques de la vie en communauté. Précisons que chaque séance de formation est close par un questionnaire permettant d'évaluer le niveau de connaissance de chacun. Par ailleurs, l'assiduité des ressortissants étrangers aux séances de formation civique sera désormais prise en compte par les préfets pour le renouvellement du titre de séjour et la délivrance des cartes de séjour.

10 Le dispositif d'apprentissage du français dans le pays d'origine est géré par les représentations de l'OFII à l'étranger ou par des organismes délégataires et prestataires. Le Maroc, la Tunisie, la Turquie, le Mali, le Sénégal et le Canada (pays où l'OFII est représenté) représentent 70% des populations intéressées par la formation au français dès le pays d'origine, soit environ 21 000 personnes.

ment, dispensée dans des centres répartis sur l'ensemble du territoire accompagné de la délivrance du diplôme[11].

Parallèlement à ces formations, il est proposé aux migrants de suivre une journée d'information qui s'intitule « vivre en France » dont l'objectif est de faciliter l'insertion sociale au niveau local et de donner des informations pratiques sur la vie quotidienne (culture, loisirs, commerces, la place et le rôle des associations). Il est également suggéré une formation dans le domaine des droits et devoirs des parents qui présente le respect de l'obligation scolaire pour leurs enfants de 6 à 16 ans, les devoirs en matière d'autorité parentale, de l'égalité entre les hommes et les femmes, de la protection des enfants et les principes régissant leur scolarité en France[12].

Au terme du contrat, L'office français de l'immigration et de l'intégration vérifie que les actions de formation ou d'information ont été effectivement suivies, puis fournit au signataire une attestation. Cette attestation est transmise au Préfet qui, lui, délivre un titre de séjour valable une année. La personne qui ne respecte pas les obligations de formation prescrites au contrat, peut se voir refuser, par le Préfet, le premier renouvellement de son titre de séjour ou la délivrance de sa carte de résident (valable dix ans). Ce contrat est l'un des principaux outils institués par le gouvernement français selon les modalités d'intégration inspirées par la politique européenne. Il faut préciser qu'il n'aboutit pas nécessairement à une demande de naturalisation : il est effectué dans l'optique du séjour longue durée.

En matière d'accès à la citoyenneté par naturalisation, la politique française adopte une stratégie similaire à celle décrite plus haut concernant la politique d'accueil et d'intégration. Elle applique les principes de politiques européennes communes réservées à l'accès à la citoyenneté.

Tout d'abord, accéder à la citoyenneté française par naturalisation requiert une démarche particulière : elle doit émaner de motivations personnelles. Ensuite, il faut savoir que toute personne a la possibilité de demander la naturalisation française de droit, ce qui n'implique pas ce-

---

11 Une seconde évaluation apprécie le niveau acquis et détermine, ou la nécessité de continuer la formation linguistique une fois en France, ou la possibilité d'en dispenser l'étranger ; dans les deux cas, le migrant devra passer le diplôme initial de la langue française (DIFL) dans les mois qui suivent son arrivée en France.

12 En 2010, 179 sessions de formations sur les droits et devoirs des parents ont été programmées.

pendant que ces personnes l'acquièrent nécessairement. Des conditions sont obligatoires comme par exemple : avoir vécu en France au moins cinq ans ; disposer d'une activité professionnelle et sociale, signe d'une intégration assurée. Une fois ces conditions remplies, l'étranger effectue une demande de dossier auprès de la préfecture[13]. Après l'étude du dossier et la mise en application de la loi du 16 juin 2011 insufflée par les politiques européennes, les points suivants sont obligatoires : la maîtrise de la langue française dont le niveau requis est celui de la troisième des collèges (évalué par un test linguistique) ; la signature d'une charte sur « des droits et devoirs de la France » relatant le respect des règles et des valeurs de la République française ; l'acquisition de connaissances minimales sur la culture et l'histoire de la France, évaluée lors d'un entretien dit « d'assimilation » qui ne sera finalement pas transformé en questionnaire (ou test) civique[14] selon le dernier communiqué de presse du ministère de l'intérieur datant du Vendredi 28 septembre 2012[15].

Ainsi, pour acquérir la nationalité française par voie de naturalisation, depuis le 1er janvier 2012, les candidats doivent obligatoirement présenter un document certifiant leur niveau de langue française. Pour prouver leur niveau, les candidats doivent fournir au choix une attestation délivrée par un organisme doté du label *France Langue d'Intégration (FLI)* ou un diplôme - le diplôme d'études en langue fran-

13 Depuis 2010, le Préfet possède la décision du refus de la nationalité. Ce dossier comporte les parties suivantes : 1/ L'Etat civil, l'acte de naissance. 2/ L'intégration en France par la durée du séjour en France, normalement cinq ans mais le temps de présence en France peut varier selon la provenance des pays (si colonies françaises, il est réduit à 2 ans par exemple). 3/ Insertion linguistique, culturelle et professionnelle : l'agent regarde l'autonomie du demandeur. L'étranger doit démontrer les richesses qu'il crée pour le pays (notamment par sa force de travail). Il doit démontrer qu'il possède des ressources, qu'il est inséré professionnellement dans la société française. Les critères d'insertion sont analysés, ils sont basés sur : l'autonomie financière ; l'autonomie par rapport aux aides sociales. L'étranger doit prouver son autonomie par rapport aux aides sociales du système français ; respecter les droits et devoirs de la société française ; payer ses impôts. 4/ Il y a un volet moralité qui porte principalement sur l'assimilation linguistique et les efforts pour y parvenir. Avec la loi du 16 juin 2011, il faudra justifier de son niveau de français à partir du 1er janvier 2012.

14 Seul le *procès verbal d'assimilation* (PVA) qui est sous forme d'entretien, subsiste.

15 Une circulaire sur les critères de naturalisation, supprimant notamment le questionnaire de connaissance générale, doit être transmise prochainement.

çaise (DEFL) qui correspond au niveau du cadre européen commun de référence pour les langues - en passant un test linguistique. Le principe même du test provient de l'harmonisation des politiques européennes.

En ce qui concerne l'évaluation de « l'assimilation civique », celle-ci s'effectue à ce jour par un entretien et non un test, ce qui est différent puisqu'il n'y a pas d'épreuves écrites. La France est l'unique pays utilisant officiellement ce concept « d'assimilation civique » contrairement à des pays tels que le Royaume-Uni, l'Allemagne, le Danemark ou encore le Pays-Bas[16]. En France, le terme « test de citoyenneté » a fait débat et ne sera finalement ni retenu ni appliqué. Cet entretien dit « d'assimilation » a pour vocation d'évaluer l'insertion du candidat dans la communauté française. Il s'effectue auprès d'un agent de la préfecture sans préparation au préalable. L'étranger ne peut bénéficier ni de guide ni de manuel pour s'y préparer. Du côté des agents, aucune consigne particulière ne figure dans les textes pour préparer ces entretiens. Seul l'article 21-24 du code civil sert d'appui pour l'intervieweur. Les exigences sont très variables d'un examinateur à l'autre, cependant, elles se regroupent autour de thématiques faisant référence à l'intégration, elles sont les suivantes : histoire, institutions politiques, valeurs et insertion dans la société française[17]. En fonction des réponses, l'agent doit cibler un « défaut d'intégration ».

Toutefois, ces dispositifs d'évaluation (côté examinateur) sont en pleine évolution : le ministère prévoit en effet de publier un guide destiné aux agents des préfectures qui aurait pour but de les aider à construire, sur des éléments objectifs et similaires, l'entretien dit « d'assimilation »[18] où les critères de naturalisation seraient assouplis par rapport à la politique précédente. « Si la connaissance de la langue française et

---

16 Treize pays de l'Union européenne ont à ce jour mis en place un test de citoyenneté dans leur procédure de naturalisation. Ces pays sont : l'Allemagne, l'Autriche, le Danemark, l'Estonie, la France, la Grèce, la Hongrie, la Lettonie, la Lituanie, la République Slovaque, les Pays-Bas, la Roumanie et le Royaume-Uni.

17 Les questions posées par les agents de la Préfecture peuvent être : la devise de la France : liberté/égalité/fraternité ; l'école des enfants lorsque les étrangers possèdent des enfants scolarisés (Dans quelle classe sont-ils ? Les questions portent sur le parcours scolaire français) ; la déclaration universelle des droits de l'homme et du citoyen ; l'égalité des sexes ; la liberté au travail. Des renseignements sont également demandés aux services de sécurité de police.

18 V. la circulaire du 28 septembre 2012.

l'adhésion aux valeurs » resteront des éléments importants, les autres critères porteront sur les années de présence sur le territoire, « la stabilité familiale » et l'emploi[19]. En outre, les infractions à la législation sur les étrangers vieilles de plusieurs années ne constitueront plus des motifs de refus, de même que l'obligation de détenir un contrat à durée indéterminée (CDI). Ces assouplissements sont notamment apportés pour donner accès à la nationalité à des étudiants méritants comme par exemple des doctorants ou des gens travaillant de manière régulière même sous forme de contrat à durée déterminée (CDD) ou d'intérim.

Si le candidat a réussi les tests linguistiques et l'entretien d'assimilation, il pourra acquérir la nationalité française. Le Préfet officialise l'acquisition de la nationalité française de ces personnes, et par conséquent leur entrée dans la citoyenneté, au cours d'une cérémonie d'accueil au sein de laquelle ces nouveaux citoyens français se voient remettre un Livret de Nationalité[20].

Par ces dispositifs récents, la France s'est inscrite dans une tendance de fond européenne en les rendant obligatoires par la loi du 24 Juillet 2006 et en les complétant par celle du 16 juin 2011. Celle-ci a ajouté de nouvelles conditions pour acquérir la nationalité française comme les tests (actuellement remis en cause pour ceux concernant la partie civile), les cours obligatoires d'intégration en langue ou encore la signature d'une charte « des droits et devoirs du citoyen français » officialisée par décret et applicable au 30 janvier 2012. Une telle politique est l'aboutissement de l'application des principes européens définis par les Etats membres, s'exprimant à travers l'action de « bonnes pratiques » en matière d'accueil et d'intégration, qui, s'inspirent à leur tour, des politiques canadiennes et américaines[21]. Ces « bonnes pratiques » ont pour objectif de faciliter l'intégration du migrant au sein du pays d'accueil. Et si elles correspondent, dans leur forme, à une tendance politique euro-

19 *Ibid.*

20 Ce livret comprend la déclaration des Droits de l'Homme et du citoyen du 26 août 1789, des extraits de la Constitution du 4 octobre, l'hymne national, la lettre du Président de la République et des informations pratiques.

21 Par exemple, pour l'extension des cérémonies de citoyenneté, il a été noté que tous les pays étudiés, à l'exception de la Suède et du Danemark, ont depuis longtemps (Etats-Unis, Canada) ou depuis peu (Pays-Bas, Royaume-Uni, Allemagne, France) une cérémonie obligatoire pour l'obtention de la citoyenneté, avec ou sans prestation de serment.

péenne en s'inscrivant dans un modèle d'intégration, sur le fond, elles font l'objet de plusieurs interprétations émanant de principes politiques nationaux qui peuvent avoir des effets négatifs : ceux d'être déstabilisateurs pour le migrant.

2. Méthode d'intégration européenne et politique française : vers l'émergence de contradictions ?

En France, ces nouvelles méthodes d'intégration mises en place par les gouvernements successifs (qu'elles soient destinées à la politique d'accueil ou de citoyenneté), n'ont un sens qu'à travers la notion d'assimilation. Cette notion qui figure dans tous les documents et discours officiels, exprime les orientations théoriques et pratiques de la politique française en matière d'immigration. Par exemple, pour mieux faire partager les valeurs de l'identité nationale auprès des ressortissants étrangers qui accèdent ensuite à notre communauté nationale, une des obligations est, comme nous venons de le voir précédemment, de leur faire passer un entretien avec un fonctionnaire. Il est alors établi *un procès-verbal d'assimilation*, nom figurant sur les documents français, où les conditions d'assimilation sont vérifiées.

Ces conditions d'assimilation sont de nature linguistique et civile. Ce concept *d'assimilation* n'est pas neutre : il possède tout un passé historique provenant de la période d'expansion coloniale française. Rappelons que le mot *assimilation* provient du latin *de assimilare* qui est « l'acte de l'esprit qui considère (une chose) comme semblable à une autre ». Dans le dictionnaire, une série de synonymes est donnée comme « identification, rapprochement, comparaison, harmonisation, insertion, absorption ». Il est souvent utilisé dans le domaine scientifique. L'assimilation est comprise comme « une action de rendre semblable quelque chose » ou comme « un fait d'aller du différent au semblable ». Au XIXème siècle, ce terme possède un sens fort. Guy de Bosschere écrit dans son ouvrage *Autopsie de la colonisation* :

> Pour le gouvernement colonial, assimiler signifie imposer les lois, la langue et les coutumes du colonisateur au colonisé, sans lui en accorder les droits et les privi-

> lèges. [...]. Dans l'esprit de l'opinion métropolitaine, l'assimilation est ce par quoi les autochtones vont non seulement bénéficier des apports de la culture française et de la civilisation européenne mais également, et surtout, accéder à l'égalité des droits et des privilèges détenus par les citoyens[22].

Sous la Troisième république, la méthode assimilatrice consistait à vouloir rendre les indigènes semblables aux occidentaux. Elle a été en partie remise en question par l'instauration d'une politique dite « associative » via la création de protectorats dans certaines colonies[23]. Les politiciens français ont éliminé l'assimilation du domaine de l'économique et du juridique en pensant qu'une autonomie financière était plus profitable pour le colonisé et le colonisateur[24]. En revanche, ils ne l'ont jamais exclue du domaine de la civilisation. Des auteurs tels que Albert Memmi ont démontré que l'assimilation morale a toujours été présente dans le système colonial français, pensée comme un processus actif de transformation où l'indigène et l'occidental constituaient un tout, un ensemble homogène[25]. Cette politique du « même » est puissante, imprégnée par l'idéologie républicaine fondée sur les principes d'égalité, d'universalité et d'humanisme eux-mêmes inspirés de la philosophie idéaliste des Lumières. Elle possède un lourd passé historique et exprime une philosophie du semblable où le même signifie l'égalité. Les moyens utilisés sont simples : l'apprentissage de la langue et l'adhésion au système éduca-

22 BOSSCHERE, Guy de, *Les deux versants de l'histoire*, 1. *Autopsie de la colonisation*, Paris, Albin Michel, 1967, p.299.

23 Comme le Maroc ou la Tunisie par exemple.

24 Les propos de Jules FERRY (membre plusieurs fois au gouvernement dans l'Education et les Affaires étrangères) sur l'Algérie sont caractéristiques de ce mode de pensée : « Assimiler l'Algérie à la métropole, leur donner à toutes deux les mêmes institutions, le même régime législatif et politique, leur assurer les mêmes garanties, les mêmes droits, la même loi, c'est une conception simple et bien faite pour séduire l'esprit français. Elle a eu sur l'histoire de notre grande colonie une influence tour à tour bienfaisante et désastreuse. Même aujourd'hui, après nombre d'expériences, il faut quelque courage d'esprit pour reconnaître que les lois françaises ne se transplantent pas étourdiment, qu'elles n'ont point la vertu magique de franciser tous les rivages sur lesquels on les importe, que les milieux sociaux résistent et se défendent et qu'il faut en tous pays que le présent compte grandement avec le passé » in : « Rapport de J. Ferry au Sénat sur l'Algérie, 1892 » repris in : PISANY-FERRY, Fresnette, *Jules Ferry et le partage du monde*, Paris, Grasset, p.44.

25 V. MEMMI, Albert, *Portrait du décolonisé*, Paris, Gallimard, 2007.

tif[26], marqueurs d'intégration mis en avant par la politique républicaine française et ce, particulièrement lors de la période coloniale.

La philosophie républicaine du XIXème siècle ne concevait l'intégration des populations que par leur assimilation, mouvement qui a impliqué l'abandon de leurs racines, de tout ce qui constituait leurs identités propres. Ce phénomène qui a consisté en une perte d'identité des populations indigènes a été longuement décrit dans les œuvres du poète Aimé Césaire, qui, dans son ouvrage *Nègre je suis, nègre je resterai*, affirme : « Je ne suis pas devenu autre. Tu es toi et je suis moi. Tu as ta personnalité, j'ai la mienne, et nous devons nous respecter et nous aider mutuellement »[27].

La politique actuelle d'intégration hérite de ces principes républicains qui ont pour origine historique la philosophie des Lumières. Certes, ces principes ont évolué quant à leur sens, mais il n'empêche que les idéologies dont ils sont composés, sont toujours bien vivaces. Le terme « assimilation » est utilisé et continue à l'être actuellement tant sur le plan pratique que théorique : « Ce qui est avant tout recherché chez le migrant, c'est un défaut d'assimilation » affirme un agent de la préfecture interrogé qui suit les recommandations ministérielles. De façon similaire, dans l'article 21-24 du Code civil, le terme « assimilation » se définit comme « une assimilation à la communauté française, supposant notamment une « connaissance suffisante, selon sa condition, de la langue française et des devoirs conférés par la nationalité française ». Au sein de ces dispositifs, il ne s'agit pas d'intégration, d'adaptation ou d'association (comme il est souvent le cas dans les pays anglo-saxons) mais bien d'assimilation. Ce qui signifie clairement qu'en prenant la nationalité française, on devient « assimilé français ». Dans un tel contexte, que signifie être « assimilé français » ? Certes, il ne s'agit plus d'une assimilation totale comme sous la période coloniale. Toutefois, l'étranger doit adhérer aux valeurs françaises qui constitueront sa nouvelle identité. Par la notion d'assimilation, identité et citoyenneté sont définies comme des notions similaires à travers lesquelles la politique républicaine prône les concepts d'égalité et d'uniformité. Acquérir la citoyenneté, c'est par-

26 LEROY-BEAULIEU, Paul, *De la colonisation chez les peuples modernes*, Paris, Guillaumin, 4e éd., 1891.

27 CESAIRE, Aimé, *Nègre je suis, nègre je resterai, entretien avec Françoise Vergès*, Paris, Albin Michel, 2005.

tager les valeurs de la république française, c'est adhérer à l'identité française. La citoyenneté se définit à partir de ce qui forge l'identité française dont les éléments sont nombreux et variés comme : « notre universalisme, notre histoire, notre patrimoine, notre langue etc. »[28]. Nationalité, identité et culture forment un tout : devenir citoyen français, c'est appartenir à cet ensemble de valeurs, c'est les représenter.

Par conséquent, il existe bien une action assimilatrice dans le sens d'une adhésion morale et culturelle. La charte des droits et des devoirs du citoyen français présentée à la signature des demandeurs de la nationalité française en est une preuve certaine :

> Vous souhaitez devenir français [...]. Acquérir la nationalité française est une décision qui vous engage et, au-delà de vous, engage vos descendants. C'est pour vous et pour vos descendants, la volonté d'adopter ce pays qui vous a accueilli et qui va devenir le vôtre, adopter son histoire, ses principes et ses valeurs et ainsi, en intégrant la communauté nationale, accepter de contribuer à le défendre et devenir un acteur solidaire de son avenir. En retour, la France vous reconnaît comme un citoyen de la République.

Dans le texte, il est employé les verbes « adopter, accepter, devenir, reconnaître, s'engager », des verbes forts, qui représentent un mouvement, une action. Comme si le fait de devenir français exigeait une métamorphose.

L'explication des symboles de la France est une autre manifestation de ce type de politique. La devise de la République française « Liberté, Egalité, Fraternité » est explicitée aux migrants d'une façon détaillée. La liberté consiste, dans ce contexte, à pourvoir faire tout ce qui ne nuit pas à autrui. A la notion d'égalité, il est affirmé que la loi est la même pour tous, soit qu'elle protège, soit qu'elle punisse[29]. La notion de fraternité

---

28 Les réponses aux questionnaires du ministère de l'immigration suite à la question : « Quels sont les éléments de l'identité nationale ? », sont les suivantes : nos valeurs, notre universalisme, notre histoire, notre patrimoine, notre langue, notre culture, notre territoire, nos paysages, notre agriculture, notre art culinaire, notre vin, notre art de vivre, notre architecture, nos églises et nos cathédrales, notre industrie, nos hautes technologies etc. Ce questionnaire et ses réponses étaient sur le site du ministère de l'immigration, dissout en novembre 2010.

29 V. le projet de Charte des droits et des devoirs du citoyen français mis en application de l'article 21-24 du code civil. Il en va de même pour le contrat d'accueil et d'intégration qui met particulièrement l'accent sur les valeurs de la république : « La France, en vous accueillant, vous a proposé de signer, avec l'Etat,

est quant à elle rattachée à celle de solidarité. Puis, il est rappelé aux migrants les droits et les devoirs du citoyen français. La citoyenneté française est fondée sur ce partage des valeurs républicaines. Le futur citoyen ne peut pas y échapper, ces valeurs (héritage républicain) vont constituer sa nouvelle identité.

Dès lors, à des volontés de politiques européennes communes se superposent celles émanant de politiques nationales dont les stratégies sont d'appliquer des principes liés à leur histoire et à leur nation. Et la mise en place d'outils (tels que le contrat d'accueil et d'intégration ou les tests qui devaient être appliqués), produits de l'harmonisation européenne, ne modifie en rien le développement de ces stratégies nationales. Au contraire, ces outils peuvent être des moyens pour durcir les critères d'accès à la nationalisation, appliquer les directives des politiques nationales et jouer le rôle de contrôle de l'immigration. En ce sens, ils peuvent produire des effets désintégrateurs et placer l'immigré dans une situation de précarité. Ainsi, les institutions et leurs pratiques qui gèrent concrètement la vie politique des citoyens sont très variables selon le pays auquel on appartient. Par conséquent, des interrogations se posent : si chacun des peuples de l'Europe est attaché aux institutions politiques qui organisent sa vie politique et collective, comment construire un espace public européen sans remettre en cause cette réalité ? Comment intégrer dans la pratique, la multiplicité du principe de citoyenneté ?

Ces questions dévoilent une contradiction entre le fait d'harmoniser l'accès à la citoyenneté et celui de sauvegarder la pluralité des spécificités nationales (très visible en France). Ces deux mouvements peuvent-ils être compatibles pour construire un principe de citoyenneté européenne ? Ce type de contradiction n'est-il pas la cause des problèmes identité-citoyenneté que connaît actuellement l'Europe et par suite, de ceux relevant de la légitimation de la citoyenneté européenne ?

Dominique Schnapper, dans son ouvrage *Qu'est-ce que la citoyenneté ?* explique que :

---

un contrat d'accueil et d'intégration. En signant ce contrat, vous vous êtes engagé à respecter les valeurs fondamentales de la République que sont la démocratie, la liberté, l'égalité, la fraternité, la sûreté et la laïcité » [...] Les efforts que vous aurez faits pour réussir votre intégration en France seront pris en compte au moment de votre demande de délivrance de la carte de résident ou d'acquisition de la nationalité française ».

> L'élaboration d'une véritable citoyenneté européenne impliquerait que fût construit l'espace public européen, c'est-à-dire un espace public dans lequel les membres des sociétés européennes se reconnaîtraient comme citoyens. Il faudrait que des enjeux, des débats et des institutions organisent un domaine politique commun à tous les citoyens de l'Europe. Concrètement cela signifie, par exemple, que des électeurs français votent pour des Italiens, des Allemands ou des Espagnols, non pas en fonction de leur appartenance nationale mais de leur proximité politique, parce qu'ils partagent la même vision du monde et les mêmes aspirations sociales, les mêmes valeurs. Cela impliquerait qu'ils considèrent comme légitimes les décisions prises par ce pouvoir légitimement élu. Il faudrait aussi que les Européens soient prêts à combattre pour défendre leur patrie commune. C'est là, le véritable enjeu, pour que la citoyenneté prenne un sens réel et non simplement formel[30].

Le principe de citoyenneté européenne nécessite des pratiques citoyennes communes comme la participation démocratique. Et l'Europe est consciente qu'il faut rendre les pouvoirs européens légitimes. Cependant, Dominique Schnapper s'interroge : « Quand les citoyens français accepteront-ils la légitimité des décisions prises au niveau européen, alors que des décisions, légitimement prises par le gouvernement français, aujourd'hui, sont souvent mal acceptées et remises en question par des manifestations de rue ? »[31].

Conclusion

A travers la question de la citoyenneté, c'est toute la légitimité du pouvoir qui se pose : être un citoyen, c'est faire partie intégrante de la société en participant au pouvoir politique de la société, à ses idéologies. La citoyenneté implique le partage du pouvoir, ce que Habermas nomme la « souveraineté partagée » à savoir l'existence d'un Etat fédéral au sein duquel des Etats fédérés ou des Etats régionaux possèderait une autonomie reconnue pour autant qu'elle protégerait leurs particularités socioculturelles, territoriales ou régionales dans leur importance historique ; mais ces entités autonomes continueraient d'être les garants de l'égale

30 SCHNAPPER, Dominique, *Qu'est-ce que la citoyenneté ?*, Paris, Gallimard, 2000, p.249.

31 *Ibid.*

liberté des citoyens[32]. Dès lors, le philosophe allemand propose des pouvoirs transnationaux qui rendraient possibles l'expression d'une citoyenneté universelle liée aux droits fondamentaux, fondée sur la multiplicité des cultures.

Dans ce contexte sociétal, le couple identité-citoyenneté prendrait un sens, possèderait de nouveaux marqueurs non plus à travers le national ou le cosmopolitisme mais le multiple : notion qui s'exprimerait au sein de la diversité des institutions et de stratégies toujours plus complexes qui développeraient des groupes d'intérêts transnationaux.

32 HABERMAS, Jürgen, *La constitution de l'Europe*, Paris, Gallimard, 2012, p.103.

Paul LEES, CRINI, Université de Nantes

La politique migratoire au Royaume-Uni depuis dix ans et sa représentation à la télévision

Historiquement, le Royaume-Uni est un pays à la fois d'émigration et d'immigration et depuis cinquante ans au moins, les deux phénomènes sont régulièrement évoqués par la classe politique et dans les médias britanniques.

L'augmentation importante de la population née à l'étranger est indéniable et elle interpelle tous les grands partis surtout en période de crise économique. Elle peut s'expliquer par plusieurs arguments, parmi lesquels on peut mentionner : un marché du travail flexible, avec moins de formalités administratives qu'ailleurs ; une économie relativement performante au début des années 2000 ; une langue nationale devenue langue internationale de premier rang ; un passé impérial qui a créé des liens culturels, économiques et affectifs avec de nombreux pays du Commonwealth ; une situation particulière concernant les relations historiques entre la Grande-Bretagne et l'Irlande ; une capitale britannique cosmopolite et dynamique ; une société réputée assez tolérante, caractérisée par une politique multiculturaliste.

Depuis une dizaine d'années, sous des Gouvernements travailliste et conservateur/libéral-démocrate, il est de plus en plus question d'une nouvelle politique migratoire. Quels sont les contours d'une telle politique et comment sont-ils représentés à la télévision britannique ?

1. Un pays d'émigration et, de plus en plus, d'immigration

Le débat sur l'émigration fait ressortir les dangers supposés pour la nation de la perte de forces vives, à commencer par les vagues de départs au lendemain de la deuxième guerre mondiale, notamment vers le Canada ; ensuite on évoque la fuite des cerveaux, notamment à partir des années 1960, vers les Etats-Unis, par exemple, et la migration importante vers l'Australie et l'Afrique australe dans les années 1970, en raison du déclin économique relatif du Royaume-Uni à cette période ; il convient aussi de mentionner la mode des expatriations des seniors relativement aisés, vers les pays ensoleillés, de 1990 à 2005 ; enfin, se forme plus récemment, avec la crise, une nouvelle vague d'émigration économique vers des horizons plus « prometteurs ».

Même si l'immigration fut un enjeu politique tout au long du XXe siècle, le véritable débat national dans sa forme actuelle naît en 1948[1], avec l'arrivée à Londres, du navire *MV Empire Windrush*, et ses 492 passagers venant des Antilles britanniques, à la recherche d'un travail, au moment où le Royaume-Uni entamait sa reconstruction ; il est estimé que presque 500 000 personnes nées dans les Antilles britanniques s'installèrent au Royaume-Uni entre 1948 et 1970[2].

Dans les années 1960 cette hausse du nombre d'immigrants « de couleur » devenait un enjeu politique dans certaines régions britanniques, notamment dans les Midlands : à Smethwick, lors des élections législatives de 1964, le candidat travailliste perdit son siège en raison d'une campagne calomnieuse et raciste à son égard menée par le candidat conservateur ; et suite au débat national lancé entre 1965 et 1968, lors de la mise en place par le Gouvernement travailliste de nouvelles lois, dont l'une[3] avait pour but de fermer progressivement les frontières aux nouveaux immigrants « de couleur », et les deux autres[4] visaient à supprimer la discrimination envers les immigrants déjà installés sur le sol national, le conservateur Enoch Powell évoqua les dangers supposés liés à la croissance de l'immigration, dans un discours controversé prononcé le 20 avril 1968 à Birmingham.

Les émeutes de l'été 1981, dans des quartiers à fort pourcentage d'immigration, relayés tous les soirs à la télévision, marquèrent profondément le pays, et le rapport issu de la commission d'enquête présidée par Lord Scarman, identifiant les cités défavorisées comme source po-

1 Le *Nationality Act* (1948) accorde aux citoyens du Commonwealth une citoyenneté britannique qui incorpore le droit de venir s'installer, accompagnés de leur famille s'ils le souhaitent, au Royaume-Uni.

2 <www.nationalarchives.gov.uk/education/lesson11.htm> (dernière consultation le 29 avril 2013).

3 *Commonwealth Immigration Act* (1968).

4 *Race Relations Acts* (1965, 1968).

tentielle de désaffection, relança le débat sur l'intégration des immigrants dans les grandes villes britanniques. Cet enjeu fut évoqué à nouveau suite au meurtre du lycéen noir Stephen Lawrence, en 1993, et à la publication du rapport MacPherson, en 1999, qui accusait la police londonienne d'être « institutionnellement raciste », provoquant ainsi une tempête médiatique et politique sur le nombre d'immigrants dans le pays et sur leur intégration dans la vie nationale.

Toute discussion de la question migratoire doit commencer par un rappel de certaines définitions et des chiffres officiels. Il est particulièrement difficile de calculer de façon exacte le nombre de migrants entrants et/ou sortants : L'*Office for National Statistics* (l'ONS) nous fournit un guide intéressant[5] qui explique la méthodologie officielle retenue. La définition du terme « migrant international » pour l'ONS est celle recommandée par les Nations Unies : « quelqu'un qui change de pays de résidence usuelle pour une période d'au moins un an ». L'ampleur du phénomène s'appuie essentiellement sur plusieurs sources : une estimation (*TIM – Total International Migration*), basée sur l'*International Passenger Survey* (un échantillon aléatoire d'arrivée et de départs aux ports/aéroports britanniques) ; le *Labour Force Survey* (un échantillon de ménages résidant en Grande-Bretagne) ; les données statistiques fournies par le *Home Office* sur les demandeurs d'asile ; et le *Irish Central Statistics Office* de la République irlandaise.

En 1951, année du recensement décennal, 4,2% de la population britannique est née à l'étranger. Ce terme est défini par le *Home Office* par le lieu de naissance de cette population et non pas par leur nationalité ou par leur ethnicité[6]. Cette population contient donc non seulement des citoyens n'ayant aucun lien particulier avec le Royaume-Uni mais également des migrants de nationalité britannique, nés dans une colonie britannique ou dans un pays du Commonwealth[7].

---

5 *Background Notes and Guidelines for Long-Term International Migration Estimates*, Office for National Statistics, February, 2013.

6 RENDALL, Michael & SALT, John, *Focus on People and Migration: The Foreign-Born Population*, Office for National Statistics, December 2005, chap. 8., p.132.

7 Selon les estimations officielles de 2011, 41% de la population née à l'étranger sont de nationalité britannique. Source : *Population by Country of Birth and Nationality Estimates Frequently Asked Questions*, Office for National Statistics, August 2012.

Entre 1951 et 2001 le pourcentage de la population britannique née à l'étranger a doublé pour atteindre 8,3%. En outre, il est frappant de constater l'évolution de cette augmentation :

	Population née hors RU	Hausse en % par rapport à la décennie précédente	% de la population totale
1951	2 118 600		4,2
1961	2 573 500	21,5	4,9
1971	3 190 300	24	5,8
1981	3 429 100	7,5	6,2
1991	3 835 400	11,8	6,7
2001	4 896 600	27,7	8,3

Tableau I. Hausse de la population britannique née à l'étranger (1951-2001) Source : Office for National Statistics ; General Register Office for Scotland ; Northern Ireland Statistics and Research Agency[8].

La hausse en pourcentage de la population née à l'étranger est importante entre 1951 et 1971 (22,75% en moyenne par décennie) ; moins importante entre 1971 et 1991 (9,65% en moyenne par décennie) ; de nouveau importante entre 1991 et 2001 (27,7%).

De plus, le recensement de 2011 souligne que 13% de la population actuelle de l'Angleterre et du Pays de Galles est née à l'étranger – ce qui représente une hausse par rapport à 2001, de l'ordre de 63%[9].

---

8 RENDALL, Michael & SALT, John, *op.cit.*, p.133.

9 En 1971, 23,8% de la population britannique née à l'étranger est issue de la République irlandaise – cette population de souche irlandaise est la catégorie la plus importante parmi les résidents étrangers au Royaume-Uni ; en 2001, le chiffre est de 11%. En 1971, la deuxième catégorie la plus importante est celle issue du reste de l'Europe occidentale (21,2%) ; en 2001, le chiffre baisse un peu – pour atteindre 17,1% de la population étrangère. En 1971, le pourcentage pour l'Asie du sud (l'Inde, le Pakistan, le Bangladesh…) est de 16,1% ; en 2001, il est de 21,1%. En 1971, le pourcentage pour les Antilles britanniques est de 7,9% ; en 2001, il est de 5,2%. V. RENDALL, Michael & SALT, John, *op.cit.,* p.134. Pour le recensement de 2011, les premières estimations proposent le classement suivant, en ordre descendant, des pays d'où viennent les migrants nés à l'étranger : l'Inde, la Pologne, le Pakistan et la République irlandaise. Entre 2001 et 2011 le nombre de migrants nés en Pologne passe de 58 000 à 579 000, une hausse de 900%. V. <www.ons.gov.uk/ons/dcp171776_290335.pdf> (dernière consultation le 29 avril 2013). Il est intéressant de comparer le pourcentage de la population britannique née à l'étranger avec les chiffres pour les autres pays européens. V.

Même si cette hausse est importante, il faut tout de même relativiser ce chiffre : pour les Etats-Unis par exemple[10], en 2010, 12,5% de la population est née à l'étranger; pour le Canada[11], en 2006, 19,8% de la population est née en dehors du pays ; pour l'Australie[12], le chiffre est encore plus important : 26,8% en 2010. Si les pourcentages élevés pour les Etats-Unis, le Canada et l'Australie ne surprennent guère – après tout, ces pays sont considérés depuis toujours comme des pays d'immigration – le fait que le Royaume-Uni soit considéré maintenant non seulement comme un pays d'émigration mais aussi et surtout peut-être pour certains peuples, comme un pays d'immigration, surprend et interpelle les politiques et les journalistes britanniques.

D'après les dernières projections de l'ONS, en extrapolant à partir des tendances récentes, la population britannique passerait de 62,3 millions en 2010 à 67,2 millions en 2020 pour atteindre 73,2 millions en 2035[13] et d'après les prévisions d'*Eurostat*, le Royaume-Uni serait le pays européen le plus peuplé en 2060[14].

2. La nouvelle politique migratoire

Or, depuis le début du nouveau millénaire, et surtout face à la crise financière et économique de 2008-2011 et aux difficultés à enrayer le taux

---

<http://epp.eurostat.ec.europa.eu/statistics_explained/index.php/Migration_and_migrant_population_statistics> dernière consultation le 29 avril 2013.

10 <www.census.gov/prod/2010pubs/acsbr09-15.pdf> (dernière consultation le 29 avril 2013). Le Bureau de recensement américain considère comme étant 'née à l'étranger' toute personne qui n'était pas citoyenne américaine au moment de sa naissance. On constate ici une différence importante avec la définition britannique du terme (v. définition donnée par le *Home Office*, plus haut).

11 <http://www12.statcan.ca/census-recensement/2006/rt-td/immcit-fra.cfm> (dernière consultation le 29 avril 2013).

12 <www.immi.gov.au/media/fact-sheets/15population.htm> (dernière consultation le 29 avril 2013).

13 <www.ons.gov.uk/ons/rel/npp/national-population-projections/2010-based-projections/index.html> (dernière consultation le 29 avril 2013).

14 <http://epp.eurostat.ec.europa.eu/cache/ITY_PUBLIC/3-08062011-BP/FR/3-08062011-BP-FR.PDF> (dernière consultation le 29 avril 2013).

relativement important de chômage non seulement conjoncturel mais aussi structurel, notamment chez les jeunes, les Gouvernements successifs évoquent de façon insistante le phénomène potentiellement négatif de la hausse du nombre de travailleurs étrangers au Royaume-Uni et remettent en cause la politique migratoire en force depuis les années 1970.

En outre, le « coût » de cette migration – la construction de nouvelles écoles et de nouveaux hôpitaux, les frais afférant aux dépendants des nouveaux résidents et la concentration de ces résidents dans certains quartiers et certaines villes peu préparés à les recevoir correctement – revient sans cesse dans le discours politique et médiatique, surtout en période de restrictions budgétaires.

Par conséquent, les Gouvernements successifs ont proposé une nouvelle politique, plus stricte à l'entrée et plus draconienne pour ceux qui sont déjà présents sur le territoire national de façon illégale ; en parallèle, et pour se faire l'écho de cette nouvelle orientation politique, les médias populaires accordent beaucoup de place aux dépenses publiques accrues qui résultent d'une telle migration et omettent la plupart du temps de mettre dans la balance la contribution faite par ces travailleurs à l'économie britannique.

Le sujet est devenu un enjeu politique de taille, débattu au Parlement et, de façon souvent réductrice, dans les médias populaires et par des politiques en quête d'une plus grande popularité dans les sondages. On se souvient par exemple du discours de Gordon Brown en 2007[15], dans lequel ce dernier parle de créer des emplois britanniques pour des travailleurs britanniques, refrain repris en 2009 au moment des grèves de salariés britanniques à la raffinerie *Total* de Lindsey, contre l'embauche d'intérimaires italiens et portugais.

La question du « coût » de l'immigration a pris le devant de la scène lors de la campagne électorale de 2010, et surtout lors des trois débats contradictoires diffusés à la télévision, pendant lesquels David Cameron et Gordon Brown ont insisté lourdement sur la nécessité de réduire le nombre de migrants économiques. Ces débats ont donné lieu à une bataille de chiffres sur l'importance du phénomène et sur la possibilité of-

15 <www.telegraph.co.uk/news/uknews/1553710/British-workers-for-British-jobs-says-Brown.html> (dernière consultation le 29 avril 2013).

ferte au futur Gouvernement de pouvoir *vraiment* réduire l'augmentation du nombre d'immigrants[16].

Car, faut-il le rappeler, on distingue deux grands types d'immigrants économiques au Royaume-Uni : ceux qui sont originaires de l'Espace économique européen[17] (plus la Suisse) – et les autres. Si le Gouvernement dispose d'une certaine marge de manœuvre pour limiter l'accès au territoire national du second groupe, il se dit impuissant à juste titre à contrôler le flux des premiers.

Nous savons que la libre circulation des travailleurs fait partie des quatre libertés constituantes du Traité de Rome de 1957, mais elle ne devient réalité qu'en 1968[18]. A l'origine, la migration intra-européenne s'opérait essentiellement du sud (l'Italie) vers le nord (la République Fédérale Allemande) ; mais devant l'augmentation du chômage dans la Communauté européenne dans les années 1970, la Grèce, devenue membre en 1981 et l'Espagne et le Portugal, devenus membres en 1986, durent patienter 6 ans pour la première et 7 ans pour les deux autres avant de jouir pleinement de cette liberté de circulation[19].

Le Traité de Maastricht (1992) et le Traité d'Amsterdam (1997) réaffirment le principe de la libre circulation des personnes, même si le nombre de travailleurs provenant d'un autre Etat membre demeure plutôt faible – seulement 2% en moyenne du marché du travail européen.

L'élargissement de l'Union européenne en 2004, notamment vers l'Est, s'accompagne d'une période transitoire pour les huit nouveaux adhérents de l'Europe orientale (le groupe A8), appliquée par douze des quinze Etats membres existants, par peur d'une migration massive vers l'Ouest. Le Royaume-Uni ainsi que l'Irlande et la Suède ne mettent pas en application cette période transitoire : pour pouvoir travailler au Royaume-Uni il suffit de s'inscrire au registre officiel.

L'élargissement de 2007 s'accompagne également d'une période transitoire pour les deux nouveaux adhérents, la Bulgarie et la Roumа-

---

16 3ᵉ débat électoral, diffusé à la BBC le 29 avril 2010. <www.youtube.com/watch?v=6ZdQ0kA3ksg> (dernière consultation le 29 avril 2013).

17 L'EEE (L'Espace économique européenne) est composée des 27 pays membres de l'Union européenne plus trois des quatre membres de l'AELE (l'Association européenne de libre-échange) à savoir : l'Islande, le Liechtenstein et la Norvège.

18 Décret du conseil 1612/68 du 15 octobre 1968.

19 Cette période transitoire a été réduite à 6 ans, compte tenu du nombre potentiel relativement faible de migrants économiques attendus.

nie ; cette fois-ci, le Royaume-Uni décide de fixer des critères stricts concernant l'accès des Bulgares et des Roumains à son marché du travail : pour les travailleurs indépendants il n'y a pas de contrainte particulière, mais pour travailler comme employé il y a besoin d'obtenir un permis de travail, et la procédure est lourde pour le futur employeur également[20].

Qu'est-ce qui a changé entre 2004 et 2007 pour que le Gouvernement britannique limite l'accès à son marché du travail ? Tout simplement, le nombre de migrants économiques se rendant au Royaume-Uni en provenance des pays de l'Europe occidentale se révèle relativement important et surtout, dans certaines villes et dans certains lieux (hôtels, magasins, restaurants, pubs), « perceptible » de la part de la population autochtone.

L'arrivée de nombres importants de ressortissants d'autres pays européens est diversement appréciée dans les médias : si les Français sont en général bien reçus, d'autres nationalités le sont moins : par exemple, le nombre officiel de migrants économiques d'origine polonaise est passé de 75 000 en 2003 à 532 000 en 2010[21]. A Southampton, selon le dernier recensement de 2011[22], le nombre de migrants nés dans un des pays A8 est de 11 370 dont 8 391 sont originaires de la Pologne, mais les médias évoquent parfois un chiffre bien plus important, entre 10 000 et 20 000[23] – ce qui représenterait 9% de la population de la ville en 2010.

Cette population polonaise est visible dans de nombreuses villes britanniques : nul ne peut ignorer les magasins de produits polonais, les rayons de produits dans les grandes surfaces et même, en 2007, des panneaux routiers de signalisation en polonais[24]. Les médias populaires ne manquent pas d'occasions pour évoquer cette « invasion » visible, insi-

20 <http://migrationobservatory.ox.ac.uk/briefings/migration-flows-a8-and-other-eu-migrants-and-uk> (dernière consultation le 29 avril 2013).

21 <www.ons.gov.uk/ons/dcp171780_229910.pdf> (dernière consultation le 29 avril 2013).

22 <www.nomisweb.co.uk/census/2011/DC2103EW> (dernière consultation le 29 avril 2013).

23 <www.bbc.co.uk/hampshire/content/articles/2007/02/02/polish_anna_feature.shtml> (dernière consultation le 29 avril 2013).

24 <www.telegraph.co.uk/news/uknews/1542840/Road-signs-in-Polish-make-sense-says-council.html> (dernière consultation le 29 avril 2013).

nuant que ces migrants européens occupent des postes que devraient occuper des Britanniques de souche.

Par conséquent, le Gouvernement de coalition a décidé de limiter la possibilité offerte aux ressortissants d'Etats membres à venir de l'Union européenne de jouir des mêmes droits que ceux du groupe A8. Désormais, d'après le discours officiel relayé par la presse populaire, le marché du travail britannique sera aussi protégé que bien d'autres marchés européens.

De même, et de façon encore plus aiguë, la volonté politique existe de réduire le nombre d'étrangers issus du reste du monde qui cherchent à travailler légalement au Royaume-Uni et de mettre en place une nouvelle politique « contrôlée ».

Il existe différentes catégories de migrants cherchant à s'installer sur le territoire britannique : citons pour commencer, les demandeurs d'asile. Le Royaume-Uni reconnaît la Convention des Nations Unies de 1951 et la Convention européenne des droits de l'homme. Depuis une dizaine d'années au moins, l'évolution du nombre de demandeurs d'asile au Royaume-Uni[25] est similaire à celle constatée en Europe en général : le pic est atteint en Europe en 2001 (424 500 demandes) et ensuite le nombre baisse jusqu'en 2006 (autour de 200 000 demandes). En 2009, le chiffre remonte à 263 400 demandes[26].

Au Royaume-Uni le nombre de demandeurs d'asile atteint un pic en 2002 (84 130 demandes). Pendant les cinq années suivantes le chiffre est en baisse pour atteindre 23 430 en 2007. Ensuite, il y a une remontée à 30 675 en 2009. Le chiffre pour 2010 est de 22 090. Aussi faut-il mentionner que le chiffre fourni par le *Home Office* tient compte uniquement des demandeurs individuels et il n'inclut pas leurs dépendants. En revanche, les chiffres fournis par *Eurostat* incluent les familles des demandeurs d'asile :

25 <http://epp.eurostat.ec.europa.eu/statistics_explained/index.php/Asylum_statistics> (dernière consultation le 29 avril 2013). Données pour 2012.

26 Il existe une différence entre le nombre de candidats à l'asile et le nombre de décisions prises par les Etats membres.

	1res décisions		Décisions finales après appel		**TOTAL**	
	décisions positives	demandes rejetées	décisions positives	demandes rejetées	**décisions positives**	**demandes refusées**
UE27	62 420	167 265	20 015	73 265	**82 435**	**147 250**
France	5 050	30 240	5 365	14 180	**10 415**	**24 880**
R-Uni	8 395	22 700	7 160	10 425	**15 555**	**15 540**
All.	9 765	17 015	2 295	4 435	**12 060**	**14 720**
Suède	7 095	16 840	1 990	13 430	**9 085**	**14 845**
Italie	9 065	13 950	45	1 475	**9 110**	**13 905**

	1res décisions		Décisions finales après appel		**TOTAL**	
	décisions positives	demandes rejetées	décisions positives	demandes rejetées	**décisions positives**	**demandes refusées**
UE27	27%	73%	21%	79%	**36%**	**64%**
France	14%	86%	27%	73%	**30%**	**70%**
R-Uni	27%	73%	41%	59%	**50%**	**50%**
All.	36%	64%	34%	66%	**45%**	**55%**
Suède	30%	70%	13%	87%	**38%**	**62%**
Italie	39%	61%	3%	97%	**40%**	**60%**

Tableau II. Décisions par Instance au sein de l'Union européenne (2009)[27].

Les deux tableaux présentent une partie des données fournies par *Eurostat* pour l'année 2009. Seuls les cinq pays les plus sollicités par les demandeurs d'asile y figurent. A eux seuls, ils représentent 61% des demandes déposées au sein de l'Union européenne, mais il faut surtout retenir que ces tableaux montrent bien une certaine disparité de traite-

27 <http://epp.eurostat.ec.europa.eu/statistics_explained/index.php?title=File:Table_4_Decisions_instance_EU27_EFTA_2009.JPG&filetimestamp=20101116160139> (dernière consultation le 29 avril 2013). Données pour 2009.

ment selon le pays : concernant les premières décisions positives, l'écart se situe entre 14% (pour la France) et 39% (pour l'Italie) ; le nombre de personnes faisant appel est très variable, par rapport au nombre de demandes rejetées – en Suède, 15 420 sur 16 840 font appel (92%) tandis qu'en Italie ils sont seulement 1 525 sur 13 950 (11%) ; concernant les demandes positives en appel, l'écart est entre 3% (pour l'Italie) et 41% (pour le Royaume-Uni) ; les deux dernières colonnes donnent une idée plus claire du nombre/pourcentage de demandeurs d'asile qui obtiennent le droit de rester dans le pays – 50% au Royaume-Uni par rapport à 30% en France.

Depuis que l'immigration est de nouveau un sujet de débat au Royaume-Uni, il n'est pas question uniquement du nombre de demandeurs d'asile et de décisions positives mais également des conditions d'attente et éventuellement, de détention des intéressés, le temps que leur dossier soit traité. Les médias évoquent d'ailleurs fréquemment le cas de demandeurs d'asile qui auraient « disparu », une fois arrivés dans le pays, souvent pour intégrer l'économie souterraine[28].

Dans son programme électoral de 2010[29] le Parti conservateur s'est engagé à explorer de nouvelles pistes afin de réduire le temps que passaient les demandeurs d'asile avant que leur dossier ne fût traité. En un an le *Home Office* a réussi à réduire le nombre de demandeurs d'asile en attente et la durée moyenne d'attente : en juin 2010, le premier mois du Gouvernement de coalition, il y avait 18 955 candidats à l'asile toujours en attente de décision, dont 6 070 attendaient une première décision depuis plus de six mois ; en mai 2011, le nombre descend à 14 120 candidats, dont 3 040 attendent depuis plus de six mois[30]. Désormais, le *Home Office* (*UK Border Agency*) s'emploie à traiter tous les cas de demande d'asile en six mois[31].

---

28 <www.dailymail.co.uk/news/article-1126793/90-failed-asylum-seekers-remain-UK--backlog-undecided-cases-doubles-year.html> (dernière consultation le 29 avril 2013).

29 <www.conservatives.com/Policy/Where_we_stand/Immigration.aspx> (dernière consultation le 29 avril 2013).

30 <www.homeoffice.gov.uk/publications/science-research-statistics/research-statistics/immigration-asylum-research/asylum-may-2011> (dernière consultation le 20 octobre 2011).

31 <www.ukba.homeoffice.gov.uk/asylum/> (dernière consultation le 29 avril 2013).

En juin 2011 la Commission sur les Affaires Intérieures de la Chambre des Communes publie un rapport selon lequel 161 000 demandeurs d'asile ont bénéficié d'une amnistie « silencieuse » consentie par l'Agence des frontières britannique (*UK Border Agency*) entre 2006 et 2011, en raison de listes d'attente trop longues (450 000 cas en suspens) que le Gouvernement actuel essaie d'éliminer, en partie par une régularisation de fait. De plus, cette Commission, composée de parlementaires de tous partis politiques, accuse les Gouvernements successifs d'avoir perdu la trace de 74 500 demandeurs d'asile entre 2006 et 2010[32].

D'après les services de l'immigration, un nombre non négligeable d'étrangers essaient de passer la frontière de façon illégale afin de travailler clandestinement au Royaume-Uni : toutefois, il est évidemment impossible de connaître l'ampleur exacte du phénomène, mais les estimations, émanant de sites officiels et/ou publiées dans la presse, font état d'une fourchette entre 310 000 et 1,1 millions de clandestins[33]. Lors des élections législatives de 2010, Nick Clegg, chef du Parti libéral-démocrate, a proposé sous certaines conditions une amnistie, pour ceux qui auraient passé plus de dix ans en clandestinité au Royaume-Uni. Cette idée a été ridiculisée par les autres partis politiques et par la presse populaire, arguant du fait qu'une amnistie provoquerait un appel d'air aux futurs clandestins, comme cela fut le cas en Espagne à partir de 2005[34].

Les demandeurs d'asile et les clandestins ne sont pas les seuls migrants cherchant à s'installer au Royaume-Uni : on peut aussi mentionner le cas des migrants économiques et des étudiants étrangers. Ces cohortes ne viennent pas nécessairement au Royaume-Uni pour y rester : en 2011, selon l'ONS, 52% des immigrants envisageaient de rester au Royaume-Uni entre 1 an et 2 ans ; 16% entre 3 ans et 4 ans ; 25% plus de 4 ans ; enfin, 7% ne savaient pas[35].

---

32 <www.publications.parliament.uk/pa/cm201012/cmselect/cmhaff/929/92902.htm> (dernière consultation le 29 avril 2013). Rapport 2011.

33 <www.dailymail.co.uk/news/article-1160642/Number-illegal-immigrants-Britain-nearing-1million.html> (dernière consultation le 29 avril 2013).

34 <www.telegraph.co.uk/news/election-2010/7632936/General-Election-2010-Lib-Dem-amnesty-signals-British-passports-for-1m-illegal-migrants.html> (dernière consultation le 29 avril 2013).

35 <http://migrationobservatory.ox.ac.uk/briefings/long-term-international-migration-flows-and-uk> (dernière consultation le 29 avril 2013). A lire la presse populaire on

En avril 2011, le Gouvernement de coalition a renforcé les critères pour sélectionner les travailleurs étrangers nés hors Europe : en 2009 le Royaume-Uni avait attribué 25 400 visas de travail[36] de type *Tier Two* ; en 2010, il y en avait 24 100 ; et en 2011, le chiffre est tombé à 20 700[37]. Le ministre libéral-démocrate, Vince Cable, n'est pas d'accord avec cette réduction drastique du nombre de visas car il craint que le Royaume-Uni ne soit plus en mesure d'attirer des talents spécialisés qui feraient défaut dans le pays au sein des entreprises performantes.

Il va de soi que tous les étrangers qui viennent travailler au Royaume-Uni ne cherchent pas à obtenir la nationalité britannique, mais bon nombre d'entre eux en font la demande quand même, surtout ceux qui arrivent de pays pauvres et/ou en guerre.

Il existe actuellement différents types de nationalité britannique : la citoyenneté britannique ; la citoyenneté britannique d'outre-mer[38] ; la citoyenneté britannique des territoires d'outre-mer[39] ; le statut de national britannique d'outre-mer[40] ; le statut de national britannique protégé'[41] ; le

---

pourrait croire le pourcentage d'immigrants cherchant à vivre plus de 4 ans au Royaume-Uni soit en hausse ; or, il est passé de 39% en 1991 à 25% en 2011.

36 Il s'agit de travailleurs qualifiés ayant reçu une offre d'emploi.

37 <www.ukba.homeoffice.gov.uk/sitecontent/newsarticles/2011/april/07annual-limit-immigration> (dernière consultation le 29 avril 2013).

38 Cette catégorie de citoyenneté a été créée par la loi de 1981, entrée en vigueur le 1er janvier 1983. Est considéré comme citoyen britannique d'outre-mer quelqu'un qui possédait la citoyenneté britannique ou des colonies le 31 décembre 1982 mais qui n'est pas devenu soit citoyen britannique soit citoyen britannique des territoires d'outre-mer le 1er janvier 1983.

39 Cette catégorie a aussi été créée par la loi de 1981 et concerne toute personne ayant un lien avec les territoires britanniques d'outre-mer (ex territoires britanniques dépendants). Est considéré comme citoyen britannique des territoires d'outre-mer quelqu'un qui possédait la citoyenneté britannique ou des colonies le 31 décembre 1982 mais qui n'est pas devenu citoyen britannique le 1er janvier 1983. Le 21 mai 2002 les citoyens britanniques des territoires d'outre-mer devenaient quasiment tous des citoyens britanniques. Ceux qui possédaient la citoyenneté britannique des territoires d'outre-mer en raison d'un lien avec Hong-Kong en perdaient le statut le 30 juin 1997.

40 De nouvelles règles furent introduites en 1986 afin de permettre aux citoyens britanniques d'outre-mer de Hong-Kong d'acquérir le statut de national britannique d'outre-mer. Ceux qui n'avaient pas opté pour ce statut et qui ne possédaient aucune autre nationalité ou citoyenneté pouvaient acquérir la citoyenneté britannique d'outre-mer le 1er juillet 1997.

statut de sujet britannique[42]. Seuls ceux bénéficiant de la citoyenneté britannique ont le droit automatique de vivre et de travailler au Royaume-Uni, et de demander un passeport britannique. Les personnes possédant d'autres types de nationalité britannique doivent obtenir l'autorisation d'y vivre et d'y travailler.

La procédure mise en place pour obtenir la citoyenneté britannique est la suivante : il faut avoir plus de 18 ans ; être résident(e) au Royaume-Uni depuis au moins 5 ans ou bien 3 ans si l'intéressé(e) est marié(e) avec un(e) Britannique ; être sain(e) d'esprit (c'est-à-dire « être capable de prendre des décisions tout(e) seul(e) ») ; manifester l'intention de vivre au Royaume-Uni ; pouvoir communiquer aisément en anglais, gallois ou gaélique ; bien connaître la vie britannique ; et être de « bon caractère » (c'est-à-dire « montrer du respect envers le Royaume-Uni, obéir à ses lois et remplir ses devoirs et obligations en tant que résident(e) »).

En février 2008 le Gouvernement britannique a publié un document consultatif (*Green Paper*), intitulé *The Path to Citizenship*, sur les nouvelles conditions qui seraient mises en place en vue de la politique d'immigration « choisie ». Les étrangers devraient parler l'une des langues du Royaume-Uni, obéir aux lois nationales et rendre quelque chose à la société. En juillet 2008 le Gouvernement a donné sa réponse à

---

41 Ce terme était employé pendant la deuxième moitié du XIXe siècle et concernait les territoires placés sous protection britannique. Depuis le 1er janvier 1983 sont considérés comme nationaux britanniques protégés : les ressortissants de Brunei qui n'ont pas la nationalité de ce pays ; ceux qui avaient déjà le statut de national britannique protégé le 31 décembre 1982 ; les enfants de nationaux britanniques protégés si ces derniers ne bénéficient pas d'une autre nationalité. Normalement les nationaux britanniques protégés perdaient ce statut lorsque le territoire jadis protégé devenait territoire indépendant. Les nationaux britanniques protégés sont sujets à des contrôles d'immigration ; ils n'ont pas le droit automatique de résider ou de travailler au Royaume-Uni ; ils n'ont pas le droit de vote au Royaume-Uni.

42 Le règlement concernant cette catégorie a changé en 1949 et en 1983. Jusqu'en 1949 ceux qui étaient liés étroitement au Royaume-Uni s'appelaient sujets britanniques. Tout ressortissant du Commonwealth était également considéré comme sujet britannique jusqu'en 1983. A partir du 1er janvier 1983 sont considérés comme sujets britanniques ceux qui sont considérés comme sujets britanniques sans citoyenneté (c'est-à-dire sujets britanniques qui dès le 31 décembre 1948 n'ont pas opté pour la citoyenneté britannique ou des colonies britanniques, la citoyenneté d'un pays membre du Commonwealth, la citoyenneté du Pakistan ou bien la citoyenneté irlandaise.)

la consultation. Le terme clef retenu était le suivant : citoyenneté « méritée » (*Earned Citizenship*). Les frontières seraient renforcées et le Gouvernement s'engagerait à mettre en place trois chemins vers l'obtention de la nationalité britannique :

- le chemin du travail : pour des travailleurs qualifiés et très qualifiés, par un système de points ;
- le chemin de la famille : pour les membres de la famille de citoyens britanniques et de résidents permanents ;
- le chemin de la protection : pour ceux qui auraient besoin d'être protégés (réfugiés, protection humanitaire).

En 2009 le Parlement britannique a adopté une nouvelle loi sur l'immigration, intitulée *Borders, Citizenship and Immigration Act*[43] et basée en partie sur la consultation précitée et avec pour but principal de rendre plus difficile l'obtention de la nationalité britannique.

En même temps, et parallèlement au durcissement des conditions d'accès au territoire, il existe depuis 2002 une volonté politique déclarée d'assurer une meilleure intégration dans la vie quotidienne des nouveaux Britanniques et des migrants étrangers de longue durée. La mise en place de tests de citoyenneté vise officiellement à tester le niveau linguistique des candidats à la naturalisation et à contrôler leurs connaissances de la culture britannique en insistant sur des questions factuelles sur la vie quotidienne et sur des droits et devoirs supposés de tout futur citoyen britannique. Le test[44] peut se faire en anglais, gallois ou gaélique ; inutile de passer le test donc si les connaissances linguistiques sont faibles (*ESOL Level 3* Anglais pour locuteurs d'autres langues). Il y a aussi l'obligation d'une période de résidence de 5 ans (3 ans pour les personnes mariées à un citoyen britannique). Le test coûte £50 et on peut le

---

43 <www.legislation.gov.uk/ukpga/2009/11/contents > (dernière consultation le 29 avril 2013).

44 Entre 2005 et 2009 il y a eu 906 464 tests, avec un taux de réussite de 70,9%. Pour les ressortissants de l'Australie, de la Nouvelle-Zélande et des Etats-Unis, le taux de réussite dépasse 95% ; pour les ressortissants de l'Inde, le taux de réussite est de 79,2% ; pour les ressortissants de l'Irak, du Bangladesh, de l'Afghanistan et de la Turquie le taux de réussite ne dépasse pas 50%. Pour les ressortissants britanniques testés, le taux de réussite est de 14%. <http://news.bbc.co.uk/2/hi/8707152.stm> (dernière consultation le 15 octobre 2013.) <http://lifeintheuk.net/index.php/news/polish_score_top_marks_in_britishness_test/> (dernière consultation le 15 octobre 2013).

passer autant de fois qu'on le souhaite ; enfin le test se déroule devant un ordinateur. Pour bien s'y préparer il est fortement conseillé de se procurer un manuel et un guide d'étude[45]. Toutefois, de nombreux critiques considèrent que ces tests ne sont qu'un moyen supplémentaire de limiter l'accès au Royaume-Uni. Et depuis novembre 2010 la maîtrise de la langue anglaise est devenue obligatoire pour autoriser l'époux étranger d'un ressortissant britannique à résider au Royaume-Uni.

Suite à une série de critiques formulées par le Gouvernement de coalition le test a été modifié en 2012-2013 : désormais il y a plus de questions sur l'histoire factuelle du Royaume-Uni et moins sur les droits et devoirs des futurs citoyens britanniques[46].

3. La représentation de la migration à la télévision

La télévision au Royaume-Uni est populaire, avec un choix très large de chaînes : en 2012[47], les Britanniques regardaient en moyenne plus de 4 heures de télévision par jour ; 26 millions de foyers possédaient un téléviseur, parmi lesquels plus de 11 millions recevaient les émissions par satellite et presque 4 millions par câble. Comme dans d'autres pays, il existe plusieurs plateformes pour la diffusion d'émissions : la télévision par voie hertzienne, bientôt 100% numérique ; la télévision par câble ; la télévision par satellite ; la télévision par Internet ; la télévision à la demande ; la télévision IPTV (*Internet Protocol Television*), semblable à la télévision par Internet ; enfin, la télévision par téléphone portable.

---

45 *Life in the United Kingdom: A Journey to Citizenship*, Norwich, The Stationery Office, 2007. *Passing the Life in the UK Test: Official Practice Questions and Answers*, Norwich, The Stationery Office, 2009. *Official Citizenship Test Study Guide*, Norwich, The Stationery Office, 2008.

46 *Life in the United Kingdom: A Guide for New Residents*, Norwich, The Stationery Office, 2013. *Life in the United Kingdom: Official Practice Questions and Answers*, Norwich, The Stationery Office, 2013. *Life in the United Kingdom: Official Study Guide*, Norwich, The Stationery Office, 2013.

47 <www.barb.co.uk/resources/tv-facts/trends-in-tv> (dernière consultation le 29 avril 2013).

Depuis une dizaine d'années[48] de plus en plus d'émissions traitent de l'histoire du pays et des quatre nations du Royaume-Uni, de la monarchie britannique, du patrimoine britannique, et des racines sociales et nationales des citoyens d'aujourd'hui.

Ces émissions posent souvent deux questions fondamentales : Qui sommes-nous ? D'où venons-nous ? Il existe même une chaîne par satellite entièrement consacrée à ces thèmes : *Blighty*[49]. Le développement de centaines de chaînes par satellite, notamment le bouquet *Sky* (qui est capté par plus de dix millions de ménages au Royaume-Uni) et le besoin de diffuser les mêmes émissions à succès des dizaines de fois afin de fournir des programmes 24 heures sur 24, renforcent leur impact et leur permettent de toucher un public encore plus grand.

Les émissions sur l'émigration connaissent un grand succès. Le téléspectateur s'envole vers différents continents : parfois c'est direction l'Europe – on part en France, en Espagne, en Italie ; parfois le cap est mis sur le Commonwealth – l'Australie, le Canada[50]. On compare souvent la vie antérieure d'un Britannique qui décide de s'expatrier et sa nouvelle vie à l'étranger. François Poirier avance que « la façon dont chacun représente l'autre se fonde davantage sur des préoccupations internes que sur une curiosité honnête »[51]. Le point de vue de Poirier se confirme dans ce type d'émission sur l'émigration : certes, le téléspectateur découvre une nouvelle culture, une nouvelle cuisine et parfois une nouvelle langue ; mais en réalité, un drame psychologique se joue devant lui sur les rapports complexes et très personnels entre le Britannique qui veut s'expatrier et sa propre patrie, et sur sa façon d'assimiler cette découverte d'un monde différent et souvent incompréhensible. Il arrive

48 A titre d'exemple : *A History of Britain* (2000-2002, BBC1) ; *A History of Scotland* (2008, BBC1 Scotland puis BBC2) ; *Monarchy* (2004-2006, Channel4) ; *A Picture of Britain* (2005, BBC1) ; *Who Do You Think You Are*? (2007, BBC2) ; *Find My Past* (2011, UKTV).

49 <http://uktv.co.uk/blighty/homepage/sid/5038> (dernière consultation le 29 avril 2013).

50 A titre d'exemple : *A Place In The Sun* (2000, Channel4) ; *French Leave* (2003, Channel4) ; *Grand Designs Abroad* (2004, Channel4) ; *No Place Like Home* (2007, ITV1) ; *Wanted Down Under* (2007, BBC1) ; *Poms in Paradise* (2011, ITV1) ; *Little England* (2011, ITV1).

51 POIRIER, François, 'La Grande-Bretagne et la France : un long face-à-face' in : *France Grande-Bretagne*, Paris, ministère des Affaires étrangères, 1996.

même que dans certaines émissions les émigrants doivent choisir, devant le téléspectateur, entre une vie ailleurs et une vie au Royaume-Uni.

Les émissions sur l'immigration connaissent également un grand succès. De telles émissions sont rarement réalisées par des étrangers : il s'agit d'émissions britanniques, tournées par des Britanniques, pour un public britannique. L'étranger joue son rôle pour conforter le téléspectateur dans ses idées préconçues sur l'Autre et sur l'Ailleurs, et éventuellement pour le rassurer en montrant que sa patrie est un objet prisé par le reste du monde.

Ce genre d'émission est également l'occasion pour les téléspectateurs de se frotter aux stéréotypes et aux clichés représentant l'Autre. Nous savons que le stéréotype permet de s'organiser et de s'adapter au flot d'informations nouvelles et déroutantes[52]. La simplification ou l'exagération protègent notre façon de concevoir le monde, surtout lorsque les échanges avec l'Autre sont de plus en plus fréquents et, pour beaucoup, dépaysants. A un moment où la presse populaire martèle la conscience collective de messages alarmistes sur le danger d'être submergé par une vague migratoire, le stéréotype facilite la justification de nos comportements et valorise notre communauté par différenciation.

Il existe deux grands types d'émission sur l'immigration au Royaume-Uni : le premier concerne les migrants européens qui ont le droit de s'installer au Royaume-Uni sans autres formalités et qui sont en général bien accueillis ; le second concerne les migrants venus du reste du monde qui ne bénéficient pas de ce droit automatique et qui rencontrent fréquemment une hostilité manifeste.

Prenons le cas de l'émission *French Exchange* (BBC4, diffusée le 30 novembre, 2005) qui raconte la vie quotidienne de migrants français au Royaume-Uni. Une séquence, en partie en français avec sous-titres, présente un couple français qui vit à Londres : la femme – Dominique P. – est professeur de Français Langue Etrangère à Londres. Les téléspectateurs la découvrent de retour chez ses parents dans le sud-ouest de la France, après avoir déposé ses propres enfants qui vont y passer les grandes vacances.

Le père de Mme P. commence par se livrer à des stéréotypes sur les « Anglais » : « Ils ne mangent pas correctement » ; il ajoute : « Les

52 AMOSSY, Ruth & HERSCHBERG PIERROT, Anne, *Stéréotypes et clichés*, Paris, Nathan, 2004 (1997).

droits sociaux et le système de sécurité sociale ne sont pas bons en Angleterre ». Mme P., plus nuancée car elle vit à Londres depuis 1984, essaie de garder un certain équilibre dans ses propres jugements de valeur ; face aux critiques de son père, qui ne semble pas bien connaître le Royaume-Uni, elle prend la défense de son pays de résidence : son père la considère comme « traître », car elle préfère la vie en Angleterre – « plus douce, plus tranquille » – à la vie en France (où les gens « aiment se disputer et se mettent souvent en situation conflictuelle »). Elle explique aux téléspectateurs comment elle est partagée entre deux cultures.

Cette séquence est intéressante car elle donne le point de vue d'une famille française sur l'expérience migratoire. Au fond, ce qui en ressort le plus, en dehors de ce jeu de stéréotypes, c'est la tristesse exprimée par les grands-parents de ne voir leurs petits-enfants que rarement. Pour ces derniers, la France est devenue le pays où on passe ses vacances : la vie quotidienne se passe de l'autre côté de la Manche, car, d'après le grand-père, « Les petits-enfants vont devenir anglais ; ils prennent les coutumes anglaises, ils s'éloignent de la vie française » – ce qu'il trouve normal, en l'occurrence, mais triste tout de même. Ainsi, la famille dépasse le niveau des jugements stéréotypés pour éprouver les mêmes émotions qu'une famille britannique ressentirait en pareille situation.

Selon le ministère français des Affaires étrangères et européennes, le Royaume-Uni est depuis une dizaine d'années la destination de choix au sein de l'Union européenne pour les Français : ils étaient 123 306 à la fin de l'année 2010[53] selon le fichier officiel des immatriculations, à vivre au Royaume-Uni, mais la Maison des Français de l'Etranger mentionne un chiffre de l'ordre de 250 000 ; on parle parfois d'un chiffre entre 300 000 et 400 000. Leur nombre a triplé entre 1985 et 2005[54]. Ce chiffre ne semble pas inquiéter les politiques et les médias britanniques, malgré son importance, car en même temps bon nombre de Britanniques se sont installés en France : selon l'Insee[55] 154 000 Britanniques étaient

---

53 <www.mfe.org/index.php/Portails-Pays/Royaume-Uni> (dernière consultation le 29 avril 2013).

54 GAUVAIN, Christelle, *Migrations intra-européennes de jeunes diplômés français et images du pays d'accueil*, Thèse de Doctorat, Université de Nantes, ED 496, 2010, p.60.

55 <www.insee.fr/fr/themes/tableau.asp?reg_id=0&ref_id=etrangersnat> (dernière consultation le 29 avril 2013).

installés en France en 2009 mais en 2006 le ministère français des Affaires étrangères et européennes[56] mentionnait le chiffre de 500 000 !

Les Français ne sont pas généralement considérés comme représentant une « menace » pour les Britanniques sur le marché de travail. Ils s'installent souvent dans les grandes villes, surtout à Londres, travaillant pour les grandes entreprises où la mobilité est reconnue et pour lesquelles travaillent aussi les Britanniques (banques, finances, assurances, services, formation, agro-alimentaire, restauration, transports, logistique, import-export). Une émission sur les problèmes rencontrés par les Français vivant au Royaume-Uni serait donc équilibrée par une émission similaire sur les Britanniques vivant en France. Dans les deux cas, ce qui compte, ce sont les expériences personnelles des migrants et la difficulté qu'ils éprouvent à vivre « à cheval » entre deux mondes.

Une deuxième séquence sur le thème de la migration de ressortissants français est tirée de l'émission *This is Britain*, diffusée le 25 mars 2011 et présentée par Andrew Marr, grand journaliste de la BBC : il s'agit d'une émission à la fois divertissante et pédagogique, se servant du recensement décennal pour faire le point sur la composition démographique du pays. Maniant humour et stéréotypie, avec un clin d'œil à la musique « typiquement française » (*Joe le Taxi)* – Marr nous révèle un ballet constant de taxis londoniens « classiques » et de Français chics, en mouvement constant entre quartiers huppés de la capitale britannique. En outre, il met en avant l'aspect dynamique de la migration non seulement pour les Français mais également pour les francophiles britanniques. Après tout, les boulangeries et crêperies à Londres, qui figurent largement dans cette séquence, sont aussi fréquentées par certains Britanniques.

Andrew Marr fournit des chiffres officiels dans cette émission non pas pour « faire peur » mais pour informer les téléspectateurs sur le phénomène qu'ils observent autour d'eux et surtout pour les rassurer. Les données officielles sont même tournées en dérision : Marr rappelle que le premier recensement a eu lieu en 1801, au moment où la Grande-Bretagne et la France étaient en guerre. Selon Marr, ce premier recensement devait en partie fournir des informations sur la population masculine afin de voir si elle était suffisante et en bon état physique pour com-

56 <www.diplomatie.gouv.fr/en/france_159/welcome-to-france_6945/dossiers_6976/the-english-in-france_9434.html> (dernière consultation le 20 octobre 2011).

battre l'ennemi héréditaire. Marr nous informe que le recensement de 2011 montrerait l'existence à Londres d'une population francophone de 400 000 personnes, largement suffisante pour justifier l'ouverture d'une radio, *French Radio London (FRL)*. Implicitement, les téléspectateurs apprennent que même si Napoléon avait « raté » son invasion en 1801, les Français sont maintenant bien installés en nombres importants dans la capitale britannique. Londres, selon Annick Devillard de FRL, citant le Président Sarkozy, est devenue « la cinquième ville française » ! Mais le sourire du présentateur rassure – plus besoin de s'en inquiéter. « Nous sommes tous des amis maintenant » semble-t-il nous dire. Annick Devillard souligne les avantages d'une telle migration non seulement pour les Français mais également pour les Britanniques : les entrepreneurs français représentent une force active importante pour le Royaume-Uni – ils s'y installent, surtout à Londres, parce que les formalités administratives sont moins contraignantes au Royaume-Uni qu'en France – sans oublier les possibilités offertes par Eurostar de vivre presque « à cheval » entre les deux pays.

Marr enchaîne avec un constat surprenant : lors du recensement de 2001, le quatrième pays d'origine de la population britannique née à l'étranger est l'Allemagne[57]. Comment est-ce possible ? Marr nous promet d'en fournir l'explication sur fond de musique folklorique bavaroise, avec en prime des danseurs en *lederhosen*, lors d'un festival de bière traditionnel : une carte de l'Europe est projetée à l'écran, avec à gauche le Royaume-Uni et à droite « le continent » : cette carte rappelle le générique de *Dad's Army*, émission de télévision britannique des années 1960[58]. Dans cette dernière série, le générique montre des flèches en forme de croix gammées qui visent le Royaume-Uni ; en revanche, dans l'émission de Marr, la croix gammée est remplacée par le drapeau allemand contemporain. Ces flèches visent trois endroits clefs : Catterick, Colchester et Aldershot – des camps militaires britanniques. Mais de nouveau, Marr se fait rassurant : il ne s'agit pas d'une invasion mais de milliers de personnes nées en Allemagne de familles britanniques dont le

57 260 000 personnes nées en Allemagne vivaient au Royaume-Uni en 2001.

58 Cette série humoristique sur le *Home Guard* et sur ses tentatives surréalistes de protéger le pays contre une invasion allemande a été diffusée sur BBC1 entre 1968 et 1977 mais elle est constamment rediffusée, souvent aux heures de grande écoute : le générique est donc facilement reconnaissable par toutes les générations de téléspectateurs.

père ou éventuellement la mère étaient soldats en poste là-bas au moment de leur naissance.

Marr présente donc des stéréotypes français et allemands au premier degré et puis, au second degré, avec un brin d'humour, ce qui dilue toute impression de méchanceté envers des migrants français ou allemands. Ensuite, il passe à la justification du recensement décennal – par le biais des statistiques obtenues des recensements antérieurs – toujours sur un ton humoristique pour rassurer le téléspectateur.

Le deuxième type d'émission sur les immigrants concerne la répression et la « défense du pays » contre l'immigrant n'ayant pas le droit automatique de s'installer au Royaume-Uni, perçu presque en tant qu'ennemi ou envahisseur. Ce genre d'émission est réalisé pour rassurer le public sur le fait que les autorités font ce qu'il faut pour le protéger et limiter les abus que ces indésirables pourraient provoquer. Ce n'est pas un hasard si ces émissions sont diffusées sur des chaînes par satellite, *Sky*, dont le principal actionnaire est Rupert Murdoch, propriétaire du journal populaire et populiste, *The Sun*, parmi bien d'autres, qui mène régulièrement des campagnes pour rendre encore plus étanches les frontières britanniques.

Trois petites séquences d'une émission qui s'appelle *UK Border Force*[59] seront brièvement analysées. Cette série a été créée en septembre 2008 avec 8 émissions d'une heure chacune dans la première série et 10 émissions dans la deuxième série. Dans un premier temps le *Home Office* a subventionné l'émission à hauteur de 400 000 livres. Suite à un tollé de critiques l'argent a été remboursé[60]. La société qui a réalisé l'émission – *Steadfast* – précise qu'il s'agit d'une émission dont le but est de montrer les mesures de répression contre les immigrés clandestins dans la bataille pour endiguer le flot des sans-papiers.

59 Il est possible de visionner quelques extraits de cette série aux sites suivants : <http://sky1.sky.com/show/uk-border-force> (dernière consultation le 29 avril 2013)., <http://www.ovguide.com/tv/uk_border_force.htm> (dernière consultation le 29 avril 2013).

60 Une critique de la série est disponible au site suivant : <http://refugeestudies.org/viewtopic.php?p=470&sid=038716872f3e299336297d071a36ef81> (dernière consultation le 29 avril 2013).

Cette émission montre le travail fait par l'Agence des frontières britannique – *UK Border Agency*[61]. L'Agence a vu le jour le 1er avril 2008 : en 2011, 25 000 personnes travaillent pour elle, dans plus de 130 pays ; elle est en train de définir une ligne de frontière primaire aux points d'entrée sur le territoire national ; elle est responsable de l'expatriation des personnes qui n'ont pas le droit de rester dans le pays ; enfin, elle a un budget de 2 milliards de livres et est responsable de trois types de contrôles :

- les contrôles à l'étranger (y compris les visas) ;
- les contrôles aux frontières (y compris la vérification des passeports et la douane) ;
- les contrôles à l'intérieur du pays (droit d'asile, gestion de la résidence sur le territoire britannique).

On retrouve ces trois niveaux de contrôle dans les émissions de *UK Border Force* : des représentants affectés à des consulats dans des pays à forte migration vers le Royaume-Uni (le Nigéria ou l'Inde par exemple) qui essaient de déjouer toute tentative d'obtenir de faux papiers et de faux visas ; des agents toujours vigilants à Calais ou à Douvres et dans les aéroports britanniques qui montent la garde contre toute tentative de pénétration de la patrie ; enfin, dernière ligne de défense : des fonctionnaires dynamiques qui contrôlent les lieux habituels d'emplois clandestins – restaurants, hôtels, petites usines dissimulées… sur le territoire national.

L'émission à analyser est le septième épisode de la deuxième série : dans une première séquence le téléspectateur découvre une bande-annonce qui présente un échantillon des trois niveaux de contrôle, à l'intérieur et à l'extérieur des frontières britanniques.

Le premier niveau de contrôle – à l'étranger – se fait à Lagos, au Nigéria. 34 fonctionnaires de l'Agence y opèrent afin de traiter les demandes nombreuses de visas. Ils y découvrent 10 000 documents frauduleux par an dont certains sont facilement disponibles dans la rue à côté du consulat britannique où sont installés les fonctionnaires. La caméra suit deux cas de demandes de visa : le premier concerne un candidat qui produit des faux documents et dont la demande est rejetée ; le second

---

61 En mars 2013 le Gouvernement britannique annonça la recomposition de cette agence.

concerne un Nigérian qui a déjà vécu au Royaume-Uni de façon illégale mais qui décide de rentrer au Nigéria afin de régulariser sa situation. Il obtient un visa.

Le deuxième niveau de contrôle – à la frontière – se fait à Calais, où travaillent depuis 2002 de nombreux fonctionnaires britanniques à repérer des clandestins qui tentent de passer la Manche, cachés dans des poids lourds : pour ce faire, les agents utilisent des détecteurs de gaz carbonique et de battements du cœur pour dénicher les clandestins affamés et essoufflés.

Le troisième niveau de contrôle – sur le territoire national – se fait à Glasgow et à Londres. Dans le premier cas la caméra accompagne les services de l'immigration qui font une perquisition chez un Nigérian dont le visa est périmé. Ils y trouvent un faux passeport sud-africain dont se sert l'intéressé. Il est arrêté et condamné à quatre mois de prison ferme. Dans le second cas la caméra nous plonge dans un restaurant londonien. On est ici loin de l'univers de *Joe le Taxi*. Y travaillent entre autres un cuisinier mongol et une serveuse ukrainienne, tous les deux prétendant avoir le statut d'étudiant. En réalité ils sont entrés au Royaume-Uni avec de faux papiers après avoir payé plusieurs milliers d'euros à des passeurs. Ils sont arrêtés et expulsés.

En 2004-2005 il y avait 94 000 étudiants venant de pays hors Union Européenne ; en 2008-2009 il y en avait 251 000[62]. D'abord il faut rappeler que les universités ont été incitées à attirer des étudiants étrangers, coûte que coûte, pour faire entrer des ressources supplémentaires et pour exploiter un marché international à la hausse[63]. De plus, à côté du milieu universitaire, il existe un secteur d'écoles de langues à but lucratif, dont certaines sont peu scrupuleuses et s'intéressent peu à la situation réglementaire de leurs inscrits. Devant le constat que bon nombre d'étrangers, quoi qu'ils disent officiellement, ne viennent pas en réalité au Royaume-Uni pour étudier mais pour travailler, le Gouvernement de coalition a restreint les conditions d'accès pour les étudiants étrangers. A partir d'avril 2011[64], il devient obligatoire d'avoir au moins le niveau B2 en

62 <http://news.bbc.co.uk/2/hi/uk_news/education/8588779.stm> (dernière consultation le 29 avril 2013).

63 <www.economist.com/node/16743639> (dernière consultation le 29 avril 2013).

64 <www.ukba.homeoffice.gov.uk/sitecontent/newsarticles/2011/march/54-student-visas> (dernière consultation le 29 avril 2013).

anglais – avant le niveau B1 suffisait. En outre, le Gouvernement a limité la possibilité offerte aux étudiants étrangers de rester travailler au Royaume-Uni après avoir obtenu leur diplôme ainsi que de faire venir leurs propres parents.

La série *UK Border Force* explore ces thématiques : réalisée avec des techniques de documentaire, l'émission place le public à côté de la caméra, à côté du représentant de l'Agence, à côté des figures qui incarnent et font appliquer la loi. On passe rapidement d'un incident à un autre, comme s'il s'agissait d'une série de fiction américaine. La voix *off* est celle de comédiens britanniques célèbres, qui inspirent confiance mais en même temps, qui insistent sur la nécessité de protéger le pays : Timothy Spall pour la première série et Bill Nighy pour la seconde. Les employés des services de l'immigration sont souvent assez jeunes, gentils, souriants et prennent le temps de tout expliquer patiemment aux personnes interpellées ; certains d'entre eux sont d'origine étrangère. Mais en toute circonstance, ils montrent aux téléspectateurs qu'ils sont là pour les défendre.

La mise en scène dynamique, accompagnée d'une musique rythmée, vise donc à passionner les téléspectateurs (il s'agit bien d'une émission de divertissement) et en même temps à les rassurer sur le fait que l'Agence veille à la protection des Britanniques. La voix *off* rappelle les statistiques annuelles pour chaque catégorie de migrant et lorsqu'un clandestin est arrêté, elle justifie calmement le comportement des fonctionnaires.

Cette série s'inspire d'une autre série diffusée en Australie depuis 2004; ensuite d'autres séries similaires ont vu le jour aux Etats-Unis et en Nouvelle Zélande[65]. Diffusée pour la première fois en septembre 2008 par les chaînes *Sky1* et *Sky2*, la série *UK Border Force* connaît un franc succès populaire quasi immédiat : sur *Sky1*, le meilleur score atteint par la série est de 419 000 téléspectateurs la semaine du 28 septembre au 4 octobre 2009 (au 9e rang des émissions de la semaine) ; sur *Sky2*, elle obtient une moyenne de 127 500 téléspectateurs par émission en 2008 et 144 700 en 2009 (toujours très bien placée dans le classement des émissions de la chaîne) ; depuis son lancement la série est souvent rediffusée

65 *Border Security: Australia's Front Line/Nothing To Declare* (2004, Seven) ; *Border Security USA* (2008, ABC) ; *Border Patrol* (2009, TVNZ).

sur *Sky* et sur d'autres chaînes de sorte que les émissions passent presqu'en boucle.

Chaîne	Année	Semaine	Rang	Audience
SKY2	2008	du 15 sept au 21 sept	6e	116 000
SKY2	2008	du 22 sept au 28 sept	2e	157 000
SKY2	2008	du 6 oct au 12 oct	2e	138 000
SKY2	2008	du 27 oct au 2 nov	5e	99 000
		moyenne		127 500

Chaîne	Année	Semaine	Rang	Audience
SKY2	2009	du 5 jan au 11 jan (dim)	7e	160 000
SKY2	2009	du 5 jan au 11 jan (ven)	10e	138 000
SKY2	2009	du 26 jan au 1er fév	9e	138 000
SKY2	2009	du 23 fév au 1er mars (dim 20h)	2e	196 000
SKY2	2009	du 23 fév au 1er mars (dim 19h)	7e	148 000
SKY2	2009	du 23 fév au 1er mars (dim 18h)	10e	135 000
SKY2	2009	du 23 mars au 29 mars (dim 18h)	8e	146 000
SKY2	2009	du 23 mars au 29 mars (dim 19h)	9e	145 000
SKY2	2009	du 20 avril au 26 avril (dim 18h)	3e	133 000
SKY2	2009	du 20 avril au 26 avril (dim 19h)	4e	132 000
SKY2	2009	du 7 sept au 13 sept	2e	167 000
SKY2	2009	du 14 sept au 20 sept (mardi 21h)	6e	131 000
SKY2	2009	du 14 sept au 20 sept (mardi 20h)	10e	107 000
SKY2	2009	du 21 sept au 27 sept	7e	118 000
SKY2	2009	du 7 déc au 13 déc	3e	186 000
SKY2	2009	du 14 déc au 20 déc (dim 17h)	3e	164 000
SKY2	2009	du 14 déc au 20 déc (dim 19h)	10e	116 000
		moyenne		144 700

Tableau III. Classement des émissions les plus populaires par chaîne britannique (2008/9)[66].

66 Source : <www.barb.co.uk/viewing/weekly-top-10?> (dernière consultation le 29 avril 2013).

Conclusion

En ce qui concerne les migrants nés hors Europe, deux phénomènes semblent dominer le discours officiel britannique, surtout dans un contexte de crise économique et sociale : contrôles de plus en plus stricts à la frontière (et même avant la frontière, à Lagos ou à New Delhi par exemple) et meilleure intégration de ceux qui ont le droit de rester sur le territoire national.

Le fait d'être une île permet aux Britanniques d'appliquer un contrôle plus efficace et plus visible ; de plus, et toujours d'après le discours officiel, relayé par les services de l'immigration dans *UK Border Force*, les contrôles sont là pour appliquer une « justice » – puisqu'il y a plus de demandeurs que de places « disponibles », selon les critères en vigueur, les migrants aspirants doivent suivre une procédure et attendre leur tour.

Les critères de sélection sont ceux imposés par « l'intérêt national » : dans les années 1950, les entrepreneurs britanniques allaient chercher des travailleurs étrangers dans les colonies ou les ex-colonies pour aider la régénération du pays mère ; maintenant, des centaines de milliers de personnes du monde entier, et pas uniquement du Commonwealth, souhaiteraient travailler au Royaume-Uni, quoi qu'en pense le Gouvernement en place – d'où la nécessité pour lui d'insister sur le fait que c'est au pays d'accueil de « garder la main » et de choisir les nouvelles spécialités pour un nouveau siècle.

En même temps, le Gouvernement essaie d'assurer une meilleure intégration de ceux qui sont autorisés à s'installer sur le territoire national – d'où l'importance des tests de langue et de citoyenneté et d'où la proposition de valoriser encore plus l'aspect cérémonial et symbolique de l'obtention de la naturalisation. Enfin[67], suite à la publication en 1998 du rapport Crick, l'enseignement de la citoyenneté fait partie du programme national d'éducation en Angleterre depuis 2002, afin de permettre non seulement aux immigrants mais aux autochtones de mieux comprendre l'importance de l'intégration nationale.

Cette intégration est actuellement caractérisée par ce que l'on appelle « le multiculturalisme libéral », politique pluraliste qui est une

---

67 *Education for citizenship and the teaching of democracy in schools (1998)* <http://dera.ioe.ac.uk/4385/> (dernière consultation le 29 avril 2013).

« tentative de protection des libertés individuelles », pour citer Patrick Savidan[68], tout en respectant l'existence de droits collectifs reconnus. En d'autres termes, la politique multiculturaliste britannique vise à trouver un accommodement pour les identités minoritaires, en leur réservant une place et une visibilité dans l'espace public.

Dès l'arrivée au pouvoir de Tony Blair en 1997, le débat s'est engagé dans le pays non seulement sur la notion de citoyenneté mais également, de façon plus générale, sur celle de l'identité nationale. Traditionnellement, la Britannicité (par rapport à l'identité écossaise, galloise ou irlandaise) avait un certain sens dans le contexte impérial (monarchie, forces armées, administration, monnaie, transports, commerce) et se renforçait en temps de guerre, lorsque la patrie était en péril. Mais qu'entend-on par Britannicité aujourd'hui ? Le pays n'est pas engagé dans une guerre mondiale actuellement ; le rôle de la monarchie reste symbolique mais n'a peut-être pas tout le respect qu'il générait jadis; l'Empire britannique a été remplacé dans un premier temps par le Commonwealth britannique et puis, par le Commonwealth tout court ; à un moment où l'unité nationale semble être menacée par le haut – par l'Union Européenne – et par le bas – par la dévolution voire l'indépendance des nations qui la composent.

Si les Gouvernements conservateurs de 1979 à 1997 avaient mis l'accent sur une définition plus étroite et plus rétro-nationaliste de l'identité britannique, le Gouvernement travailliste de 1997 a mis en avant des valeurs de tolérance, de diversité et d'ouverture, sans oublier pour autant l'histoire du pays et des Britanniques historiques. Par exemple, en 2001, le ministre travailliste Robin Cook se réjouissait du multiculturalisme à la britannique, citant pour preuve le nouveau plat favori des Britanniques – le plat fusion indo-britannique, le poulet *tikka massala*[69], symbole du *melting pot* à la britannique.

Linda Colley[70] explique que la citoyenneté est politique et fonctionnelle ; en revanche, l'identité est plus ancestrale et viscérale. Plutôt que

68 SAVIDAN, Patrick, *Le Multiculturalisme*, Paris, PUF, 2009, pp.99-113.

69 COOK, Robin dans un discours prononcé devant la *Social Market Foundation* à Londres, le 19 avril 2001. <www.guardian.co.uk/world/2001/apr/19/race.britishidentity> (dernière consultation le 29 avril 2013).

70 COLLEY, Linda dans un discours prononcé à 10 Downing Street, le 8 décembre 1999.

de se préoccuper d'un débat sur l'identité nationale elle préférerait une rénovation fondamentale de la notion de citoyenneté au Royaume-Uni, pour faire une véritable « nation de citoyens » ; ainsi, elle met en avant la nécessité de créer :

- une charte des droits des citoyens ;
- une réflexion sur la culture publique et sur ses aspects symboliques, dont la monarchie et le Parlement ;
- un pouvoir plus décentralisé pour encourager de nouvelles formes de citoyenneté active ;
- une nation des citoyens avec une affirmation des droits des femmes et des minorités ethniques ;
- une nouvelle appréciation de l'histoire de la nation, mettant dans la balance les aspects positifs aussi bien que les aspects négatifs, qui semblent prédominer actuellement.

L'année suivante un document radical publié par le *Runnymede Trust* (Le rapport Parekh)[71] a rencontré un accueil particulièrement critique pour avoir proposé d'écarter toute notion de Britannicité traditionnelle et de reconnaître davantage la différence et diversité par une ré-invention de l'histoire (*story* en anglais) et de l'identité nationales[72], une sorte de mea culpa pour les actions impérialistes antérieures et une condamnation de l'identité nationale traditionnelle.

Enfin, dans un rapport de 2008[73], Lord Goldsmith considère que la citoyenneté n'est autre que la nationalité, assorti d'un lien social. Pour renforcer cette notion il propose une journée nationale, comme *Australia Day*, et des cérémonies de naturalisation plus étoffées. Pour lui la citoyenneté 'active' consiste à inciter les jeunes à participer davantage à la vie de la nation.

<www.goabroad.net/users/resourcefiles/2007/April/123/admingroup/148285bc39e30e1210604483.pdf> (dernière consultation le 29 avril 2013).

71 <www.runnymedetrust.org/projects/meb/report.html> (dernière consultation le 29 avril 2013).

72 Cette proposition rappelle les théories de Benedict ANDERSON dans : *Imagined Communities: Reflections on the Origins and Spread of Nationalism*, London, Verso, 1991 (1983).

73 Lord Goldsmith's Citizenship Review: *Citizenship – Our Common Bond* (2008) <http://image.guardian.co.uk/sys-files/Politics/documents/2008/03/11/citizenship-report-full.pdf> (dernière consultation le 29 avril 2013).

Or, depuis la hausse du nombre d'immigrants et le début de la crise financière et économique il est possible de discerner une certaine remise en cause de cette politique de multiculturalisme libéral britannique et une insistance plus affirmée et plus défensive sur les valeurs britanniques historiques (même s'il demeure toujours difficile de les définir). De plus, les attentats de 2001 aux Etats-Unis et de 2005 à Londres, sans parler des guerres en Irak et en Afghanistan, semblent avoir rendu ces « valeurs » plus difficiles à exposer et à défendre.

Le rapport du *Haut Conseil Français à l'Intégration*, qui essaie de comparer les différentes politiques en Europe en matière d'intégration, avance que le Royaume-Uni a d'abord suivi « un modèle implicite de développement des communautés, en une 'communauté des communautés' résolument anti-assimilationniste »[74]. Ensuite le rapport précise :

> L'afflux des demandeurs d'asile à la fin des années 1990, les attentats terroristes de New York (2001) et de Londres (2005), ont provoqué une brutale prise de conscience des risques que comporte ce modèle et une crispation certaine à l'encontre de l'Islam[75].

En février 2011, dans un discours prononcé à Munich[76], David Cameron a évoqué la politique multiculturaliste des Gouvernements successifs et a fait la différence entre les Britanniques musulmans et les islamistes plus radicaux qui rejettent les valeurs nationales. Ce discours a été interprété par la majorité de la presse britannique comme annonçant la fin de la politique multiculturaliste. Pourtant, une lecture plus attentive du texte montre que le Premier ministre y insiste surtout sur une identité nationale britannique plus affirmée et, pour des raisons morales et économiques, refuse de continuer à subventionner les organisations considérées comme extrémistes.

En octobre 2011, dans un autre discours prononcé à Londres[77], Cameron revint sur une politique migratoire « juste » et « contrôlée » : tout

---

74 Haut Conseil à l'Intégration : Analyse comparative de différents modèles d'intégration (2006). <www.hci.gouv.fr/IMG/pdf/AVIS_Comp_pol_integ_europ.pdf> p.95. (Dernière consultation le 29 avril 2013).

75 *Ibid.*

76 <www.number10.gov.uk/news/speeches-and-transcripts/2011/02/pms-speech-at-munich-security-conference-60293> (dernière consultation le 29 avril 2013).

77 <www.newstatesman.com/uk-politics/2011/10/immigration-british-work> (dernière consultation le 29 avril 2013).

en acceptant les aspects positifs de l'immigration, le Premier ministre s'en est pris à une immigration qu'il considérait comme 'excessive' qui mettait sous pression le système scolaire, le logement et les services de la santé publique. Donc il a proposé des contrôles plus stricts concernant : le nombre de travailleurs étrangers peu qualifiés ; les « faux » étudiants ; les regroupements familiaux ; l'immigration clandestine. Le test de citoyenneté serait modifié : des questions sur l'histoire britannique seraient au cœur du test, dans le but d'assurer une meilleure intégration autour des notions d'identité britannique et de citoyenneté.

Les médias en général et la télévision en particulier ne sont évidemment pas sous les ordres du Gouvernement, mais ils reflètent l'ambiance générale du pays et examinent les sujets qui sont objets de discussion dans les pubs et sur les lieux de travail. En période de restrictions budgétaires draconiennes, lorsque l'avenir est décrit comme sombre pour plusieurs années encore, la publication de statistiques officielles inquiétantes et pessimistes est relayée sans relâche sous différentes formes sur les écrans.

Selon Stephanie Flanders[78], entre 1997 et 2010 l'économie britannique a créé 2,12 millions d'emplois dont 1,72 millions (81%) sont occupés par des personnes nées hors du Royaume-Uni. Toutefois, ces chiffres doivent être manipulés avec précaution : combien de ces « étrangers » sont en réalité des Britanniques ? Combien d'entre eux sont au Royaume-Uni depuis des années ? Combien de jeunes Britanniques sont arrivés sur le marché de travail pendant cette période ? Combien de Britanniques ont émigré pendant cette période, laissant derrière eux des emplois non pourvus ? Combien de nouveaux emplois sont créés justement par l'arrivée de migrants économiques ?

Quoi que l'on pense de ces chiffres, et de la difficulté d'avoir une vision claire des effets de la politique migratoire menée depuis 1997, le débat national fait ressortir l'inquiétude généralisée sur l'incapacité des autochtones à profiter de la création d'emplois là où il y en a et, avec la crise et la montée du taux de chômage constatées depuis 2010, le danger de voir des dizaines de milliers de Britanniques, et surtout de jeunes Bri-

---

78 Stephanie FLANDERS est spécialiste de l'économie ; elle a travaillé pour la BBC entre 2008 et 2013. <http://news.bbc.co.uk/2/hi/uk_news/politics/election_2010/parties_and_issues/8634469.stm> (dernière consultation le 29 avril 2013).

tanniques, sombrer dans le chômage de longue durée, tout comme dans les années 1980.

Dans ce contexte il n'est peut-être pas surprenant de voir à la télévision de nombreuses émissions qui reflètent cette situation et dont l'accent est mis sur le triptyque *histoire-patrimoine-identité*, sur les Britanniques qui quittent le pays pour trouver leur bonheur ailleurs et également sur le phénomène migratoire inverse.

Sylvie NAIL, CRINI, Université de Nantes

Le retour des indigènes dans le paysage en Angleterre : un refus de l'immigration ?

Dans le cadre d'une réflexion croisée sur la redéfinition des concepts d'identité nationale et de citoyenneté devant l'ampleur des phénomènes migratoires récents, il s'agit ici d'analyser les discours institutionnels à propos des migrations, et des modèles d'intégration. Le présent chapitre se propose d'explorer ces discours de manière indirecte en analysant ce que disent les scientifiques et les pouvoirs publics à propos des plantes exotiques et indigènes qui constituent les paysages identifiés comme nationaux en Angleterre.

Pour ce faire, on reviendra tout d'abord sur la part des paysages dans l'identité nationale, au sein de laquelle se situe l'analyse du discours sur les plantes, avant d'analyser les tenants et les aboutissants, les faits scientifiques ainsi que les discours et les actes politiques au cours des décennies récentes.

1. Paysages et identités

Un paysage est le produit des interactions entre un ensemble de conditions et de contraintes naturelles (géologiques, morphologiques, botaniques, etc.) et un ensemble de réalités humaines, économiques, sociales et culturelles. Le paysage est donc l'expression évolutive d'un système lui-même évolutif : une modification du couvert végétal, ou bien un changement dans les mécanismes de la production agricole, se traduisent dans les apparences visibles. Empreintes où se superposent des couches de sens au fil de l'Histoire, ces paysages culturels[1] constituent autant de scènes sociales et servent de cadres à des réseaux de relations. Ils impo-

1 CAUQUELIN, Anne, *L'invention du paysage*, Paris, PUF, 1989, p.127.

sent et représentent un ordre visuel à un moment donné et énoncent une ou des identités.

Ceci appelle nécessairement une réflexion sur les végétaux qui composent ces paysages, car ils participent des identités paysagères. Le propos est ici essentiellement centré sur les villes anglaises, où vivent 90% de la population sur à peine plus de 10% du territoire.

On définit comme espèces indigènes celles qui ont colonisé le territoire naturellement entre la fonte des derniers glaciers et la création de la Manche, soit environ 30 espèces dans les îles britanniques, un nombre très faible. Les espèces exotiques sont donc celles qui ont été introduites dans les îles, intentionnellement ou accidentellement, après cette période.

Les paysages anglais se sont considérablement enrichis au fil du temps des apports de plantes venues du monde entier, à commencer par l'Empire britannique, et qui ont enrichi la palette végétale et transformé les paysages nationaux. Lorsque d'aucuns déclarent aujourd'hui que « les paysages que nous possédons sont parmi les meilleurs au monde »[2], ils ne sont pas toujours conscients de ce que ces paysages identifiés comme nationaux doivent aux plantes et arbres exotiques. En effet, d'après une étude de 2005 qui fait autorité, on relève plus de 1360 espèces d'arbres dans les espaces publics urbains, au nombre desquels évidemment les exotiques figurent en bonne place[3].

2. Le débat sur identités et plantes en Grande-Bretagne

Cependant, dans les années 1970, éclate chez les professionnels du paysage un débat autour des avantages respectifs des plantes indigènes ou non indigènes dans les villes britanniques. En effet, dans le contexte

---

2 *« The landscapes we possess are some of the best in the world »*, DEPARTMENT FOR ENVIRONMENT, FOOD AND RURAL AFFAIRS, *Help Shape the Nature of England, Summary of Responses to the Short Online Survey*, London, 2011, p.17.

3 JOHNSON, Owen, « A Study of Biodiversity in UK Urban Tree Populations », *Arboricultural Journal*. 29, 2005, pp.55-62. BRITT, Chris & JOHNSTON, Mark, *Trees in Towns II: A new survey of urban trees in England and their condition and management*, London, Department for Communities and Local Government, 2008.

d'un intérêt croissant pour la flore des paysages urbains à l'abandon, le débat commence à se centrer sur les milieux urbains. La naissance en 1975 aux Etats-Unis et l'année suivante en Grande-Bretagne de l'écologie urbaine, sous-discipline de l'écologie, mène à la création de parcs comme le *William Curtis Ecological Park* à Londres, sur une friche urbaine près de Tower Bridge. Ce premier parc écologique reposait sur le postulat qu'en créant des communautés végétales équilibrées avec des plantes majoritairement indigènes, la qualité de l'environnement urbain en serait fortement améliorée et les coûts de maintenance réduits. Leicester, ville pionnière en matière de stratégie paysagère « écologique », entraîne dans son sillage d'autres autorités locales qui produisent des politiques destinées à mettre en œuvre cette approche.

Ce changement de regard sur les paysages urbains apparaît à une période de changements politiques internes importants : la fin de l'Empire, l'émergence des mouvements écologistes et la montée en puissance des nationalismes en Ecosse et au pays de Galles. Du côté des facteurs externes, la globalisation et l'augmentation du nombre des immigrants accroissent la conscience de la perméabilité des frontières. Il ne faut donc pas s'étonner que le débat sur l'intégrité des habitats et la nécessité de protéger les espèces indigènes soit apparu dans le dernier quart du XXe siècle[4].

On passe peu à peu d'une ambition de vitrines, montrant au monde les conquêtes végétales britanniques au travers de paysages composites, à celle d'écrins visant à protéger le patrimoine végétal national. Rapidement, les idées qui avaient donné naissance à une approche écologique dans la conception du paysage urbain se transforment en un débat plus général opposant les tenants du tout-indigène à leurs détracteurs. Pour les premiers, cette approche a débouché sur une philosophie de la protection pouvant se résumer à « indigènes oui, exotiques non ».

Un événement imprévu va donner une ampleur spéciale à ce débat : en octobre 1987, une tempête balaie le sud et l'est de l'Angleterre, faisant tomber comme autant d'allumettes 15 millions d'arbres et attirant l'attention du public, sous l'influence des associations de protection de la nature ainsi que des médias. Des pressions se font sentir, émanant le plus

---

4 WARREN, Charles, « Perspectives on the "alien" versus "native" species debate: a critique of concepts, language and practice », *Progress in Human Geography*, 31 (4), 2007, p.428.

souvent de quelques-unes de ces associations, pour obliger les pouvoirs publics à replanter avec des espèces indigènes. Parmi les arguments avancés figure la préservation de la différence et de l'identité, amenant à contrôler l'avancée, voire l'entrée, des espèces exotiques. On craint en effet une « McDonaldisation » de la biosphère[5], débouchant sur une « écologie bâtarde »[6] et on voit se profiler avec angoisse une nouvelle ère géologique, l' « homogocène », l'ère du tout-homogène[7]. Dans le vocabulaire scientifique, l'origine étrangère est parfois associée à la nuisance et au danger, avec parfois des relents de romans de science-fiction, comme dans certains titres qui évoquent pour parler d'organismes (plantes et animaux) exotiques des « tueurs immigrants »[8] ou une « invasion étrangère »[9]. En réponse, les stratégies pour combattre ces indésirables font souvent appel au vocabulaire militaire, parlant de « guerre contre les envahisseurs »[10] amenant à « tirer pour tuer »[11].

Pourquoi ce débat est-il si intéressant ? Parce que, bien qu'il ait à voir avec une réalité scientifique avérée dans certains cas, il témoigne aussi de valeurs, et donc d'une certaine conception de l'identité nationale.

5 LÖVEI, Gabor, « Global change through invasion », *Nature*, 388, 1997, p.627.

6 « mongrel ecology », HETTINGER, Ned, « Exotic Species, Naturalisation, and Biological Nativism », *Environmental Values*, 10, 2001, p.216.

7 WARREN, Charles, « Perspectives on the "alien" versus "native" species debate », *op.cit.*, p.427.

8 KING, Carolyn, *Immigrant Killers: introduced predators and the conservation of birds in New Zealand*, Oxford, Oxford University Press, 1984.

9 DEVINE, Robert, *Alien invasion: America's battle with non-native animals and plants*, Washington D.C., National Geographic Society, 1998.

10 KRAJIK, Kevin, « Winning the war against island invaders », *Science*, 310, 2005, pp.1410-1413.

11 MARRIS, Emma, « Shoot to kill », *Nature*, XVII, 438, pp.272-273.

3. Le fantasme scientifique dénoncé

Sur le plan scientifique, d'abord, nous disposons actuellement de suffisamment de recul et d'études analysant la place des plantes exotiques dans les paysages urbains.

La biodiversité, c'est-à-dire la variété de la vie sur terre, largement célébrée en 2010 au plan international, demande une variété d'espèces suffisante pour produire des bénéfices dans des environnements très variés, et soumis à des contraintes de plus en plus fortes en milieu urbain.

Dresser un parallèle étroit entre biodiversité et espèces indigènes serait un contresens. De fait, le projet BUGs (*The Biodiversity of Urban Gardens*) à Sheffield a mené une étude sur six villes britanniques sur le rôle des jardins privés dans la biodiversité urbaine d'où il ressort que les plantes exotiques sont tout aussi importantes que les indigènes pour promouvoir la biodiversité. De même, une analyse de l'importance de différents habitats pour les oiseaux dans 290 espaces verts londoniens[12] a conclu que les espèces importent nettement moins que le type de végétaux (buissons par exemple) et la production de fruits et baies comestibles.

L'une des règles d'or pour maintenir la diversité et éviter les maladies qui déciment les espèces de manière sélective est la formule « 10-20-30 » : pas plus de 10% d'une espèce, pas plus de 20% d'un genre, pas plus de 30% d'une famille[13]. Il est évidemment impossible d'appliquer cette formule avec uniquement des végétaux indigènes dans un pays aussi pauvre en flore native que l'Angleterre. Le choix des espèces est également dicté par les conditions de vie des végétaux : les paysages sont des processus en éternel mouvement, auxquels participe l'évolution des végétaux. Or, les conditions actuelles (pollution par exemple) font que certaines plantes indigènes ne pourraient plus vivre dans la Grande-Bretagne du XXIe siècle. En outre, si les conditions climatiques changent

---

12 SIBLEY, Peter, HEWLETT, Jan, VICKERS, Denis *et al.*, *London's Small Parks and Squares – A Place for Nature?*, London, London Parks and Greenspaces Forum, 2005.

13 SANTAMOUR, Frank S, « Trees for Urban Planting: Diversity, Uniformity and Common Sense », *Metria 7 Proceedings,* 1990, <http://www.ces.ncsu.edu/fletcher/programs/nursery/metria/metria7/m79.pdf.> (dernière consultation le 18 août 2011).

durablement, certaines espèces d'arbres indigènes ne survivront pas dans leur habitat d'origine dans le sud de l'Angleterre, de sorte que seuls les arbres exotiques permettront de maintenir le couvert végétal[14]. Des forestiers britanniques spécialistes en arboriculture urbaine se sont d'ailleurs rapprochés début 2011 de forestiers de l'ouest de la France dans le cadre du projet européen ForeSTClim[15], afin d'étudier ce qu'ils pourraient planter à l'avenir dans le nord-ouest de l'Angleterre dans la perspective du réchauffement climatique[16].

Deuxième aspect scientifique, la question des définitions. Il n'y a guère d'harmonisation dans les termes retenus pour décrire les espèces exotiques, encore moins les espèces envahissantes. On trouve les termes suivants, le plus souvent non définis, et parfois utilisés de manière interchangeable, ce qui pose de sérieux problèmes : « étranger » (*alien*), « exotique » (*exotic*), « envahissant » (*invasive*), « non indigène » (*nonindigenous*), « importé » (*imported*), « introduit » (*introduced*), « non natif » (*non-native*), « immigrant » (*immigrant*), « colonisateur » (*colonizer*), et du côté des indigènes, « natif » (*native*), « naturalisé » (*naturalized*), « endémique » (*endemic*), ou « indigène » (*indigenous*)[17].

Comment dans ces conditions tenir un discours rigoureux sur les dangers et les actions à mener ? Comment décider, avant même son arrivée sur le territoire, que telle ou telle plante exotique va devenir envahissante et doit être refoulée à la frontière, comme le suggérait un article du *Daily Mail* début mars 2011 en titrant « Les nouvelles renouées du Japon[18] : attention aux autres plantes étrangères prêtes à faire des ra-

14 WARREN, Charles, « Perspectives on the "alien" versus "native" species debate », *op.cit.*, p.434.

15 ForeStClim est un projet environnemental portant sur la forêt et le changement climatique et visant à élaborer des stratégies transnationales de gestion forestière face aux changements climatiques régionaux, entre 2008 et 2012, <www.forestclim.eu/index.php?id=2&L=2> (dernière consultation le 19 août 2011).

16 Com. pers. Paul NOLAN, directeur de la Mersey Forest, la plus grande forêt urbaine en Angleterre.

17 DAVIS, Mark, « Eight Ways to be a Colonizer; Two Ways to be an Invader: A Proposed Nomenclature Scheme for Invasion Ecology », *Bulletin of the Ecological Society of America*, 2000, pp.226-230.

18 La renouée du Japon (*Fallopia japonica*), introduite au XIXe siècle comme plante ornementale, s'est révélée extrêmement envahissante et résistante, ce qui justifie sa

vages »[19]. On sait souvent peu de choses sur les types d'habitats dans lesquelles les plantes sont susceptibles de devenir envahissantes, sans compter qu'il peut s'écouler de nombreuses décennies avant qu'une espèce ne le devienne le cas échéant. Comment par ailleurs accepter qu'un critère aussi discutable que « esthétiquement mauvais » (*aesthetically bad*) permette de classer comme néfastes six plantes exotiques à fleurs dans un rapport scientifique au gouvernement britannique en 2005[20] ?

Des études sérieuses montrent que la plupart des espèces importées sont écologiquement et culturellement assimilées en quelques générations[21]. La règle des 10, élaborée par Williamson et Fitter en 1996, semble le plus fiable indicateur dans ce domaine : environ 10% des espèces introduites peuvent survivre dans la nature, environ 10% de celles-ci peuvent se naturaliser, et de ces dernières 10% sont susceptibles de devenir envahissantes[22].

Enfin, pour en terminer avec les preuves scientifiques, penser que toutes les plantes indigènes sont bonnes pour l'environnement dont elles sont originaires et toutes les exotiques mauvaises ignore certaines réalités. Pour n'en retenir qu'un exemple, les effets des arbres sur la qualité de l'air, donc sur la santé humaine, sont indépendants de leur appartenance au patrimoine végétal « national »[23]. Certains arbres retirent de l'air les polluants comme l'ozone ou les minuscules particules susceptibles d'être inhalées, mais d'autres ont un effet néfaste sur la qualité de l'air en émettant des composés organiques volatils[24]. Pour ce qui con-

---

présence dans la liste des quatre plantes terrestres les plus envahissantes au Royaume-Uni, justifiant des actions spécifiques pour l'éradiquer.

19 « The new knotweeds: warning over more alien plants set to wreak havoc », *The Daily Mail*, 1 March 2011, p.34.

20 HILL, Mark, BAKER, Richard, BROAD, Gavin *et al.*, *Audit of Non-Native Species in England*, Peterborough, English Nature, 2005, p.30.

21 PETERKEN, George, « Ecological effects of introduced tree species in Britain », *Forest Ecology and Management*, 141, 2001, p.40.

22 WILLIAMSON, Mark & FITTER, Allistair, « Tens Rule », *Ecology*, 77, 1996, pp.1661-1666.

23 BERNATZKY, Aloys, *Tree Ecology and Preservation, Development in Agricultural and Management Forest Ecology*, 2, New York, Elsevier Scientific Publishing Co, 1978.

24 DONOVAN, Rossa, STEWART, Hope, OWEN, Susan, MacKENZIE, Robert & HEWITT, Nicholas, « Development and Application of an Urban Tree Air Quality Score for Photochemical Pollution Episodes Using the Birmingham, United King-

cerne les arbres indigènes en Angleterre, leur palmarès n'est pas fameux : comme l'a établi le Centre d'écologie et d'hydrologie de l'Université de Lancaster, à une exception près, ils sont tous classés dans les plus néfastes à la qualité de l'air. Dans le même temps, des recherches toutes récentes font apparaître des avantages nouveaux aux espèces exotiques[25].

Ces réalités scientifiques montrent qu'il y a lieu d'être circonspect et peuvent expliquer la réaction choquée de nombreux lecteurs et professionnels devant la déclaration d'un présentateur de programmes télévisés de jardinage affirmant qu'il ne faut plus cultiver dans son jardin que des plantes indigènes[26].

En résumé, on en sait aujourd'hui beaucoup sur les végétaux en milieu urbain, leurs avantages et leurs inconvénients, et les autorités locales disposent de tous les outils pour faire les bons choix, sans exclure a priori les exotiques utiles.

4. L'amalgame politique

Néanmoins, force est de constater que le discours ambiant n'est pas aussi rigoureux que l'avancement des connaissances scientifiques pourrait le justifier. C'est dans ce décalage que se pose la question du discours et de l'action politiques.

Il convient de remarquer d'emblée que, dans le Royaume-Uni de l'après-dévolution de 1998, c'est chaque nation qui défend son patrimoine végétal propre, avec une conscience accrue de son identité, botanique entre autres. Les marges celtiques en particulier (Ecosse, pays de Galles et Irlande du nord) se targuent d'un patrimoine botanique singu-

dom, Area as a Case Study », *Environmental Science and Technology*, 39 (17), 2005, pp.6730–6738. *Urban Tree Air Quality Score,* <www.es.lancs.ac.uk/people/cnh/docs/UrbanTrees7.pdf> (dernière consultation le 19 août 2011).

25 HAMILTON, Garry, « Aliens to the rescue », *New Scientist*, 15 January 2011, pp.34-37.

26 DON, Monty, « Return of the native », *The Observer*, 5 February 2006.

lier. Mais peut-on raisonnablement parler, comme le font certains[27], d'espèces indigènes à l'Irlande du nord, en ignorant l'entité géographique que constitue l'Irlande au profit d'une construction politique récente qui n'a aucun lien avec la distribution des végétaux sur le territoire? Comment l'absence de frontière naturelle entre l'Angleterre et le pays de Galles, ou entre le nord de l'Angleterre et le sud de l'Ecosse, permet-elle l'identification d'espèces vraiment indigènes à chacune de ces régions ?

La politique nationale par rapport aux plantes exotiques envahissantes s'inscrit dans le cadre des engagements internationaux du Royaume-Uni, en particulier de l'article 8(h) de la Convention sur la diversité biologique adoptée au Sommet de Rio en 1992[28], ainsi que du programme mondial sur les espèces exotiques envahissantes de 1997 (*Global Invasive Species Programme*), qui a tenu son premier congrès international, sur les invasions biologiques, en Chine en novembre 2009. Au Royaume-Uni, le ministère de l'Environnement a mis en place en 2001 une commission destinée à passer en revue les politiques et la législation existantes face aux exotiques envahissantes, qui donna lieu à la publication en 2003 d'un rapport[29] qui sert de base à la stratégie-cadre adoptée en 2008. Dans l'introduction de celle-ci, les pouvoirs publics se félicitent d'être parmi les premiers en Europe à avoir mis au point une telle stratégie. Ses objectifs tournent autour de trois mots-clés : prévention, contrôle, élimination, dans le but de préserver, voire de réintroduire, les plantes indigènes.

La prévention prend la forme d'une interdiction, dans la mesure du possible, de l'entrée sur le sol britannique de plantes exotiques envahissantes, et aussi celle d'une sensibilisation des populations. Le contrôle concerne les espèces exotiques déjà installées et susceptibles de devenir envahissantes, qui peuvent le cas échéant être éliminées lorsque cela est

27 BROWNE, Dinah (ed.), *Our Trees: A guide to growing Northern Ireland's native trees from seed*, Bangor, Conservation Volunteers Northern Ireland (s.d.).

28 « Chaque Partie contractante, dans la mesure du possible et selon qu'il conviendra : h) Empêche d'introduire, contrôle ou éradique les espèces exotiques qui menacent des écosystèmes, des habitats ou des espèces », Nations Unies, *Convention sur la diversité biologique*, 1992, p.9, <www.cbd.int/doc/legal/cbd-fr.pdf> (dernière consultation le 19 août 2011).

29 DEFRA, *Review of non-native species policy: report of the working group*, London, Defra, 2003.

possible et économiquement faisable. L'heure est à la défense des indigènes, souvent opposées aux exotiques assimilées aux plantes envahissantes, parfois envers et contre toute logique. Il y a parfois dans la manière de parler des plantes des relents xénophobes, on l'a vu, et certains auteurs ont apparenté l'éradication des plantes exotiques à une purification ethnique. Ainsi, nommer l'arrachage de certains rhododendrons envahissants *Rhodobashing* sonne de manière désagréablement proche de *Paki-bashing*, terme utilisé pour décrire les « ratonnades » des Pakistanais par des *skinheads* dans les années 1970. On est bien loin du jardin anglais de William Robinson, grand promoteur à la fin du 19e siècle du jardin « anglais » où se mariaient harmonieusement les plantes exotiques avec les indigènes et où trônaient ces mêmes rhododendrons.

Les représentations anthropocentriques auxquelles le discours sur les exotiques renvoie et leur dimension émotionnelle peuvent avoir des effets négatifs sur le ressenti des minorités ethniques, ainsi que sur les projets d'intégration par les paysages, comme il y en a beaucoup en Angleterre. Le jardinage multiculturel se répand en effet dans les parcs et jardins municipaux. Dans ces espaces, les plantes sont cultivées selon leurs mérites horticoles, non selon leurs origines géographiques. Dans les jardins multiculturels de Chumleigh dans le sud-est de Londres, par exemple, les plantes sont étiquetées pour montrer leurs origines variées et différentes parcelles reliées entre elles reflètent la diversité culturelle des groupes qui les cultivent: jardin afro-caraïbe, jardin islamique, jardin oriental, jardin méditerranéen et jardin anglais/britannique. Des festivals célébrant la diversité ethnique et culturelle se déroulent également dans des parcs publics pour amener les populations locales à se rencontrer, à Sheffield ou à Liverpool entre autres. De nouvelles structures ou sculptures célèbrent à leur manière les cultures d'origine des immigrés et leur rendent ainsi plus proches les paysages britanniques (la pagode de la paix de Battersea Park à Londres, la porte de Khalsa Wood dans Bestwood Country Park à Nottingham, par exemple). Plus généralement, des études montrant les usages des parcs publics selon l'origine ethnique des usagers se développent[30], témoins d'une sensibilité accrue à ces questions.

---

30 BYRNE, Jason & WOLCH, Jennifer, « Race, Nature and Parks: Past Research and Future Directions for Geographic Research », *Progress in Human Geography*, 33,

Il semble donc que l'on assiste à un décalage entre l'échelon local, où la réalité est souvent faite de découvertes mutuelles et de partage multiculturel, et l'échelon national, où le discours se durcit. L'étau se resserre sur l'entrée des exotiques, humains comme végétaux, et le parallèle n'est pas fortuit : les politiques sur les exotiques envahissantes ont vu le jour en 2001, l'année du 11 septembre et des attaques à l'anthrax aux Etats-Unis, et de la crise de la fièvre aphteuse en Grande-Bretagne. Le protectionnisme qui s'en est suivi a touché les végétaux autant que les humains.

Plus récemment, le rejet du multiculturalisme par le Premier ministre David Cameron dans un discours à Munich le 5 février 2011 laisse présager un durcissement accru. Il se situe dans la droite ligne du manifeste du parti conservateur aux élections de 2010, qui appelait à des mesures visant à ramener les chiffres de l'immigration nette au niveau des années 1990, c'est-à-dire quelques dizaines de milliers et non quelques centaines de milliers, comme dans les années travaillistes. Il déclarait continuer à vouloir attirer les meilleurs travailleurs et pour ce faire, David Cameron annonçait en avril 2011 une nouvelle procédure réservée aux personnes aux talents exceptionnels, des scientifiques, des universitaires, des artistes par exemple.

Ce gouvernement se dit dans le même temps le plus vert des gouvernements que le Royaume-Uni ait jamais eus. En l'occurrence, c'est par une décision paradoxale que resteront marqués les premiers mois du nouveau gouvernement de coalition : l'annonce fin 2010 de la prochaine privatisation de la *Forestry Commission*, organisme chargé de gérer les forêts publiques, ressources « vertes » par excellence. En janvier-février 2011, devant l'opposition massive du public, le gouvernement a dû retirer ce projet qui discréditait ses propos.

Quelques mois seulement plus tard, et cela n'est sans doute pas une coïncidence, le gouvernement publie un Livre blanc sur l'environnement naturel[31] en réponse à la demande du *Wildlife Trust*[32], association de protection de l'environnement aux avant-postes du « tout-indigène ». Publié

2009, pp.1-23. BLACK ENVIRONMENT NETWORK, *Ethnic Communities and Green Spaces*, Llanberis, BEN/ODPM, 2005.

31 DEFRA, *The Natural Choice: Securing the Value of Nature*, London, The Stationery Office, June 2011.

32 <www.cornwallwildlifetrust.org.uk/supportus/support_our_campaigns/natural_environment_white_paper> (dernière consultation le 10 octobre 2013).

21 ans après le premier dans ce genre, le très critiqué Livre blanc *This common inheritance* de 1990, ce Livre blanc est annoncé comme étant une priorité du gouvernement dans la préparation du sommet de Rio + 20 en 2012. Avant même sa publication, et dans le contexte de la controverse autour de la *Forestry Commission*, le ministère de l'Environnement présente ce document comme une prise de position courageuse et ambitieuse qui définira les priorités du gouvernement pour l'environnement naturel et délimitera les contours de l'action gouvernementale[33]. Dans le document lui-même, la référence aux plantes exotiques n'apparaît qu'en filigrane : si les ambitions affichées dans le Livre blanc incluent une action locale accrue pour protéger et améliorer la nature[34], le terme reste somme toute vague et ne va pas jusqu'à une définition précise du type de plantes qui constituent cet environnement naturel. La référence à des plantes « natives » (*native*) n'est faite que dans le contexte de la création de nouveaux espaces boisés et dans celui du nettoyage des rivières des espèces non indigènes envahissantes qui les encombrent. L'une des mesures-phares annoncées est la création de douze zones sauvages (*Nature improvement areas*), dont on ne dit que peu de choses.

Le discours et les actions politiques en matière de plantes exotiques ne sont pas en prise directe sur la réalité scientifique, on l'a montré, et le symbolique prime sur la réalité. Dans ce contexte, étant donné les rapports étroits qui existent entre la manière de parler et de traiter les végétaux et celle de parler des immigrants, d'une part, et les contradictions entre discours et décisions du nouveau gouvernement dans les douze premiers mois de son mandat en matière de politique environnementale, d'autre part, il sera tout à fait passionnant d'analyser les conséquences pratiques du Livre blanc pour voir comment il affectera le cas échéant la stratégie des pouvoirs publics en matière de plantes exotiques en Angleterre.

Dans la définition de l'indigène, l'axe temporel et l'échelle spatiale sont socialement construits[35]. Il n'y a pas, loin s'en faut, unanimité sur

---

33 DEFRA, *An Invitation to Shape the Nature of England, Discussion document*, London, DEFRA, July 2010, p.3.

34 DEFRA, *The Natural Choice*, *op.cit.*, p.3.

35 WARREN, Charles, « Perspectives on the "alien" versus "native" species debate », *op.cit.*, p.432.

l'importance, voire sur la réalité, de la menace que représentent les plantes exotiques ; plusieurs études montrent combien les avantages ou les inconvénients des plantes indigènes sont soulignés de manière différente selon l'endroit et le moment, les intérêts de la société[36] et le contexte politique autour des questions migratoires. En Angleterre, l'apport de nouveaux végétaux a été à l'origine, non seulement de plantes vivrières essentielles, mais aussi de styles de jardins. Selon le contexte, « avec le temps, les envahisseurs deviennent les indigènes », comme le disaient les Romains[37], ou bien ils sont victimes de rejet, parfois de manière incompréhensible bien après leur apparition dans le pays.

On assiste actuellement à une tension entre d'une part un protectionnisme visant à préserver une identité nationale connue en protégeant les paysages emblématiques et les espèces végétales indigènes, et d'autre part une acceptation sélective des immigrants, plantes ou humains, en fonction des nécessités économiques et paysagères du pays, une sorte de citoyenneté méritée pour les hommes comme pour les plantes. L'identité britannique, comme beaucoup d'autres, doit se « réinventer » et il semble qu'elle le fasse en prônant un nationalisme non plus ethnique, mais civique, basé sur des valeurs communes et un intérêt mutuel bien compris. Les paysages, avec les plantes qui les composent, agissent comme des emblèmes d'enjeux nationaux, mais ils peuvent aussi contribuer à leur apporter des solutions. Remplacer la ligne de fracture artificielle entre exotiques et indigènes par un critère de « dégradation » des habitats par exemple[38] pourrait contribuer à replacer le débat sur le plan scientifique. Le statut d'immigrant/exotique pourrait alors céder la place au statut de membre d'une communauté contribuant à la vie et au dynamisme de cette communauté, les « terroristes » pouvant se situer tout autant du côté des indigènes que des exotiques. On le voit, les plantes ont beaucoup de choses à nous apprendre sur le vivre ensemble des groupes humains.

---

36 POLLAN, Michael, « Against Nativism », *The New York Times Magazine*, 15 May, 1994.

37 SHRADER-FRECHETTE, Kristin, « Non-indigenous species and ecological explanation », *Biology and Philosophy*, 16, 2001, p.511.

38 WOODS, Mark & MORIARTY, Paul Veatch, « Strangers in a strange land: The problem of exotic species », *Environmental Values*, 10, 2001, pp.163-191.

III

Stratégies et politiques régionales et locales

Annie THIEC, CRINI, Université de Nantes

Les politiques migratoires au Royaume-Uni : le point de vue divergent de l'Ecosse depuis 1999

Depuis 1999 l'Ecosse dispose d'un parlement mis en place dans le cadre du programme de dévolution instauré par le Gouvernement britannique de Tony Blair au lendemain de la victoire du Parti travailliste aux élections législatives du mois de mai 1997, programme qui a également conduit à la création d'assemblées au pays de Galles et en Irlande du Nord. Dans le cas de l'Ecosse, le projet de dévolution avait pour principal objectif de rétablir la légitimité du mode de gouvernement de l'Ecosse dans le cadre constitutionnel du Royaume-Uni. De plus en plus contestée au fil des dix-huit années de gouvernement conservateur, le parti porté au pouvoir à Londres ayant recueilli en Ecosse au mieux un peu moins d'un tiers des suffrages exprimés aux élections législatives de 1979, et un quart seulement en 1992[1], cette légitimité fut vivement remise en question à partir du début des années 1990 par les trois partis d'opposition en Ecosse, travailliste, nationaliste, et libéral-démocrate, et plus généralement par l'opinion publique écossaise.

La loi votée par le Parlement de Westminster et instaurant le nouveau Parlement écossais (*Scotland Act 1998*), en établissant la liste des domaines réservés au Parlement britannique, semblait souligner l'étendue des pouvoirs transférés à Edimbourg et pouvait donner à penser que tandis que le gouvernement central à Londres conservait le contrôle des domaines réservés, la nouvelle gouvernance écossaise jouirait quant à elle d'un pouvoir quasi-discrétionnaire dans les domaines non réservés. Effectivement le nouveau parlement d'Edimbourg adopta au cours de la première session parlementaire (1999-2003) plusieurs lois qui mettaient en œuvre en Ecosse des politiques différentes de celles définies par le Parlement britannique pour l'Angleterre et le pays de Galles,

1 Les résultats obtenus aux élections législatives par le Parti conservateur en Ecosse sont passés de 31,4% des suffrages en 1979 à 28,4% en 1983, puis à 24% en 1987 et enfin à 25,6% en 1992.

notamment concernant le paiement des droits d'inscription à l'université et l'aide à domicile pour les personnes âgées.

Toutefois, le projet de dévolution était de nature à générer des chevauchements entre les domaines réservés à Westminster et ceux dans lesquels le pouvoir décisionnel a été transféré au Parlement écossais. A cet égard, la question de l'implantation de nouvelles centrales nucléaires constitue un exemple manifeste de ces chevauchements, et des tensions qui peuvent en résulter entre les deux pôles de gouvernance. La politique énergétique, en effet, fait partie des domaines réservés à Westminster, tandis que l'aménagement du territoire ainsi que la protection de l'environnement sont de la responsabilité du Parlement et du Gouvernement écossais. Ainsi, lorsque le Gouvernement travailliste, au début du mois de janvier 2008, annonça son intention de mettre en œuvre un programme de renouvellement des réacteurs nucléaires au Royaume-Uni, le chef du Gouvernement écossais, Alex Salmond déclara aussitôt qu'aucune nouvelle centrale ne serait construite en Ecosse, et le Parlement écossais dans un vote du 9 janvier 2008 lui apporta son soutien[2].

De la même façon, les décisions en matière de politique migratoire appartiennent au Parlement britannique puisque parmi les domaines réservés figurent « immigration et nationalité [3] ». Cependant les décisions prises à Londres en matière de politique migratoire ont une incidence sur les politiques d'éducation, de logement ou de santé en Ecosse, entre autres, qui sont de la responsabilité du Parlement et du Gouvernement écossais. Il y a donc là une source potentielle de tensions entre les deux pôles de gouvernance.

De fait, les projets élaborés à Londres en matière de politique migratoire depuis le milieu des années 2000 ont mis en évidence des divergences entre le gouvernement britannique et l'administration écossaise en ce qui concerne les objectifs fixés et les résultats attendus.

Quels que soient le ou les partis au pouvoir à Edimbourg, depuis une dizaine d'années, le Gouvernement écossais met en avant la situation particulière de l'Ecosse sur le plan démographique pour réclamer une

---

2 68 des 129 députés siégeant au Parlement écossais apportèrent leur soutien au Gouvernement tandis que 58 d'entre eux exprimèrent leur désaccord avec la position d'Alex SALMOND.

3 *Scotland Act 1998*, Schedule 5, Section B6.

plus grande flexibilité dans la politique migratoire britannique afin que soient mieux pris en compte ses besoins spécifiques en la matière.

Est-il envisageable toutefois, que, dans le nouveau cadre institutionnel mis en place en 1999, le Gouvernement britannique puisse être disposé à prendre en compte dans l'élaboration de sa politique migratoire, autrement dit dans un domaine qui relève de sa seule compétence, une « exception » écossaise ?

Il convient d'examiner tout d'abord la spécificité démographique de l'Ecosse, afin d'être à même ensuite d'analyser les divergences de point de vue entre les deux pôles de gouvernance sur la question migratoire, avant de tenter, en dernier lieu, d'établir dans quelle mesure le cadre institutionnel actuel peut permettre la mise en œuvre d'une politique migratoire spécifiquement écossaise.

1. La spécificité démographique de l'Ecosse : un enjeu majeur dans la politique de croissance économique du Gouvernement écossais

La question démographique est devenue l'une des préoccupations majeures de la nouvelle administration écossaise dès le début des années 2000. Dès 2001, le Gouvernement écossais, composé du Parti travailliste et des Libéraux-Démocrates, s'inquiétait en effet du déclin démographique et de l'émigration de nombreux talents hors d'Ecosse, qui représentaient un obstacle au développement économique, et cet obstacle, selon lui, pouvait être partiellement surmonté par une politique de migration contrôlée encourageant les nouveaux arrivants à s'installer de façon permanente en Ecosse[4]. Les résultats du recensement de 2001 confirmèrent effectivement une baisse démographique de 2% par rapport au recensement de 1991 et un vieillissement de la population[5]. En outre, selon les prévisions de l'institut qui fournit les données statistiques sur la

4 Scottish Executive, 2001a, *A Smart, Successful Scotland*, p.13; Scottish Executive, 2001b, *Scotland: A Global Connections Strategy*, p.3, pp.25-26.

5 En 2001, par exemple, 36% de la population était âgée de moins de 30 ans, contre 41% en 1991.

population de l'Ecosse, *General Register Office for Scotland* (GROS), basées sur les chiffres de 2002[6], la population de l'Ecosse devait tomber au-dessous du seuil des 5 millions avant 2010[7]. C'est dans ce contexte que, le 25 février 2004, le chef du Gouvernement écossais Jack McConnell, présenta au Parlement un projet intitulé *Fresh Talent Initiative* qui avait pour ambition d'accueillir de « nouveaux talents » sur le territoire écossais afin d'accroître la population de l'Ecosse, et en particulier la population en âge de travailler. Dans son avant-propos au document intitulé *New Scots-Attracting Fresh Talent to Meet the Challenge of Growth,* qui exposait le projet du Gouvernement écossais en matière d'accueil des nouveaux talents, Jack McConnell déclarait que le plus grand défi auquel l'Ecosse était confrontée à l'aube du XXIe siècle était la baisse démographique, avant d'ajouter que pour permettre à l'économie écossaise de rayonner sur la scène internationale, l'Ecosse avait besoin d'assurer un flux continu et régulier de nouveaux talents s'épanouissant aux côtés des « talents locaux » (*home-grown talent*)[8].

La croissance démographique faisait donc désormais partie intégrante de la stratégie économique du Gouvernement[9]. Il n'était pas question, comme l'avait expliqué Jack McConnell lors d'un colloque sur l'avenir des villes écossaises qui s'était tenu à Edimbourg le 25 février 2003, que l'accueil de ces « nouveaux Ecossais » nuise à l'accès de la population locale au marché du travail; il s'agissait bien plutôt d'encourager une immigration contrôlée dont le Gouvernement était

6 General Register Office for Scotland, *Scotland's Population 2002 – The Registrar General's Annual Review of Demographic Trends,* SE/2003/195, 31 July 2003.

7 De la même façon, le rapport annuel de l'année suivante conclut que le chiffre de la population passerait au-dessous de la barre des 5 millions en 2009. Voir: General Register Office for Scotland, *Scotland's Population 2003 – The Registrar General's Annual Review of Demographic Trends 149^h^ edition,* SE/2004/123, 30 July 2004. En juillet 2005, cependant, les prévisions du GROS furent révisées : la baisse démographique était confirmée mais il était désormais prévu que la population passerait au-dessous du seuil des 5 millions en 2017 seulement. Voir : General Register Office for Scotland, *Scotland's Population 2004 – The Registrar General's Annual Review of Demographic Trends 150th edition,* SE/2005/135, 29 July 2005.

8 Scottish Executive, 2004a, *New Scots – Attracting Fresh Talent to Meet the Challenge Growth,* March 2004, p.1.

9 Scottish Executive, 2004b, *The Scottish Executive's International Strategy,* October 2004, pp.5-6.

convaincu qu'elle pouvait contribuer à assurer la prospérité économique de l'Ecosse[10].

De la même façon, dès son arrivée au pouvoir au lendemain de sa victoire aux élections législatives écossaises du mois de mai 2007, le Parti national écossais (*Scottish National Party*) s'est empressé de définir la croissance démographique comme l'une de ses priorités majeures. Faire en sorte que la population augmente figurait du reste parmi les engagements pris par le SNP dans son manifeste électoral pour les élections de 2007 : l'objectif était de parvenir à ce que la population augmente de 3% en l'espace de dix ans en créant des opportunités de manière à ce que les Ecossais soient moins nombreux à éprouver le besoin d'aller s'installer ailleurs, que ceux ayant quitté l'Ecosse aient envie de revenir, et que davantage de « nouveaux Ecossais » fassent le choix de venir vivre en Ecosse[11].

La croissance démographique était donc au cœur de la stratégie élaborée par le SNP pour assurer une croissance économique durable, et six mois à peine après son arrivée au pouvoir, le gouvernement d'Alex Salmond se fixait pour objectif de garantir que le taux de croissance démographique de l'Ecosse atteigne le niveau moyen de croissance des pays de l'Europe des quinze en l'espace de dix ans (2007-2017)[12]. Parmi les actions identifiées comme devant permettre d'atteindre cet objectif, outre l'engagement du Gouvernement à tout mettre en œuvre, d'une part, pour améliorer l'état de santé général de la population et accroître l'espérance de vie et, d'autre part, pour créer les conditions de croissance à même d'inciter les Ecossais à rester, voire à rentrer, travailler en Ecosse, figurait également la volonté d'attirer une main d'œuvre qualifiée grâce à une politique migratoire adaptée aux besoins de l'économie écossaise[13].

En d'autres termes, la position du nouveau Gouvernement ne différait guère de celle des ses prédécesseurs sur la question du recours à une immigration contrôlée pour assurer une croissance économique durable.

---

10 Scottish Executive, 2004a, *op.cit.*, p.3.

11 Scottish National Party, 2007, *It's Time*, Manifesto 2007, p.21.

12 Scottish Government, 2007, *The Government Economic Strategy*, November 2007, p.16.

13 Scottish Government, 2007, *op.cit.*, p.23, p.25.

A ce propos, bien avant l'arrivée au pouvoir du SNP, et notamment dans la seconde moitié des années 1990, après que le parti avait accueilli dans ses rangs les *Scots Asians for Independence*, militants issus de l'immigration et partisans de l'indépendance, Alex Salmond aimait à souligner que nombre d'Ecossais étaient les descendants d'immigrants et que c'était l'émigration et non l'immigration qui représentait un problème pour l'Ecosse[14].

Comme le rappelle l'historien écossais, Tom Devine[15], dans la préface de son dernier ouvrage sur l'émigration écossaise, l'Ecosse a effectivement connu une émigration pratiquement ininterrompue depuis le XIIIe siècle, et jusqu'à une période très récente, le nombre d'Ecossais quittant leur pays dépassait de loin celui des migrants venant s'installer en Ecosse. En d'autres termes, historiquement, l'Ecosse est un pays d'émigration. Depuis les années 1960, cependant, l'ampleur de cette émigration a considérablement diminué. Selon les estimations officielles, l'Ecosse a même bénéficié d'un solde migratoire (*net migration*) positif, en 1989-1990 tout d'abord, puis entre 1991 et 1995 ; autrement dit le nombre de migrants à être entrés sur son territoire était supérieur à celui des migrants à en être sortis[16].

Il est important de préciser qu'il n'existe pas au Royaume-Uni de système d'enregistrement des migrants, notamment lorsqu'ils quittent le pays, ce qui a pour conséquence qu'il est très difficile de mesurer avec précision les flux migratoires. Les estimations concernant la migration nationale, qui s'effectue donc à l'intérieur du Royaume-Uni, sont établies à partir de plusieurs sources de données, dont le registre central du système de santé public, *NHS Service Central Register*, qui contient des informations sur les personnes qui se sont inscrites auprès d'un médecin généraliste ; ce registre fournit donc des indications sur les déplacements des patients qui changent de médecin. Par ailleurs, les estimations four-

---

14 C'est en ces termes, par exemple, qu'Alex SALMOND s'est adressé à ces nouveaux militants pour l'indépendance de l'Ecosse lors d'une réunion à Glasgow au mois de mars 1997. Propos rapportés dans l'édition du 31 mars 1997 du quotidien écossais *The Herald*.

15 DEVINE, Thomas M., *To the Ends of the Earth – Scotland's Global Diaspora*, London, Allen Lane, 2011.

16 General Register Office for Scotland (GROS), *Scotland's Population 2010 – The Registrar General's Annual Review of Demographic Trends 156th edition*, SG/2011/110, 5 August 2011.

nies sur la migration internationale[17] (*Long-Term International Migration*) par l'institut chargé des données statistiques sur la population britannique, *Office for National Statistics* (ONS), sont quant à elles basées essentiellement sur trois sources de données, dont la principale est l'*International Passenger Survey*, constituée à partir d'un échantillon aléatoire[18] établi à partir des arrivées et des départs aux principaux ports et aéroports britanniques. Sont également prises en compte les données statistiques publiées par le Ministère de l'Intérieur britannique sur les demandeurs d'asile, ainsi que celles de l'étude menée par l'ONS sur les ménages résidant au Royaume-Uni, *Labour Force Survey*, qui fournit notamment des éléments d'information sur l'emploi. Les données ainsi obtenues permettent ensuite d'établir des estimations sur l'ampleur de la migration internationale.

Depuis le début des années 2000, le nombre de migrants arrivant en Ecosse chaque année est supérieur au nombre de personnes quittant le territoire écossais, à l'exception de l'année 2001-02[19]. En outre, ce solde migratoire positif, de l'ordre de 9000 personnes en 2002-2003, a franchi le seuil des 20 000 l'année suivante et s'est maintenu depuis entre 19 000 et 25 000. Les derniers chiffres disponibles, qui concernent l'année 2009-2010, font état d'un nombre de migrants entrants supérieur de 24 900 à celui des sortants. Il convient d'ajouter que pour cette année 2009-2010 il n'y avait guère de différence, en ce qui concerne les migrants entrants, entre les chiffres de la migration nationale, c'est à dire concernant les migrants venant d'Angleterre, du pays de Galles ou d'Irlande du Nord (47 000) et ceux de la migration internationale, autrement dit concernant les personnes venant de l'extérieur du Royaume-Uni (46 100). En revanche, lorsque l'on considère la migration hors d'Ecosse (*out-migration*), la différence est considérable entre le nombre de per-

---

17 La définition du « migrant international » utilisée par l'ONS est celle recommandée par les Nations-Unies en 1998, à savoir « toute personne qui change de pays de résidence pour une période d'au moins un an ».

18 L'IPS étant réalisé pour l'ensemble du Royaume-Uni, l'échantillon de personnes pris en compte aux points d'arrivée en Ecosse est trop faible pour être représentatif des flux migratoires à l'échelle de l'Ecosse seule ; pour l'année 2009-2010 par exemple cet échantillon était constitué de 243 personnes seulement.

19 General Register Office for Scotland (GROS), *Scotland's Population 2010 – The Registrar General's Annual Review of Demographic Trends 156th edition*, SG/2011/110, 5 August 2011.

sonnes qui ont quitté l'Ecosse à destination de l'une des trois autres composantes du Royaume-Uni (43 500) et celles qui ont migré au-delà des frontières du Royaume-Uni (21 500). En outre, si les chiffres publiés par le *General Register Office for Scotland* indiquent une migration nationale vers l'Ecosse en baisse depuis l'année 2003-2004, à l'exception de l'année 2007-2008, ceux concernant la migration internationale indiquent à l'inverse une augmentation constante du nombre de migrants venant de l'extérieur du Royaume-Uni depuis 2003-2004. Il semble donc que ce solde migratoire positif dépende très largement de la migration internationale.

Selon les dernières prévisions de l'ONS, basées sur les données de 2010[20], la population du Royaume-Uni devrait augmenter de 18% entre 2010 et 2035, passant de 62,3 millions en 2010 à 67,2 millions en 2020 pour atteindre 73,2 millions en 2035. Les dernières projections publiées par son homologue écossais, le GROS[21], à la fin du mois d'octobre 2011, et basées sur les chiffres de 2010, prévoient une augmentation de la population de l'Ecosse de l'ordre de 10% entre 2010 et 2035 : de 5,22 millions en 2010 elle devrait passer à 5,49 millions en 2020 puis atteindre 5,76 millions en 2035. Si l'on compare les prévisions démographiques concernant l'Ecosse à celles concernant l'Angleterre, le pays de Galles et l'Irlande du Nord, il apparaît non seulement que le taux de croissance devrait être nettement plus élevé en Angleterre (19%) que dans le reste du Royaume-Uni, mais encore qu'il devrait être plus lent et légèrement plus faible en Ecosse qu'au pays de Galles (12%) et qu'en Irlande du Nord (11%)[22].

Si ces dernières prévisions confirment un renversement de tendance en matière de croissance démographique par rapport au début des années 2000, et qu'il semble donc qu'une baisse démographique ne soit plus à craindre en Ecosse pour les années à venir, il reste qu'elles corroborent également le vieillissement de la population. L'Ecosse bénéficie d'un solde naturel (*natural change*) positif depuis 2007, ce qui signifie que le

20 <www.ons.gov.uk/ons/rel/npp/national-population-projections/2010-based-projections/index.html> (dernière consultation le 15 juillet 2013).

21 Depuis le 1er avril 2011 le *General Register Office for Scotland* (GROS) et les archives nationales, *National Archives of Scotland*, sont rassemblés au sein d'un même organisme, *National Records of Scotland*.

22 National Records of Scotland, *Projected Population of Scotland (2010-Based)*, 26 October 2011, p.16.

nombre des naissances enregistrées excède celui des décès. Toutefois, les dernières prévisions confirment une progression de ce solde naturel jusqu'à la fin des années 2010 seulement, puis ce solde devrait diminuer et même redevenir négatif vers la fin des années 2020. En tout état de cause, cet accroissement naturel reste faible comparé aux pays de l'Europe continentale.

Par ailleurs, le nombre de jeunes âgés de moins de 16 ans devrait augmenter de 5% entre 2010 et 2020 avant de baisser à nouveau de 2% entre 2020 et 2035. De la même façon, la population en âge de travailler devrait augmenter de 6% entre 2010 et 2020, passant de 3,27 à 3,45 millions avant d'enregistrer une légère baisse pour finalement atteindre 3,5 millions en 2035. Enfin, le nombre d'habitants en âge de percevoir une pension de retraite devrait quant à lui passer de 1,04 millions en 2010 à 1,32 millions en 2035 soit une augmentation de plus de 25%, tandis qu'il est prévu que le nombre d'habitants âgés de 75 ans et plus augmente de 82% en 25 ans, passant de 410 000 en 2010 à 740 000 en 2035. En d'autres termes, le ratio de dépendance démographique devrait progresser de 60% en 2010 à 64% en 2035[23].

S'il n'est plus question pour le moment de baisse démographique, le vieillissement de la population prévu jusqu'en 2035 continue de susciter de vives inquiétudes notamment en raison de l'impact de cette baisse sur l'économie, et dans cette perspective, la mise en œuvre d'une politique migratoire contrôlée favorable à l'installation de nouveau arrivants sur le territoire écossais représente toujours pour le Gouvernement le principal élément à même de garantir la croissance démographique en Ecosse.

---

23 Le ratio de dépendance correspond au rapport du nombre de personnes pas encore ou plus en âge de travailler (autrement dit les jeunes de moins de 16 ans et les personnes en âge de percevoir une pension de retraite) sur le nombre de personnes en âge de travailler.

2. La politique migratoire britannique : divergences de point de vue entre le gouvernement de Londres et l'administration écossaise

En matière de politique migratoire, les questions de nationalité et d'immigration relèvent de la responsabilité du Parlement britannique, y compris le droit d'asile ainsi que le statut et les droits des personnes qui ne sont pas des citoyens britanniques, et également les questions afférentes à la libre circulation des personnes à l'intérieur de l'Espace économique européen[24] et aux documents officiels requis en cas de déplacements[25].

Les politiques migratoires décidées à Londres depuis le milieu des années 2000 en particulier ont de fait contrarié la stratégie économique élaborée par le Gouvernement écossais, qu'il s'agisse de la coalition entre le Parti travailliste et les Libéraux-Démocrates au pouvoir à Edimbourg de 1999 à 2007, ou du Parti national écossais au pouvoir quant à lui depuis 2007.

Il convient de préciser que le Gouvernement britannique n'a pas de pouvoir de contrôle sur les déplacements des citoyens des Etats-membres de l'Union à l'intérieur de l'Union européenne[26] ou des ressortissants des Etats qui font partie de l'Espace économique européen à l'intérieur de cet espace. La politique de « migration contrôlée » (*managed migration*) s'applique donc aux ressortissants de pays qui sont situés en dehors de l'UE et de l'Espace économique européen.

Au cours des premières années du Gouvernement travailliste de Tony Blair, le nombre de migrants économiques hors Espace économique européen souhaitant entrer au Royaume-Uni a augmenté de façon significative, en raison notamment de la suppression par le Gouvernement, dès le mois de juin 1997, de la « règle du but premier » (*primary purpose rule*) qui imposait jusqu'alors aux conjoints non-britanniques de ressortissants britanniques souhaitant s'installer au Royaume-Uni de prouver

---

24 L'Espace économique européen comprend les 27 pays membres de l'Union européenne auxquels s'ajoutent l'Islande, le Liechtenstein et la Norvège.

25 *Scotland Act 1998*, Schedule 5, Section B6.

26 Cet état de fait résulte de la transposition de la directive européenne *EU Directive 2004/38/EC*.

que le but premier de leur mariage n'était pas l'obtention du droit de résidence au Royaume-Uni. L'abrogation de cette règle a eu pour effet de permettre à des milliers de personnes mariées à des citoyens britanniques, et qui s'étaient vu refuser l'entrée au Royaume-Uni, de rejoindre leur conjoint.

Par ailleurs, suite à l'élargissement de l'Union européenne au 1er mai 2004 à huit pays d'Europe centrale, désignés dans les documents officiels britanniques comme « les pays A8 », le nombre de migrants de ces pays arrivant sur le territoire britannique a augmenté de façon considérable par rapport aux années précédentes : le Royaume-Uni avait choisi en effet de ne pas restreindre l'accès au marché du travail pour les ressortissants de ces pays, contrairement à douze des quinze Etats membres de l'UE de l'époque[27]. Ainsi, entre 2004 et 2010, le Royaume-Uni a accueilli en moyenne chaque année environ 170000 migrants des pays A8, alors qu'entre 1997 et 2003 le chiffre était de 67000 en moyenne par an[28].

Le concept de « migration contrôlée » est apparu dans le discours officiel du Gouvernement au début des années 2000. Dans son avant-propos au Livre blanc intitulé *Secure Borders, Safe Haven*, publié au mois de février 2002, autrement dit quelques mois après les émeutes raciales de l'été 2001 à Bradford, Burnley et Oldham, le ministre de l'Intérieur de l'époque, David Blunkett, insistait sur la nécessité de contrôler les flux migratoires afin de garantir la bonne intégration des migrants dans le respect de la diversité culturelle entre les communautés[29].

---

27 Seuls le Royaume-Uni, l'Irlande et la Suède ont accueilli sans restriction sur leur territoire les ressortissants des pays A8 ; concernant le Royaume-Uni, ces migrants étaient libres de travailler sur le territoire national à la simple condition qu'ils soient inscrits au registre officiel du travail, *Worker Registration Scheme*, pendant une période de douze mois suivant leur arrivée sur le sol britannique. Les autres Etats membres ont choisi quant à eux de limiter l'accès à leurs marchés du travail en vertu des accords d'accession qui prévoyaient la possibilité de mise en place de telles restrictions d'accès s'agissant des nouveaux membres de l'UE pour une période maximale de sept ans.

28 Chiffres fournis par l'observatoire britannique de la migration, *The Migration Observatory*, sur son site Internet, à l'adresse suivante : <www.migrationobservatory.ox.ac.uk/briefings/migration-flows-a8-and-other-eu-migrants-and-uk> (dernière consultation le 15 juillet 2013).

29 Home Office, 2002, *Secure Borders, Safe Haven: Integration with Diversity in Modern Britain*, Cm 5387, London, The Stationery Office, February 2002.

Le Livre blanc de 2002, en préconisant un contrôle des flux migratoires grâce à la mise en place de « voies d'entrée » pour les migrants (*legal entry routes*), posait les bases du système à points mis en place par la suite par le Gouvernement de Gordon Brown[30]. Trois ans plus tard, et quelques mois seulement avant les élections législatives de 2005, le Gouvernement annonçait dans un Livre blanc publié au mois de février 2005[31] et intitulé *Controlling our borders: Making Migration Work for Britain*, son projet de mettre en place un système d'attribution de points aux candidats à l'immigration (*points-based system*). Suite à la victoire du Parti travailliste aux élections de 2005, le système à points comprenant cinq catégories[32] a été mis en place progressivement entre février 2008 pour la première catégorie (*Tier 1*) et mars 2009 pour la catégorie 4 (*Tier 4*)[33].

En outre, s'agissant de la catégorie 2 (*Tier 2*), le système à points prévoyait également que soient établies des listes d'emplois dans lesquels le Royaume-Uni manquait de main d'œuvre sur son territoire (*shortage occupations lists*). Ces listes, au nombre de deux, l'une pour le Royaume-Uni et l'autre pour l'Ecosse[34], devaient être établies et mises à jour tous les six mois par une commission spéciale sur la question migratoire, *Migration Advisory Committee*, commission consultative mise en

30 *Ibid.*, p.16, p.20.

31 Home Office, 2005, *Controlling our borders: Making Migration Work for Britain – Five-year Strategy for Asylum and Immigration*, Cm 6472, London, The Stationery Office, February 2005.

32 Ce système comprend 5 catégories (*tiers*) : la première catégorie (*Tier 1*) concerne les migrants hautement qualifiés, la catégorie 2 (*Tier 2*) s'adresse à des migrants qualifiés qui ont une offre d'embauche, la catégorie 3 (*Tier 3*) à des migrants peu qualifiés pour des emplois temporaires (c'est le seul parcours qui ne soit pas ouvert, suspendu pour une durée indéterminée), la catégorie 4 (*Tier 4*) aux étudiants, et enfin la catégorie 5 (*Tier 5*) correspond au travail saisonnier et aux programmes de mobilité pour les jeunes. Seuls les migrants des deux premières catégories seraient autorisés à poser leur candidature à la résidence permanente sur le territoire britannique. Dans ce nouveau système à points, les candidats à la migration se voient donc octroyés des points en fonction notamment de leur âge et de leurs qualifications, et un nombre de points requis est établi pour chaque parcours, nombre de points au-dessous duquel le candidat se verra refuser l'entrée au Royaume-Uni.

33 Avant le système à points, il existait un programme de permis de travail accordés pour une période de 5 ans et à l'issue des 5 ans il était possible de déposer sa candidature pour la résidence permanente.

34 V. *Infra* pp.23-25.

place par le Gouvernement au mois de décembre 2007. L'une des portes d'entrée sur le territoire britannique pour les candidats à la migration correspondant à la catégorie 2 était donc d'avoir les qualifications nécessaires pour pouvoir postuler sur un emploi inscrit sur l'une des listes[35].

Il est important de préciser que pendant les années de gouvernement travailliste à Londres, les divergences de point de vue entre le Gouvernement britannique et le Gouvernement écossais ne portaient par sur les avantages ou les risques que représente une migration contrôlée pour l'économie nationale – les Gouvernements de Tony Blair et de Gordon Brown se félicitaient de la contribution des travailleurs migrants à la croissance économique, et la migration contrôlée permettait notamment aux employeurs de pourvoir des emplois pour lesquels ils ne trouvaient pas de personnel qualifié dans la main d'œuvre britannique.

Les divergences concernaient – et concernent aujourd'hui encore – la nature et l'objectif final de cette migration contrôlée : s'agissait-il en effet d'avoir recours à une migration provisoire ou d'encourager une migration permanente ?

En optant pour un système à points pour l'immigration hors Espace économique européen au mois de mars 2006[36], donc après les élections législatives britanniques de 2005, le Gouvernement travailliste de Tony Blair ne laissait aucun doute quant à la volonté qui était la sienne de mettre en place un cadre réglementaire pour une migration provisoire. D'ailleurs, dans son rapport sur le système à points instauré en 2008, la Commission sur la question migratoire (MAC) soulignait que l'un des objectifs déclarés du système était de faire en sorte que les migrants rentrent dans leur pays d'origine à la fin de leur séjour[37]. De même, la vo-

---

35 Pour pouvoir faire leur demande au titre de la catégorie 2 du système à points, les candidats à l'immigration devaient s'inscrire dans l'un des cinq « parcours » (*routes)* prévus : faire l'objet d'une mutation interne à la société dans laquelle ils travaillaient (*inter-company transfers*), avoir les qualifications requises pour prétendre à un emploi figurant sur les listes de la MAC (*shortage occupation route*), avoir les qualifications requises pour prétendre à un emploi que l'employeur n'a pas pu pourvoir faute de candidat satisfaisant parmi la population résidente (*resident labour market route*), être un sportif de haut niveau, ou être ministre du culte.

36 Home Office, 2006, *A Points-Based System: Making Migration Work for Britain*, Cm 6741, London, The Stationery Office, March 2006.

37 Migration Advisory Committee, 2009, *Analysis of the Points Based System – Tier 2 and Dependants,* August 2009.

lonté du Gouvernement de restreindre davantage encore les conditions requises pour être autorisé à la résidence permanente (*permanent migration*) était clairement exposée dans le Livre vert du mois de février 2008 décrivant la procédure d'accès à la citoyenneté britannique, et intitulé *The Path to Citizenship* qui, outre les tests de résidence, de langue et de citoyenneté, ajoutait une nouvelle condition requise, à savoir que tout candidat à la résidence permanente devait « mériter » le droit de s'installer au Royaume-Uni[38].

En d'autres termes, le Gouvernement travailliste à partir du milieu des années 2000 concevait la migration contrôlée comme une « migration circulaire » pour reprendre l'expression utilisée par la Commission sur l'Egalité et les Droits de l'Homme pour l'Ecosse (*Equality and Human Rights Commission – Scotland*)[39]. La migration circulaire est envisagée comme moyen de pallier les pénuries de main d'œuvre britannique dans certains secteurs de l'économie. Elle prévoit que les migrants rentrent par la suite dans leur pays d'origine, et que de nouveaux migrants leur succèdent pour remplir les mêmes fonctions. Le Gouvernement écossais, depuis le début des années 2000, envisage la migration quant à lui comme une solution partielle au défi démographique auquel est confronté l'Ecosse et souhaite donc mettre en place une migration définitive dans laquelle les nouveaux arrivants s'installent de façon permanente sur le territoire écossais.

S'il est important de souligner que les divergences de point de vue entre Gouvernement écossais et Gouvernement britannique sur la question migratoire ne sont pas apparues lors de l'arrivée au pouvoir du Parti national écossais en 2007, mais qu'elles étaient bel et bien déjà présentes pendant les années durant lesquelles le Parti travailliste était au pouvoir à Londres et à Edimbourg, il n'est guère surprenant toutefois que les désaccords entre les Gouvernements britannique et écossais se soient accentués depuis l'arrivée au pouvoir à Londres de la coalition gouvernementale entre le Parti conservateur et les Libéraux-Démocrates.

38 Cette condition fut du reste inscrite dans la loi votée par le Parlement britannique en 2009, intitulée *Borders, Citizenship and Immigration Act 2009*, sous la notion de « citoyenneté conditionnelle » (*probationary citizenship*).

39 Equality and Human Rights Commission – Scotland, 2009, *Room for manoeuvre? The options for addressing immigration-policy divergence between Holyrood and Westminster.*

Deux mesures en particulier, toutes deux annoncées dans le programme de gouvernement publié par les chefs des deux partis politiques au mois de mai 2010[40], ont suscité de vives réactions en Ecosse : la mise en place de quotas pour limiter le nombre des migrants économiques hors Espace économique européen autorisés à entrer au Royaume-Uni, et la réforme des visas accordés aux étudiants.

Aussi, l'annonce à la Chambre des Communes le 23 juin 2010 par la ministre de l'Intérieur britannique, Theresa May, de la décision du Gouvernement[41] de plafonner le nombre des migrants des catégories 1 et 2 du système à points (*Tiers 1 & 2*), c'est à dire les deux catégories pouvant permettre une immigration à long terme, dans le souci de ramener avant 2015 les chiffres de l'immigration nette à leur niveau des années 1990, à savoir des dizaines et non des centaines de milliers[42], fut-elle vivement critiquée par le Gouvernement écossais. Ainsi, à l'annonce de cet objectif, le ministre écossais en charge du logement et des communautés, Alex Neil, souligna le danger que représentait ce plafonnement pour le secteur de l'industrie du pétrole et du gaz, secteur vital pour l'économie écossaise, et dont la main d'œuvre hautement qualifiée est recrutée essentiellement dans des pays situés en dehors de l'Espace économique européen, faute de main d'œuvre qualifiée en nombre suffisant dans ce secteur au Royaume-Uni.

De la même façon, le Congrès des collectivités locales écossaises (*Convention of Scottish Local Authorities*) dans l'avis qu'il fit parvenir à la Commission parlementaire britannique chargée des affaires intérieures (*Home Affairs Committee*) dans le cadre de son enquête sur les propositions gouvernementales de plafonnement de l'immigration, annoncée au mois de juillet 2010, soulignait l'inadéquation pour l'Ecosse des quotas pour les catégories 1 et 2 du système à points, et les dangers que la mise en place d'une telle politique pouvait entraîner notamment dans le domaine des nouvelles industries, et en particulier celle des énergies renouvelables, dont l'implantation en Ecosse, s'agissant d'un nouveau sec-

---

40 HM Government, 2010, *The Coalition: Our Programme for Government*, May 2010, p.21.

41 Le plafonnement du nombre de migrants économiques hors EEE autorisés à entrer au Royaume-Uni figurait d'ailleurs dans l'accord de gouvernement signé par les deux partenaires de la nouvelle coalition gouvernementale au lendemain des élections législatives britanniques de mai 2010.

42 House of Commons, *Hansard Debates*, 28 June 2010, Col.585-586.

teur de développement économique, nécessiterait sans aucun doute de pouvoir recruter une partie au moins du personnel qualifié en dehors de l'Espace économique européen dans la mesure où les universités britanniques auraient besoin de quelques années pour former ce personnel[43].

Dans le cadre de cette même enquête parlementaire, la commission britannique fut également informée de l'opposition du Gouvernement écossais à la mise en place de quotas pour l'immigration à travers le mémorandum qui lui fut remis par la ministre écossaise chargée de la culture et des affaires extérieures, Fiona Hyslop[44]. Après avoir rappelé qu'en raison du vieillissement de la population en Ecosse le Gouvernement écossais était opposé au principe des quotas visant à limiter l'immigration, Fiona Hyslop ajoutait dans son rapport que si toutefois la mesure proposée par le Gouvernement britannique devait entrer en vigueur, alors celui-ci se devait d'élaborer en collaboration avec le Gouvernement écossais une approche flexible reflétant les besoins spécifiques de l'Ecosse en matière de politique migratoire, car tel était le souhait sur ce point de la Commission Calman sur la dévolution, dont le gouvernement s'était engagé, au lendemain des élections du mois de mais 2010, à mettre en œuvre les recommandations[45]. Toutefois, dans sa réponse à la commission parlementaire britannique[46], le Gouvernement de David Cameron annonça, le 1er mars 2011, que le nombre de migrants

---

43 Home Affairs Committee, 2010, *Immigration Cap*, First Report of Session 2010-2012, Ev w36, Convention of Scottish Local Authorities (COSLA), HC 361, London, The Stationery Office, 3 November 2010.

44 Home Affairs Committee, 2010, *Immigration Cap*, First Report of Session 2010-2012, Ev w2, Scottish Minister for Culture and External Affairs, HC 361, London, The Stationery Office, 3 November 2010.

45 La Commission Calman, *Commission on Scottish Devolution*, présidée par Sir Kenneth CALMAN, a été nommée par le Parlement écossais au mois d'avril 2008 à la demande du Parti travailliste, du Parti conservateur et des Libéraux-Démocrates en Ecosse, avec l'accord du Gouvernement britannique. Elle était chargée de dresser un bilan de la dévolution et de faire des propositions visant notamment à améliorer les responsabilités financières du Parlement écossais et à mieux servir la population écossaise. Elle a publié son rapport final au mois de juin 2009.

46 House of Commons, 2011, *Immigration Cap: Government Response to the Committee's First Report of Session 2010-2012*, Home Affairs Committee, HC 717, London, The Stationery Office, 1 March 2011.

des catégories 1 et 2[47] autorisés à entrer sur le territoire britannique serait limité à 21 700 pour l'année 2011-2012, dont 1000 pour le premier groupe. Par ailleurs, le niveau d'études requis pour être autorisé à faire une demande de visa dans la catégorie 2 était relevé : il faudrait désormais, à compter du mois d'avril 2011, être titulaire d'un *degree* (diplôme équivalent à la licence).

Concernant la réforme des visas pour étudiants, les nouvelles dispositions que le Gouvernement britannique souhaitait mettre en place concernant la catégorie 4 du système d'immigration à points, furent présentées par Theresa May à la Chambre des Communes le 22 mars 2011[48]. Il s'agissait de limiter désormais le nombre de visas accordés aux étudiants hors Espace économique européen. Parmi les mesures mises en place, le niveau d'étude requis pour que les visas soient accordés était relevé, puisque les étudiants devaient désormais poser leur candidature pour préparer une licence ou un diplôme supérieur à la licence. Par ailleurs, le Gouvernement avait l'intention de limiter le nombre d'années que ces étudiants étaient autorisés à passer au Royaume-Uni pour accomplir leur cursus universitaire, à trois ans pour la préparation d'un « diplôme de premier cycle » (*degree*) et cinq ans pour la préparation d'un « diplôme de deuxième cycle »[49]. En outre, le visa de travail d'un an accordé aux étudiants qui venaient d'obtenir leur diplôme dans une université britannique pour leur permettre d'acquérir une expérience professionnelle (*Post Study Work Visa*) devait être supprimé.

L'annonce de ces nouvelles mesures concernant les visas pour étudiants suscita, tout comme la question de la mise en place des quotas pour les migrants des catégories 1 et 2, de sérieuses inquiétudes et de vives protestations en Ecosse.

Aussi, la Commission d'enquête chargée des affaires écossaises à la Chambre des Communes (*Scottish Affairs Committee*), décida-t-elle d'initier sa propre consultation sur le système d'immigration en place pour les étudiants souhaitant suivre un cursus en Ecosse, parallèlement à

47 Le Gouvernement consentait toutefois à exclure des quotas les mutations internes aux entreprises. Quant à la catégorie 1, elle s'adresserait désormais uniquement à « des entrepreneurs, des investisseurs et des personnes d'un talent exceptionnel ».

48 House of Commons, *Hansard Debates*, 22 March 2011, Col.855-7.

49 Le Gouvernement envisageait cependant qu'une exception soit faite pour certains cursus, concernant les études de médecine et les études vétérinaires par exemple, ainsi que pour la préparation d'un diplôme de doctorat de troisième cycle.

celle mise en œuvre au mois de décembre 2010 par le Gouvernement sur le système en place dans l'ensemble du Royaume-Uni. Elle reçut donc sur ce point les avis de plusieurs universités et établissements d'enseignement supérieur écossais, concernés au premier chef par ces mesures et inquiets de voir se tarir une source de revenus considérable et même vitale pour leur bon fonctionnement, dans la mesure où depuis l'arrivée du SNP au pouvoir à Edimbourg, les étudiants écossais ne paient plus de droits d'inscription. Dans son rapport, rendu public le 26 juillet 2011, la Commission d'enquête sur les affaires écossaises soulignait d'ailleurs la récurrence de l'argument financier dans les avis qu'elle avait reçus de différentes institutions écossaises, précisant que les universités écossaises accueillaient plus de 24 000 étudiants hors Union européenne, ce qui représentait 11% de la population estudiantine. Par ailleurs, pratiquement tous les avis reçus soulignaient, et déploraient, la méconnaissance du système universitaire écossais dont le Gouvernement britannique faisait preuve puisque le premier diplôme universitaire écossais (*Honours degree*) se prépare en quatre ans, et non en trois ans comme c'est le cas en Angleterre.

En outre, certains cursus proposés en Ecosse comprennent une année supplémentaire – parfois intermédiaire d'ailleurs – passée dans un établissement partenaire à l'étranger par exemple, ou consacrée à un ou plusieurs stages professionnels. Dans ces conditions, limiter à 5 ans le nombre d'années qu'un étudiant est autorisé à passer au Royaume-Uni pour ses études interdisait à ce dernier s'il effectuait ses études en Ecosse le moindre échec au cours de son parcours universitaire, et ne lui permettait pas dans la plupart des cas de poursuivre un cursus au niveau Mastère. En conséquence, les universités écossaises demandaient qu'une disposition spéciale autorise les étudiants hors Espace économique européen à bénéficier d'une année supplémentaire, soit un total de six années au lieu des cinq initialement proposées par le Gouvernement britannique.

Sur ce point précis, le ministre britannique chargé de l'immigration, Damian Green, interrogé par la commission parlementaire dans le cadre de sa consultation, avait laissé peu d'espoir quant à la possibilité d'instaurer une règle différente s'appliquant aux établissements écossais, ajoutant que certaines universités anglaises proposaient également des cursus en quatre ans pour l'obtention d'une licence[50]. La réponse officielle du Gouvernement à la commission parlementaire semblait au premier abord plus ouverte, puisqu'il consentait à examiner plus en détail le point de vue de l'Ecosse sur la question de la limitation des visas à six années ; en revanche, le Gouvernement n'envisageait nullement de revenir sur la suppression du visa de travail d'un an accordé aux étudiants à la fin de leurs études (*Post Study Work*), effective à compter du 1er avril 2012[51]. Enfin, le fait que l'entrée au Royaume-Uni puisse être refusée à un étudiant par le personnel de l'agence britannique chargée de la surveillance des frontières, *UK Border Agency*, s'il jugeait que l'étudiant ne parvenait pas à s'exprimer sans l'aide d'un interprète, était un point qui avait été également vivement critiqué car il était perçu comme remettant directement en cause la capacité des universités à juger du niveau de langue requis des étudiants qui souhaitaient suivre un cursus chez elles.

A chaque débat qui eut lieu à la Chambre des Communes, sur les quotas pour l'immigration ou les visas pour étudiants, des voix dissidentes se firent donc entendre parmi les députés écossais[52] principalement, mais pas uniquement, dans les rangs du SNP, soulignant la situation particulière de l'Ecosse qu'il s'agisse du vieillissement de la population ou de l'organisation de l'enseignement supérieur, et la nécessité par voie de conséquence d'instaurer une plus grande flexibilité s'agissant des politiques migratoires mises en place afin de tenir compte de ses besoins spécifiques. Toutefois, dans quelle mesure une politique

---

50 House of Commons, 2011, *Student Immigration System in Scotland – Volume I*, Select Committee on Scottish Affairs, Fifth Report of Session 2010-2012, HC 912-I, London, The Stationery Office, 26 July 2011.

51 HM Government, 2011, *The Government Response to the Fifth Report from the Scottish Affairs Committee Session 2010-2012*, Cm 8192, October 2011. Au final, le 13 février 2012, le Ministère de l'Intérieur britannique a annoncé qu'il limitait à cinq le nombre maximum d'années autorisé aux étudiants hors EEE pour la préparation d'un *degree*, mais que les étudiants ayant préparé un *degree* en quatre ou cinq ans et souhaitant poursuivre des études au niveau Master, seraient autorisés à six années d'études au Royaume-Uni, ce qui permet de prendre en compte la situation particulière des universités écossaises.

52 V. par exemple: House of Commons, *Hansard Debates*, 23 November 2010, Col. 169-185; House of Commons, *Hansard Debates*, 22 March 2011, Col. 855-872; House of Commons, *Hansard Debates*, Westminster Hall, Backbench Business Committee, 16 June 2011, Col. 327WH.

migratoire spécifiquement écossaise est-elle possible dans le cadre institutionnel mis en place en 1999 ?

3. Une politique migratoire spécifiquement écossaise est-elle possible ?

Dans la mesure où le Parlement écossais n'a pas le pouvoir de légiférer dans les domaines réservés, dont l'immigration mais aussi la politique de l'emploi font partie, il semblerait que l'administration écossaise ait bien peu de latitude pour mettre en œuvre une politique migratoire spécifique à l'Ecosse afin de garantir la croissance démographique nécessaire à l'accomplissement de sa stratégie économique.

Toutefois, quelques aménagements, qui répondaient à une demande de la part du Gouvernement écossais, ont été mis en place par le passé, ce qui atteste la reconnaissance par le Gouvernement britannique de divergences de points de vue entre les deux pôles de gouvernance sur la politique migratoire. Ainsi, dans son Livre blanc sur le contrôle des frontières publié au mois de février 2005, qui posait les bases du système à points, le Gouvernement de Tony Blair annonçait son intention de tenir compte de la situation démographique spécifique de l'Ecosse dans l'élaboration de la politique migratoire pour l'ensemble du Royaume-Uni. Le Gouvernement reconnaissait en effet l'importance particulière de la migration contrôlée pour l'Ecosse à travers la politique d'accueil des « nouveaux talent » (*Fresh Talent Initiative*) et considérait que la demande de mise en place de mesures spécifiques dans le cadre de la politique britannique de migration contrôlée afin d'enrayer la baisse démographique dont souffrait l'Ecosse était fondée d'un point de vue économique et social[53].

Aussi, au mois de juin 2005, en réponse à une demande du Gouvernement écossais, le Ministère de l'Intérieur britannique mettait-il en place un nouveau programme intitulé « les nouveaux talents : pro-

53 Home Office, 2005, *Controlling our borders: Making Migration Work for Britain – Five-year Strategy for Asylum and Immigration*, Cm 6472, London, The Stationery Office, February 2005, p.15.

gramme de travail en Ecosse » (*Fresh Talent: Working in Scotland Scheme*). Ce programme permettait aux étudiants originaires de pays situés en dehors de l'Espace économique européen et qui venaient d'obtenir leur diplôme universitaire (*Honours degree*) dans une université écossaise de prolonger leur séjour en Ecosse pour une durée maximale de deux ans afin d'y acquérir une expérience professionnelle, sans avoir besoin d'obtenir au préalable un permis de travail ou une autorisation émanant du Ministère de l'Intérieur britannique. Ce programme fut du reste présenté à l'époque par les Gouvernements écossais et britannique comme l'exemple même de l'aménagement de la politique migratoire britannique pour satisfaire des besoins spécifiques de l'Ecosse. Cette disposition particulière accordée à l'Ecosse fut cependant appliquée pendant deux ans seulement : au mois de mars 2007, en effet, le Gouvernement britannique mit fin à ce programme spécifiquement conçu pour l'Ecosse et le remplaça par un programme s'appliquant cette fois à l'ensemble du Royaume-Uni (*International Graduate Scheme*) qui donnait la possibilité aux diplômés de toute université britannique de prolonger leur séjour au Royaume-Uni d'un an, et non de deux[54].

Il convient de souligner toutefois que, outre le fait que ce dispositif ait été de courte durée, il fut mis en place au prix de longues négociations entre Londres et Edimbourg, alors que le Parti travailliste était pourtant au pouvoir dans les deux pôles de gouvernance. Il va sans dire donc que lorsque ceux-ci sont administrés par deux partis politiques différents, comme c'est le cas depuis 2007, il y a toutes les chances que de tels aménagements soient plus improbables encore.

De la même façon, le fait que la Commission sur la question migratoire (MAC) ait été chargée d'établir dès le mois de juin 2008 une première liste des métiers pour lesquels il y avait une pénurie de main d'œuvre au Royaume-Uni (*Shortage Occupations List*), et une seconde liste distincte pour l'Ecosse, intitulée explicitement *Scotland Only List* et révisée avec la même fréquence que la liste pour le Royaume-Uni, semblait bien témoigner de la volonté de la part du Gouvernement britannique de répondre au mieux aux besoins spécifiques de l'Ecosse sur la question de l'emploi. En outre, pour chaque étude supplémentaire commandée à la Commission, qu'il s'agisse de considérer le maintien ou non

---

54 Ce second programme fut remplacé par le programme *Post Study Work* lors de l'entrée en vigueur du nouveau système à points.

des mesures transitoires mises en place par le Royaume-Uni à l'égard des migrants des pays A8, ou l'impact des mesures de restriction concernant l'accès au marché du travail britannique pour les ressortissants des pays A2[55], le Gouvernement demandait expressément que soient prises en compte les spécificités éventuelles de l'économie et du marché du travail écossais.

Cependant, dans tous les rapports qu'elle a publiés la Commission a eu à cœur de ne pas encourager le moindre traitement spécial à l'égard de l'Ecosse. Ainsi, dans son analyse de l'impact sur l'emploi des restrictions d'accès au marché du travail pour les migrants des pays A2, publiée au mois de décembre 2008, la Commission préconisa non seulement que les restrictions en place soient maintenues mais qu'elles continuent de s'appliquer à l'ensemble du Royaume-Uni, malgré la demande faite par le Gouvernement écossais d'être autorisé à ne pas appliquer les conditions très strictes imposées par le Gouvernement britannique aux ressortissants de Roumanie et de Bulgarie qui souhaitaient travailler en Ecosse.

Dans sa requête auprès de la Commission, le Gouvernement écossais, soutenu par le Conseil écossais pour le développement et l'industrie, *Scottish Council for Development and Industry*[56], organisme écossais influent regroupant divers acteurs du monde économique, avait pourtant souligné que la venue en Ecosse de migrants des pays A8 répondait à une réelle pénurie de main d'œuvre dans les secteurs de l'agriculture et du tourisme notamment, mais aussi dans les secteurs de

---

55 Lors de l'élargissement de l'Union européenne à la Bulgarie et à la Roumanie effectif au 1er mai 2007, le Gouvernement britannique décida d'imposer des critères très stricts à l'encontre des ressortissants de ces deux pays concernant l'accès au marché du travail britannique : afin de pouvoir travailler sur le territoire britannique il leur fallait impérativement obtenir au préalable un permis de travail. Ces mesures transitoires furent prévues dans un premier temps pour une période de deux ans. Toutefois, le Traité d'Accession des pays A2, comme dans le cas des pays A8, prévoyait la possibilité pour les autres Etats membres de restreindre l'accès à leurs marchés du travail respectifs pour une durée maximale de sept ans à compter de la date d'entrée des nouveaux pays dans l'UE.

56 Le *Scottish Council for Development and Industry* qui a pour ambition de contribuer à la prospérité économique de l'Ecosse et notamment de conseiller le Gouvernement écossais dans ses choix économiques, compte environ 1200 adhérents, parmi lesquels des chefs d'entreprise, des syndicalistes, des représentants des collectivités locales, des universitaires, etc.

l'agro-alimentaire ou des services à la personne, et qu'il était donc plus que souhaitable que les restrictions s'appliquant aux ressortissants des pays A2 soient levées afin de faciliter l'embauche de migrants dans ces secteurs déficitaires. Le Gouvernement écossais rappelait sur ce point que le succès de sa stratégie économique reposait sur une croissance démographique durable que seule la migration internationale pouvait garantir. La Commission estimait, cependant, que les situations et les arguments qui lui avaient été présentés n'avaient pas apporté la preuve manifeste que le marché du travail écossais était différent de celui du reste du Royaume-Uni au point de justifier l'instauration de mesures spécifiques[57]. Elle craignait, en outre, que si de telles mesures étaient mises en place, l'Ecosse ne devienne en quelque sorte une « porte d'entrée » au Royaume-Uni pour des migrants qui, une fois parvenus au terme d'une période de 12 mois sans interruption durant laquelle ils avaient occupé un emploi en Ecosse en toute légalité, jouiraient du droit de travailler sur l'ensemble du territoire britannique[58].

Pour les mêmes raisons, dans son rapport publié en avril 2009 sur le dispositif mis en place par le Gouvernement à l'égard des migrants des pays A8, la Commission recommandait que ces mesures transitoires soient maintenues jusqu'en 2011, et ce dans l'ensemble du Royaume-Uni, car elles n'avaient pas, selon elle, un impact différent en Ecosse de celui qu'elles avaient ailleurs dans le Royaume-Uni, et qu'il lui semblait difficile en tout état de cause d'envisager un dispositif qui puisse ne s'appliquer qu'à l'Ecosse[59].

Par ailleurs, l'établissement d'une liste spécifique à l'Ecosse pour les métiers déficitaires, qui pouvait au premier abord sembler apporter la preuve d'une véritable flexibilité accordée au Gouvernement écossais s'est révélé peu probant en termes d'aménagements véritables permettant de répondre aux besoins spécifiques de l'économie écossaise. En premier lieu, depuis le mois de juin 2008, date à laquelle a été publiée la première liste, le nombre de métiers et de professions inscrits sur la liste

57 Migration Advisory Committee, 2008, *The Labour market impact of relaxing restrictions on employment in the UK of nationals of Bulgarian and Romanian EU member states*, December 2008, pp.128-130.

58 *Ibid.*, p.51.

59 Migration Advisory Committee, 2009, *Review of the UK's transitional measures for nationals of member states that acceded to the European Union in 2004,* April 2009, p.20.

pour l'Ecosse a été pour le moins très restreint, variant de un à trois seulement. Ainsi, sur la première liste établie en juin 2008 figuraient trois entrées, à savoir les orthophonistes, les infirmières spécialisées dans les soins aux personnes âgées dans les maisons de retraite et le personnel qualifié pour la transformation du poisson en filets.

Suite au premier ré-examen de la liste, au mois de mars 2009, les orthophonistes furent toutefois retirés de la liste pour l'Ecosse et ajoutés à la liste pour l'ensemble du Royaume-Uni[60], et les infirmières furent également rayées de la liste pour l'Ecosse. Des trois métiers initialement inscrits sur la liste de 2008, il n'en restait donc, moins d'un an plus tard, plus qu'un seul. Puis, au mois d'octobre 2009, ce métier fut également supprimé de la liste et une nouvelle profession fut ajoutée à la demande du Gouvernement écossais, celle des radiologues. En dépit d'une demande de la part des services sociaux écossais de rétablir sur la liste des professions déficitaires celle des infirmières spécialisées dans les soins aux personnes âgées, la Commission estima que la preuve n'avait pas été apportée d'une pénurie de personnel dans ce secteur, et en conséquence n'accéda pas à cette demande.

Au mois de mars 2010, malgré la demande du Gouvernement écossais de retirer de la liste pour le Royaume-Uni les pharmaciens hospitaliers, considérant qu'il n'y avait pas de pénurie de main d'œuvre dans ce secteur en Ecosse, la Commission recommanda néanmoins au Gouvernement britannique de maintenir l'ensemble de la profession de pharmacien sur la liste, expliquant que le système à points était conçu de telle sorte qu'il n'était pas possible d'exclure l'Ecosse de la liste concernant le Royaume-Uni, mais que néanmoins elle avait noté l'avis émis par le Gouvernement écossais et qu'elle surveillerait cette profession avec vigilance lors des réévaluations à venir[61].

---

60 La liste constituée pour le Royaume-Uni s'applique à l'ensemble du territoire et comprend donc l'Ecosse. Pour qu'un métier soit porté sur cette liste il doit donc y avoir une pénurie de main d'œuvre dans l'ensemble du Royaume-Uni. De la même façon, pour qu'un métier soit porté sur la liste spécifique à l'Ecosse, la pénurie de main d'œuvre doit être avérée pour l'ensemble du territoire, et ne pas affecter une région d'Ecosse seulement.

61 Migration Advisory Committee, 2010, *Skilled Shortage Sensible – Third review of the recommended shortage occupation lists for the UK and Scotland: Spring 2010*, March 2010, p.19.

Enfin, dans son rapport ré-examinant les listes pour le Royaume-Uni et pour l'Ecosse, publié au mois de septembre 2011[62], les radiologues étaient retirés de la liste spécifique à l'Ecosse et, à la demande du Gouvernement écossais, le personnel médical officiant dans les services de pédiatrie à plusieurs niveaux de qualification, de celui d'interne à celui de médecin confirmé, fut inscrit sur la liste des professions déficitaires. Cependant, malgré la demande de la part du Congrès des collectivités locales écossaises (COSLA) d'inscrire deux métiers pour lesquels il y a avait une pénurie de main d'œuvre constatée par différentes collectivités locales, à savoir les professeurs d'économie domestique et les psychologues scolaires, la Commission considéra que le COSLA n'avait pas apporté de preuves suffisantes de la pénurie de main d'œuvre pour ces deux professions, et par voie de conséquence prit la décision de ne pas les inscrire sur la liste.

Il n'est guère surprenant dans ces circonstances de constater qu'il est souvent reproché à ce dispositif de listes des métiers déficitaires, tant par la classe politique que par les acteurs de la vie économique et sociale écossaises, de ne pas prendre en compte les besoins spécifiques de l'Ecosse de façon satisfaisante.

Les institutions écossaises ont-elles à leur disposition des moyens autres que ces dispositifs mis en place par le Gouvernement britannique pour tenter d'obtenir que les besoins spécifiques de l'Ecosse soient mieux pris en compte ?

En premier lieu, il y a parfois quelques différences significatives entre l'Ecosse et le reste du Royaume-Uni en ce qui concerne les politiques mises en œuvre par le Gouvernement écossais sur des questions pourtant réservées à Westminster. Ainsi en 2002, le Gouvernement écossais décida que les mesures visant à l'intégration des demandeurs d'asile devaient intervenir dès leur arrivée sur le territoire écossais et non, comme c'était le cas en Angleterre, seulement une fois que leur demande

62 Le rapport du mois de mars prévoyait une prochaine révision des listes à l'automne 2010, mais suite au changement de gouvernement au mois de mai 2010, et à l'annonce par le nouveau Gouvernement de coalition dès le mois de juin de son intention de réduire le nombre de migrants économiques hors Espace économique européen pour ramener les chiffres de l'immigration à leur niveau des années 1990 , la commission sur la migration fut chargée par le gouvernement de lui faire des recommandations sur le niveau de quotas à mettre en place pour 2011-2012 pour les migrants des catégories 1 et 2 du système à points.

avait été examinée et acceptée et qu'ils obtenaient donc le statut de « réfugiés ». Par conséquent, depuis cette date, les demandeurs d'asile ont accès aux services d'éducation et de santé dès leur arrivée en Ecosse.

De la même façon, les ressortissants des pays A8 bénéficient depuis l'entrée des huit pays d'Europe centrale dans l'Union européenne, des mêmes droits au logement et à l'aide aux personnes sans logement que les ressortissants de l'Espace économique européen, ce qui n'est pas le cas en Angleterre. Dans ce cas précis, le Gouvernement écossais a statué par décret[63] en vertu de la loi britannique sur l'immigration et le droit d'asile de 1999 (*Asylum and Immigration Act 1999*) et décidé que les ressortissants des 8 huit pays européens concernés devaient avoir le même droit d'accès aux services d'aide au logement en raison de ce que leurs gouvernements étaient signataires de la Charte européenne sur l'assistance médicale et sociale et de la Charte sociale européenne[64].

Par ailleurs, les commissions parlementaires écossaises sont habilitées à diriger des enquêtes, sur la mise en place de politiques gouvernementales par exemple, ou sur tout autre sujet qui les préoccupe. Ainsi la Commission parlementaire sur les affaires européennes et étrangères a décidé au mois d'avril 2005 d'entreprendre une enquête sur le projet du Gouvernement écossais d'encourager la venue de nouveaux talents en Ecosse (*Fresh Talent Initiative*) et a conclu dans son rapport final que dans certains secteurs économiques, l'Ecosse souffrait d'un manque de main d'œuvre peu ou non qualifiée tout autant que de main d'œuvre qualifiée[65]. Dans le contexte de la publication par le Gouvernement britannique de son Livre blanc sur le contrôle des frontières (*Controlling our Borders*) au mois de février 2005, qui exposait dans ses grandes lignes le projet du nouveau système d'immigration à points, la commission parlementaire écossaise s'inquiétait de l'impact que pourrait avoir sur l'économie écossaise la décision de ne plus autoriser sur le territoire bri-

63 Statutory Instruments, 2000, n°706, *The Persons subject to Immigration Control (Housing Authority Accommodation and Homelessness) Order 2000*, 3 April 2000.

64 Scottish Executive, 2005, *Code of Guidance on Homelessness*, chapter 13 « Local Authorities' duties towards persons subject to immigration control and persons from EEA member states ».

65 Scottish Parliament, 2005, *An Inquiry into the Scottish Executive's Fresh Talent Initiative examining the problems it aims to address, its operation, challenges and prospects*, European and External Relations Committee, 4th Report 2005, SP Paper 448, 17 November 2005.

tannique l'emploi d'une main d'œuvre étrangère peu qualifiée[66]. Elle souhaitait donc être informée par le Gouvernement écossais de la position défendue par lui auprès du Ministère de l'Intérieur britannique sur la perspective de la mise en place de ce nouveau système à points. Par ailleurs, la commission demandait expressément au Gouvernement écossais d'entamer une démarche auprès du Ministère de l'Intérieur britannique afin d'obtenir l'autorisation de travailler pour les demandeurs d'asile en attente de traitement de leur dossier.

Dans sa réponse adressée à la commission parlementaire au mois de janvier 2006, cependant, le Gouvernement écossais précisait qu'il n'avait pas soumis de réponse formelle au Ministère de l'Intérieur britannique dans le cadre de la consultation sur ses propositions de réforme du système d'immigration, mais que la contribution des représentants de l'administration écossaise prenait plutôt la forme d'une participation régulières à des groupes de travail ou à des réunions publiques, comme celle organisée par le Ministère de l'Intérieur à Edimbourg le 20 octobre 2005. Le fait que le Livre blanc sur le contrôle des frontières reconnaisse explicitement les enjeux démographiques auxquels l'Ecosse était confrontée était d'ailleurs la preuve, selon le Gouvernement écossais, que ces échanges réguliers entre les deux pôles de gouvernance étaient bénéfiques à l'Ecosse. Sur la question de l'autorisation de travailler accordée aux demandeurs d'asile pendant la période durant laquelle leur demande était traitée, le Gouvernement écossais opposait une fin de non recevoir à la Commission : la question du droit au travail concernant les demandeurs d'asile était la prérogative du Ministère de l'Intérieur britannique.

Plus récemment, la Commission parlementaire écossaise sur l'égalité des chances a décidé au mois de février 2010 de diriger une enquête sur la migration et le trafic d'êtres humains ; plus précisément, sur le premier volet de cette enquête, la commission souhaitait faire toute la lumière sur « l'impact et la contribution des populations migrantes dans la société écossaise ». Elle a rendu son rapport au mois de décembre 2010. Plus que le contenu même du rapport, car celui-ci ne pouvait s'adresser qu'au Parlement et au Gouvernement écossais, et ne pouvait donc contenir de requêtes adressées au Parlement et au Gouvernement britannique, il est particulièrement intéressant de souligner que cette en-

66 Effectivement la catégorie 3 (*Tier 3*) du système à points, correspondant à une main d'œuvre peu qualifiée, n'a jamais été ouverte.

quête a confirmé qu'il y avait un large consensus entre les différents partis politiques représentés au Parlement écossais sur la nécessité d'accueillir de nouveaux arrivants afin de remédier au vieillissement de la population et d'assurer une croissance économique durable, et donc également sur la nécessité d'introduire plus de flexibilité dans la politique migratoire britannique afin de permettre à l'administration écossaise d'atteindre ses objectifs.

Par ailleurs, les nombreuses séances au cours desquelles la commission a eu l'occasion d'interroger les acteurs politiques – membres du Gouvernement et représentants d'instances britanniques, ou membres du Gouvernement écossais – mais aussi des représentants de la société civile travaillant dans le secteur de l'éducation, des services sociaux, ou dans le réseau associatif écossais, ont confirmé les divergences de point de vue entre les deux pôles de gouvernance sur la question migratoire. Par voie de conséquence, l'évaluation par la Commission écossaise de l'impact de la migration sur l'économie et la société différait considérablement de celle que la Commission d'enquête de la Chambre des Lords sur les affaires constitutionnelles avait présentée en 2008 au Gouvernement britannique, travailliste à l'époque, sur l'impact économique de l'immigration, qui concluait notamment que l'immigration n'était pas indispensable pour pallier les pénuries de main d'œuvre et que par ailleurs les bénéfices économiques de l'immigration pour la population résidente étaient minimes. Ainsi, la commission parlementaire écossaise insistait par exemple sur l'importance de dissiper les mythes ancrés dans l'opinion publique selon lesquels les migrants prennent les emplois des Ecossais, ou que leur présence sur le territoire national grève le budget des services publics.

Au final, les commissions parlementaires écossaises peuvent tenter d'exercer des pressions sur le Gouvernement écossais pour que ce dernier fasse entendre sa voix à Londres, mais en tout état de cause, que le même parti politique soit au pouvoir dans les deux pôles de gouvernance ou à l'inverse que l'on ait deux partis différents au pouvoir à Edimbourg et à Londres, leur pouvoir d'influence est limité : ainsi le Gouvernement écossais peut montrer des réticences à faire pression sur le Gouvernement à Londres, comme ce fut le cas sous la coalition entre le Parti travailliste et les Libéraux-Démocrates à Edimbourg en 2005 ; et si, à l'inverse, le parti au pouvoir à Edimbourg n'est pas au gouvernement à Londres, les chances de voir aboutir ses requêtes semblent bien limitées.

Conclusion

La Commission sur la dévolution écossaise présidée par Sir Kenneth Calman a souligné dans son rapport final du mois de juin 2009 que les partis politiques en Ecosse étaient tous favorables à une plus grande flexibilité dans la politique migratoire britannique de manière à ce que les besoins spécifiques de Ecosse puissent être pris en compte. Par ailleurs, elle a également noté que la plupart des avis qui lui avaient été soumis au cours de son enquête demandaient également à ce que le Parlement et le Gouvernement écossais voient leurs responsabilités accrues sur les questions afférentes à l'immigration dans le cadre constitutionnel du Royaume-Uni.

Elle n'a toutefois pas recommandé dans son rapport final que la compétence législative en matière d'immigration soit transférée au Parlement écossais, préférant suggérer plutôt de développer la collaboration entre Londres et Edimbourg de manière à pouvoir proposer des aménagements ponctuels permettant de répondre aux besoins spécifiques de l'économie écossaise, comme lors de la mise en place par le Ministère de l'Intérieur britannique du programme autorisant les étudiants étrangers à travailler en Ecosse pour une durée maximale de deux ans après leurs études sans permis de travail (*Fresh Talent : Working in Scotland Scheme*).

Il n'est guère surprenant dans ces circonstances que dans son second Livre blanc sur l'avenir constitutionnel de l'Ecosse, intitulé *Your Scotland, Your Voice* et publié au mois de novembre 2009, le Gouvernement d'Alex Salmond ait choisi de présenter l'indépendance comme la seule option constitutionnelle qui permettrait que fût élaborée par un gouvernement écossais indépendant une politique migratoire adaptée aux besoins de l'Ecosse, de telle sorte que l'Ecosse soit en mesure de relever les défis démographique et économique auxquels elle est confrontée.

Bibliographie

CAVANAGH, Luke, EIRICH, Franca & McLAREN, John-Glyn, 2008, *Fresh Talent: Working in Scotland scheme – an evidence review,* Scottish Government Social Research.

Commission on Scottish Devolution, 2009, *Serving Scotland Better: Scotland and the United Kingdom in the 21st century* (Calman Report), June 2009.

Equality and Human Rights Commission – Scotland, 2009, *Room for manoeuvre? The options for addressing immigration-policy divergence between Holyrood and Westminster.*

EIRICH, Franca, 2001, *Characteristics and Intentions of Immigrants to and Emigrants from Scotland,* Scottish Government.

FutureskillsScotland, 2009, *Product Market Strategies and Workforce Skills,* The Scottish Government, June 2009.

General Register Office for Scotland, *Scotland's Population 2003 – The Registrar General's Annual Review of Demographic Trends 149h edition,* SE/2004/123, 30 July 2004.

General Register Office for Scotland, *Scotland's Population 2004 – The Registrar General's Annual Review of Demographic Trends 150th edition,* SE/2005/135, 29 July 2005.

General Register Office for Scotland, *Scotland's Population 2010 – The Registrar General's Annual Review of Demographic Trends 156th edition,* SG/2011/110, 5 August 2011.

HM Government, 2010, *The Coalition: our Programme for Government,* May 2010.

HM Government, 2011, *The Government Response to the Fifth Report from the Scottish Affairs Committee Session 2010-2012,* Cm 8192, October 2011.

Home Office, 1998, *Fairer, Faster and Firmer: A Modern Approach to Immigration and Asylum,* Cm 4018, London, The Stationery Office, July 1998.

Home Office, 2002, *Secure Borders, Safe Haven: Integration with Diversity in Modern Britain,* Cm 5387, London, The Stationery Office, February 2002.

Home Office, 2005, *Controlling our borders: Making Migration Work for Britain – Five-year strategy for asylum and immigration,* Cm 6472, London, The Stationery Office, February 2005.

Home Office, 2006, *A Points-Based System: Making Migration Work for Britain,* Cm 6741, London, The Stationery Office, March 2006.

Home Office, 2008, *The Path to Citizenship: Next Steps in Reforming the Immigration System,* London, The Stationery Office, February 2008.

Home Office, 2009, *Managing Migration: The Points Based System – The Government reply to the 13th report from the Home Affairs Committee session 2008-2009 HC217,* Cm 7767, London, The Stationery Office, December 2009.

Home Office, 2011, *The Student Immigration System in Scotland,* The Government Response to the Fifth Report from the Scottish Affairs Committee Session 2010-2012 HC 912, Cm 8192, London, The Stationery Office, October 2011.

Home Office, 2012, *Statement of Intent: Changes affecting study, post-study and maintenance requirements for students and workers*, 13 February 2012.

House of Commons, 2009, *Managing Migration: The Points Based System*, Home Affairs Committee, 13th Report of Session 2008-2009, HC 217-I, London, The Stationery Office, 15 July 2009.

House of Commons, 2010, *Immigration Cap*, Home Affairs Committee, First Report of Session 2010-2012, HC 361, London, The Stationery Office, 3 November 2010.

House of Commons, 2010, *Hansard Debates* (controlling migration), Col. 169-185, 23 November 2010.

House of Commons, 2011, *Immigration Cap: Government Response to the Committee's First Report of Session 2010-2012*, Home Affairs Committee, HC 717, London, The Stationery Office, 1 March 2011.

House of Commons, 2011, *Student Visas*, Home Affairs Committee, 7th Report of Session 2010-2012, HC 773-I, London, The Stationery Office, 17 March 2011.

House of Commons, 2011, *Student Visas: Follow-up*, Home Affairs Committee, 11th Report of Session 2010-2012, HC 1445, London, The Stationery Office, 26 July 2011.

House of Commons, 2011, *Student Immigration System in Scotland – Volume I*, Select Committee on Scottish Affairs, Fifth Report of Session 2010-2012, HC 912-I, London, The Stationery Office, 26 July 2011.

House of Commons, 2011, *Hansard Debates* (student visas), Col. 855-872, 22 March 2011.

House of Commons, 2011, *Hansard Debates*, Westminster Hall, Col. 327WH-365WH, 16 June 2011.

House of Lords, 2008, *The Economic Impact of Immigration Volume I: Report*, Select Committee on Economic Affairs, 1st Report of Session 2007-2008, London, The Stationery Office.

Migration Advisory Committee, 2008, *Identifying skilled occupations where migration can sensibly help to fill labour shortages*, February 2008.

Migration Advisory Committee, 2008, *The labour market impact of relaxing restrictions on employment in the UK of nationals of Bulgarian and Romanian EU member states*, December 2008.

Migration Advisory Committee, 2009, *Review of the UK's transitional measures for nationals of member states that acceded to the European Union in 2004*, April 2009.

Migration Advisory Committee, 2009, *Skilled Shortage Sensible – First review of the recommended shortage occupation lists for the UK and Scotland: Spring 2009*, April 2009.

Migration Advisory Committee, 2009, *Analysis of the Points Based System – Tier 2 and Dependants*, August 2009.

Migration Advisory Committee, 2009, *Skilled Shortage Sensible – Second review of the recommended shortage occupation lists for the UK and Scotland : Autumn 2009*, October 2009.

Migration Advisory Committee, 2010, *Skilled Shortage Sensible – Third review of the recommended shortage occupation lists for the UK and Scotland: Spring 2010*, March 2010.

Migration Advisory Committee, 2011, *Analysis of the Points-based System – Revised UK shortage occupation list for Tier 2 comprising jobs skilled to NQF Level 4 and above*, March 2011.

Migration Advisory Committee, 2011, *Skilled Shortage Sensible – Full Review of the Recommended shortage occupation lists for the UK and Scotland*, September 2011.

National Records of Scotland, 2011, *Mid-2010 Population Estimates Scotland*, 27 April 2011.

National Records of Scotland, 2011, *Projected Population of Scotland (2010-Based)*, 26 October 2011.

ROGERSON, Robert, BOYLE, Mark & MASON Colin, 2006, *Progress Report on the Fresh Talent Initiative*, Scottish Executive.

ROLFE, Heather & METCALF, Hilary, 2009, *Recent Migration into Scotland: the evidence base,* Scottish Government Social Research, February 2009.

Scottish Council of Economic Advisers, 2008, *First Annual Report*, December 2008.

Scottish Council of Economic Advisers, 2009, *Second Annual Report*, December 2009.

Scottish Council of Economic Advisers, 2010, *Third Annual Report*, December 2010.

Scottish Executive, 2001a, *A Smart, Successful Scotland.*

Scottish Executive, 2001b, *Scotland: A Global Connections Strategy.*

Scottish Executive, 2004a, *New Scots – Attracting Fresh Talent to Meet the Challenge Growth*, March 2004.

Scottish Executive, 2004b, *The Scottish Executive's International Strategy*, October 2004.

Scottish Government, 1999, *Concordat between the Home Office and the Scottish Executive*, 9 December 1999.

Scottish Government, 2006, *Scottish Ministers response to the inquiry into the Fresh Talent Initiative*, 27 January 2006.

Scottish Government, 2007, *The Government Economic Strategy.*

Scottish National Party, 2007, *It's Time*, Manifesto 2007.

Scottish Parliament, 2005, *An Inquiry into the Scottish Executive's Fresh Talent Initiative examining the problems it aims to address, its operation, challenges and prospects*, European and External Relations Committee, 4th Report 2005, SP Paper 448, 17 November 2005.

Scottish Parliament, 2006, *Official Report*, 16 March 2006, Col.24155-24177 (Debate on Motion S2M-4110 on the Fresh Talent Initiative).

Scottish Parliament, 2007, *Official Report*, 5 September 2007, Col.1413-1430 (Debate on Motion S3M-345 on asylum seekers).

Scottish Parliament, 2010, *Official Report*, Equal Opportunities Committee, 2nd meeting 2010, Col.1404-1456 [Migration/Trafficking (Economic Impact)], 26 January 2010.

Scottish Parliament, 2010, *Economic Impact of Migration/Trafficking – issues for discussion*, Equal Opportunities Committee, Briefing Paper, EO/S3/10/2/1, 2nd meeting 2010, 26 January 2010.

Scottish Parliament, 2010, *Official Report*, Equal Opportunities Committee, 8th meeting 2010, Col.1649-1684 (Migration and Trafficking Inquiry), 4 May 2010.

Scottish Parliament, 2010, *Inquiry into migration and trafficking – written evidence*, Equal Opportunities Committee, EO/S3/10/8/4, 8th meeting 2010, 4 May 2010.

Scottish Parliament, 2010, *Official Report*, Equal Opportunities Committee, 9th meeting 2010, Col.1693-1738 (Migration and Trafficking Inquiry), 18 May 2010.

Scottish Parliament, 2010, *Inquiry into migration and trafficking – written evidence*, Equal Opportunities Committee, EO/S3/10/9/2, 9th meeting 2010, 18 May 2010.

Scottish Parliament, 2010, *Official Report*, Equal Opportunities Committee, 10th meeting 2010, Col.1746-1792 (Migration and Trafficking Inquiry), 1 June 2010.

Scottish Parliament, 2010, *Inquiry into migration and trafficking – summary of written submissions*, Equal Opportunities Committee, EO/S3/10/10/2, 10th meeting 2010, 1 June 2010.

Scottish Parliament, 2010, *Official Report*, Equal Opportunities Committee, 11th meeting 2010, Col.1799-1844 (Migration and Trafficking Inquiry), 7 June 2010.

Scottish Parliament, 2010, *Inquiry into migration and trafficking – written submissions*, Equal Opportunities Committee, EO/S3/10/11/2, 11th meeting 2010, 7 June 2010.

Scottish Parliament, 2010, *Official Report*, Equal Opportunities Committee, 12th meeting 2010, Col.1852-1880 (Migration and Trafficking Inquiry), 15 June 2010.

Scottish Parliament, 2010, *Inquiry into migration and trafficking – written submissions*, Equal Opportunities Committee, EO/S3/10/12/2, 12th meeting 2010, 15 June 2010.

Scottish Parliament, 2010, *Official Report*, Equal Opportunities Committee, 13th meeting 2010, Col.1888-1934 (Migration and Trafficking Inquiry), 29 June 2010.

Scottish Parliament, 2010, *Inquiry into migration and trafficking – written submissions*, Equal Opportunities Committee, EO/S3/10/13/2, 13th meeting 2010, 29 June 2010.

Scottish Parliament, 2010, *Official Report*, Equal Opportunities Committee, 14th meeting 2010, Col.1942-1963 (Migration and Trafficking Inquiry), 14 September 2010.

Scottish Parliament, 2010, *Official Report*, Equal Opportunities Committee, 15th meeting 2010, Col.1973-2016 (Migration and Trafficking Inquiry), 21 September 2010.

Scottish Parliament, 2010, *Inquiry into migration and trafficking – written submissions*, Equal Opportunities Committee, EO/S3/10/15/2, 15th meeting 2010, 21 September 2010.

Scottish Parliament, 2010, *Official Report*, Equal Opportunities Committee, 16th meeting 2010, Col.2024-2066 (Migration and Trafficking Inquiry), 28 September 2010.

Scottish Parliament, 2010, *Inquiry into migration and trafficking – written submissions*, Equal Opportunities Committee, EO/S3/10/16/2, 16th meeting 2010, 28 September 2010.

Scottish Parliament, 2011, *Official Report*, Col. 33372-33401, 23 February 2011.

Mhoraig GREEN, Policy Manager,
Convention of Scottish Local Authorities

Migration and Scotland: developing local responses within a UK policy framework

Scotland sits within the United Kingdom within Europe, but since 1999 it has had a separate Parliament and Government with responsibility for a range of home affairs including housing, education and health. Scotland also has thirty-two Local Authorities and an umbrella organisation – the Convention of Scottish Local Authorities (COSLA) – that represents their joint interests. While the immigration systems of European Union members are increasingly driven by the common policies, within the United Kingdom there is a tension between the directions of the national and sub-national Governments. While the UK Government seeks to control and limit migration to the UK (often failing to explain how it can reconcile this with the freedom of movement attached to EU membership), the Scottish Government seeks to encourage inward-migration in order to boost its economy and balance its demographics, in the context of Scotland's ageing and until recently declining population. Local Authorities within Scotland similarly seek to attract and retain migrants. This has included marketing Scotland and particular local areas as attractive places to live and work and developing strategies to welcome and integrate migrants who do come to Scotland in an effort to encourage longer term settlement. The challenge for the Scottish Government and Scotland's 32 Local Authorities is that responsibility for immigration is reserved to the UK Parliament, and they have few powers in this area. This agenda is made all the more contentious by the planned referendum on Scotland's independence from the United Kingdom due to take place in 2014.

This paper explores how Local Authorities and the Scottish Government welcome and integrate migrants in this context, and considers the potential opportunities that greater independence from the UK may bring.

1. Scotland and UK immigration policy

Scotland is part of the United Kingdom, but since 1999 it has had its own Parliament and Government with limited responsibilities. Following a pre-legislative referendum in 1997 in which the Scottish electorate gave their consent, the Scotland Act 1998 established a Scottish Executive of Ministers and a Parliament to which they are accountable. Elections for this Parliament were first held in May 1999 and the Parliament met for the first time on 12 May that year. In 2007 the Scottish Ministers rebranded the Executive as "the Scottish Government". The Scotland Act does not specify areas of policy that the Scottish Parliament and Government are responsible for, but instead specifies which matters remain the responsibility of the UK Parliament. All other matters fall to the Scottish Parliament. The areas that remain the responsibility of the UK Parliament include immigration and border control, as well as defence, social security, taxation, trade and industry. So while immigration and border control are not the responsibility of the Scottish Parliament or Government, a range of policy issues which are relevant to the integration of migrants are, including housing, education and health.

Since the 1970s the two main political parties in the UK – the Conservatives and the Labour Party – have sought to take a tough line on migration[1]. Smith[2] claims that while there may be a perception that the Conservative Party is tougher on migration, "the reality is that the mainstream parties have espoused broadly similar policies in practice over the last 40 years, even if their rhetoric has differed"[3]. In recent years, both parties have characterised migration as a problem that they are best able to "solve" through more rigorous controls. Under Gordon Brown, the Labour Prime Minister of the UK from 2007-2010, the United Kingdom

1 MORRISON, Andrew, *Developing a Migration Policy for Scotland: the Competing Ideologies and Strategies of Political Parties at Holyrood and Westminster*. Draft Unpublished Working Paper presented to *Political Parties and Migration Policy Puzzles: The European Scene Centre for European Research*, University of Gothenburg, June 14-15 2012.

2 SMITH, Julie, 'Towards Consensus? Centre-Right Parties and Immigration policy in the UK and Ireland', in: BALE, Tim ed. *Immigration and Integration Policy in Europe: Why Politics – and the Centre-Right – Matter*, London, Routledge, 2008.

3 *Ibid.*, p.102.

introduced an Australian-style points-based immigration system to control migration. In a 2010 speech delivered at Shoreditch, Brown described how migration to the UK could be controlled by the new points based system and emphasized the need to train British people to fill skills shortages, thereby minimizing the need for inward migration in future:

> The system we have introduced gives us the ability to secure the skills we need and to secure our borders against those who are not welcome here ... And I believe the responsible way to debate migration ... is to debate how we can use this system over the coming years to continue to control migration fairly, to reduce the overall need for migration, while continuing to attract the key people who will make the biggest contribution to the growth of our economy[4].

Theresa May, the Conservative Home Secretary in the UK Government that won power in 2010, conveyed a similar message when she introduced a limit on the number of migrants who could enter the UK each year:

> This government believes that Britain can benefit from migration, but not uncontrolled migration. Look at any aspect of life today and you will see the contribution that migrants have brought; and not just to the economy. We want to continue to attract the brightest and the best people to the UK, but with control on the numbers coming here. Unlimited migration places unacceptable pressure on public services, school places, and the provision of housing, all of which causes problems for certain local communities[5].

Like Brown, May acknowledges the benefit that migrants can make to the UK economy and also stresses the need to control the numbers. May speaks about the control of immigration as if it were a new thing.

Ed Miliband, who replaced Gordon Brown as the leader of the Labour Party following its defeat at the 2010 General Election, spoke about

---

4 BROWN, Gordon, *Controlling Immigration For A Fairer Britain,* ITN, London, March 2010. Online resource: <www.itnsource.com/shotlist/ITN/2010/03/31/R31031001/?v=1&a=0> (accessed September 2012).

5 MAY, Theresa, *UKBA Securing Our Border Controlling Migration Limits on Non-EU Economic Migration: A Consultation*, June 2010.
Online resource: <www.ukba.homeoffice.gov.uk/sitecontent/documents/policyandlaw/consultations/limits-on-non-eu-migration/limits-on-non-eu-migration.pdf?view=Binary> (accessed September 2012).

migration in 2011 and announced what he portrayed as a change in policy direction for the party:

> When I was running for the Labour Party leadership, I said that one of the areas where we had got things wrong and needed to change was immigration […] Britain must control its borders but it must always face outwards to the world […] If people are looking for a politician who says immigration is just bad for Britain, that's not me. I believe immigration has benefits, economically, culturally and socially […] And if we are to address people's concerns, I believe Labour must change its approach to immigration. Recognising the costs as well as the benefits. And above all recognising that we can answer people's concerns about immigration if we change the way our economy works. Setting out a new direction on immigration policy requires knowing how and why the last Labour Government went wrong[6].

Each leader in turn implies that migration has previously gone uncontrolled and that they propose to do something different by introducing controls that restrict entry to all but skilled workers. It is remarkable that Ed Miliband characterises support for border control as a change in direction for the party, when the previous Labour Government designed and implemented the points-based system, which represented one of the most significant ever overhauls of the UK Immigration system. His recognition of the costs of migration is not new either, since Gordon Brown had clearly acknowledged the pressure that migration creates on services such as housing, local public services including Local Authorities, schools, the NHS and the Police in 2010 and earlier[7]. What each leader often fails to acknowledge is that as long as the UK is part of the European Union, the Government has little or no control over migration from there, and this is likely to continue to make up a significant proportion of migration to the UK. Despite this, the rhetoric around migration at a UK level has focused on how migration can be controlled and limited, with little acknowledgement of the potential benefits or the fact that membership of the European Union makes it impossible to limit migration from other Member States.

6 MILIBAND, Ed, Speech at the Royal Festival Hall for the IPPR, June 2012. Online resource: <www.politics.co.uk/comment-analysis/2012/06/22/ed-miliband-s-immigration-speech-in-full> (accessed September 2012).

7 BROWN, Gordon, *op.cit.*

2. The Scottish perspective on immigration policy

Despite the negative political rhetoric that operates at the UK level, consecutive Scottish Governments have since 1999 been generally welcoming towards migration and there has been cross party support for this within the Scottish Parliament. In 2003 the Labour – Liberal Democrat Coalition, which had controlled the Scottish Parliament since its outset introduced the "Fresh Talent Initiative" which aimed to attract people from overseas to come and live and work in Scotland. In introducing the 2004 report "New Scots: Attracting Fresh Talent to Meet the Challenge of Growth", Scottish First Minister from 2001-2007, Jack McConnell, stated "if we are to make Scotland even better, if we are to compete – and succeed – in the global economy, we need a constant flow of fresh talent to flourish alongside our home-grown talent"[8]. At this stage the details of the "Fresh Talent Initiative" and how it would develop were not set out in any great detail, although it did involve the establishment of a "Relocation Advisory Service" to support individuals and businesses to negotiate the UK Immigration system.

Like his counterparts at a UK level, McConnell was clear that inward migration should not be at the expense of jobs for domestic workers, but he did speak about the additional need for migrant workers in more positive terms:

> I believe in-migration into Scotland can play an important role in helping our economic future. Not at the expense of older people, or those currently in the labour market. Nor somehow disregarding the talent we already have. In addition to our own talent though, we should look to fresh talent[9].

After coming to power in 2007, the Scottish Nationalist Party continued to develop the "Fresh Talent Initiative", and in fact it became one of the key ways in which the new Government could deliver upon its economic strategy. The strategy identified three components of economic growth: increased productivity, economic participation and population growth. It identified attracting migrants to Scotland as a key way of counter-acting

8 McCONNELL, Jack, *New Scots: Attracting Fresh Talent to Meet the Challenge of Growth*, Scottish Government, Edinburgh, 2004, Foreword.

9 McCONNELL, Jack, Speech in Edinburgh in February 2003. Cited in: *Ibid.*

the issue of Scotland's then ageing and declining population, but also of boosting the economy:

> Creating the conditions for growth will enhance Scotland's attractiveness and boost immigration. Bringing talented people to Scotland, and providing the opportunities for talented people to stay will increase the pool of skills readily available to employers and make Scotland a more attractive location for investors[10].

However, in reality the Scottish Government's powers to create routes for migrants to come and work in Scotland are limited. The Scottish Government successfully lobbied for a separate list of skills shortage occupations for Scotland as part of the points based system; however very few occupations have been included on this list. The UK Government also introduced a special visa that allowed students graduating from Scottish institutions to remain in Scotland to work after graduation[11]. However, that concession was extended to the rest of the UK in 2007[12] before being dropped altogether in 2012[13]. The Scottish Government is able to offer services to migrants different to those offered in the rest of the UK in order to be more welcoming to new migrants. As a result English-language tuition is more readily available, and the children of asylum seekers have greater opportunities to access higher education. Lobbying for greater flexibilities, such as a number of work visas reserved for Scottish employers, has been largely unsuccessful. The Scottish Government can of course also seek to attract migrants from the rest of the European Union, since EU citizens are free to live and work anywhere in the UK. Much of the value inherent in "Fresh Talent" however has been in creating a more positive discourse on migration within Scotland compared to the rest of the UK.

---

10 *The Government Economic Strategy*, Scottish Government, Edinburgh, 2007.

11 *Visa Move to Beat Population Drop*, BBC Website, 25 February 2012. Online resource: <http://news.bbc.co.uk/1/hi/scotland/3486650.stm> (accessed September 2012).

12 *England Adopts 'Fresh Talent' Visa Scheme*, HeraldScotland, 28 March 2007. Online resource: <www.heraldscotland.com/england-adopts-fresh-talent-visa-scheme-1.841597> (accessed September 2012).

13 *Tier 1 (Post Study Work) Closed to New Applicants, UKBA Website.* Online resource: <www.ukba.homeoffice.gov.uk/visas-immigration/working/tier1/poststudy/> (accessed September 2012).

In some respects, inward migration has perhaps been more welcome in Scotland compared to other parts of the UK for more pragmatic reasons. Scotland is historically a country of net outward migration, but that is a trend that has reversed in the last nine years, particularly as a result of inward migration from the enlarging European Union[14]. Scotland is also experiencing what some have described as a "demographic timebomb"[15] as the country's elderly population grows as a proportion of the population as a whole, creating pressure on housing, care and health services. Inward migration, and particularly attracting migrant workers, is increasingly seen as a solution to this issue. Inward migration from the European Union has already successfully reversed the decline of Scotland's population which, based on 2002 figures, had been predicted to drop below 5 million by 2009[16]. At that point the Scottish population was expected to fall by 14,000 per year by 2016.

3. Local Authorities' strategies to welcome and integrate migrants

These benefits of migration are also recognised by the Convention of Scottish Local Authorities (COSLA) which is the umbrella organisation of the thirty-two Local Authorities in Scotland. The principle of encouraging inward migration as a means of addressing Scotland's demographic challenges was established through COSLA's political processes in February 2009 and May 2010[17]. It hosts the Strategic Migration Partnership Team which works with Local Authorities to develop their strategies to welcoming and integrating migrants. This paper now goes on to describe their work in two very different Local Authority Areas in Scot-

14 *Scotland's Population 2011*, National Records for Scotland, Edinburgh.

15 *Ageing Scotland Faces Demographic Timebomb*, HeraldScotland, 1 March 2012. Online resource: <www.heraldscotland.com/news/home-news/ageing-scotland-faces-population-time-bomb.16889421> (accessed September 2012).

16 *Scotland's Population 2002*, General Register Office for Scotland, Edinburgh.

17 *COSLA Migration Toolkit*, Paper to COSLA's Community Wellbeing and Safety Executive, which met in Edinburgh on 25 May 2010.

land in order to explore what measures Local Authorities in Scotland are undertaking to welcome and integrate migrants. Those Local Authorities are the Shetland Islands Council, a remote Local Authority responsible for 1,468 square kms on a group of islands located to the far North East of the Scottish mainland[18] and Glasgow City Council, Scotland's largest city, situated in the central belt.

Shetland Islands Council is one of the smallest Local Authority Areas in Scotland with a population of 22,500 people[19]. The islands have a declining population which is expected to fall to 20,338 by 2033[20]. Shetland also has an ageing population – over 65s made up 16.5% of the population in 2008, but this is expected to more than double to 33.5% in 2033[21]. Shetland's population has historically fluctuated as economic opportunities come and go. While Shetland has a high birth rate it also experiences high levels of outward migration, particularly amongst young people. This has led in recent years to a declining population and has made the issue of its ageing population all the more critical[22]. The Local Authority is therefore keen to attract more people of working age to the islands[23]. To this end Shetland has introduced a "Key Purpose" within its planning framework: "To Maintain the Number of Economically Active People Throughout Shetland"[24]. COSLA Strategic Migration Partnership (CSMP) worked with Shetland Islands Council during 2010-2011 as it undertook a review of its main planning document – the "Single Outcome Agreement" – to ensure that efforts were focused on

18 *About Us*, Online resource: <www.shetland.gov.uk/about_how_we_work> (accessed September 2012).

19 *Shetland Islands Council Area - Demographic Factsheet*, 2 August 2012. Online resource: <www.gro-scotland.gov.uk/files2/stats/council-area-data-sheets/shetland-islands-factsheet.pdf> (accessed September 2012).

20 *Case Study: COSLA Strategic Migration Partnership supports Shetland Islands Council to use Migration Policy Toolkit*, COSLA Strategic Migration Partnership, Glasgow. Online resource: <www.migrationscotland.org.uk/sites/smp/files/documents/shetland_case_study_0.pdf > (accessed September 2012).

21 *Ibid.*

22 *Shetland Population and Migration Study*, Glasgow, Hall Aitken, 2008.

23 *Shetland's Single Outcome Agreement*, April 2011 – May 2012. Online resource: <www.shetland.gov.uk/communityplanning/documents/SOAFINAL_201112.pdf> (accessed September 2012).

24 *Ibid.* p.7.

meeting that key purpose, and to explore the part that inward migration could play in this.

In working with Shetland Islands Council it was clear that senior staff and politicians saw migration to the area as a positive thing that was to be encouraged. The Local Authority had already developed a number of ways to welcome new migrants. This included a "Welcome Pack" which was due to be published providing information about life on Shetland and sign-posting new arrivals to the area to a range of services. Local politicians were involved in citizenship ceremonies, sending a strong message to new citizens that they were welcomed by the island's civic leaders. The Local Authority had also developed a marketing agency called "Promote Shetland" which existed to promote Shetland as an attractive place to live. The agency focused its marketing on portraying the islands as a unique place to live, work and visit. As one of the most remote parts of the UK, Shetland was seeking to encourage migration not only from the European Union and beyond, but also from within the United Kingdom.

On the other hand, it was unclear to what extent the public in Shetland and frontline staff promoted a welcome to newcomers to the island. Training for frontline staff was identified as an area for development. There was also a role for local politicians in promoting the message that migration was important to the sustainability of life on the islands to the community. The Local Authority was also considering to what extent it could afford to invest in providing services that would potentially attract people to the islands, when there was no guarantee that this investment would have returns. Overall, the Local Authority in Shetland's strategy towards migration was very keen on attracting people to come and live on the islands in order to balance the area's population decline. Shetland Council was perhaps a little unclear on whom they were trying to attract to the area, but the limitations of the UK immigration system mean that realistically, it could aim to attract UK citizens living elsewhere, European migrants, or migrants from beyond the UK who were able to fill the criteria of the points based system. This was challenging in a context of restricted budgets, but the online presence of Promote Scotland is a powerful tool.

Glasgow City Council, on the other hand, runs Scotland's largest city with an estimated population in 2011 of 598,830[25]. Glasgow has experienced population growth over the last ten years which has largely been driven by a net migration gain of 18,678 from 2000-2010. Glasgow has a long history of welcoming migrants[26] and in the last ten years has received significant numbers of asylum seekers, under the Home Office's dispersal arrangements, as well as migrant workers from the enlarging European Union. As a result, Glasgow has a reasonably stable population which is neither declining nor ageing. While the City Council has responded actively and positively to migration over this period it has not gone down the route of producing a written migration strategy. In 2011, COSLA Strategic Migration Partnership worked with Glasgow City Council to capture learning from a recent experience of welcoming migrants so that the city can continue to benefit from the positive effects of inward migration[27].

Glasgow City Council had in some respects developed its strategies for welcoming migrants through a process of trial and error. With the benefit of hindsight it identified that one of the crucial roles of a Local Authority is to prepare the community for the arrival of migrants and to promote cohesion. From 2000, Glasgow took part in the Home Office's arrangements to disperse asylum seekers around the UK. As a result thousands of asylum seekers and their families have arrived in the city to date. At first this led to community tensions as Home Office funding led to empty properties being refurbished so they could be brought back into use to house asylum seekers. The Local Authority was active in direct communications work through schools and in local and neighbourhood meetings to explain the reasons why asylum seekers come to Scotland and to promote the city's participation in humanitarian projects. This awareness-raising led to a better understanding of asylum issues, and less resentment and tension. There is now better understanding of mi-

---

25 *Glasgow City Council Area - Demographic Factsheet*, 2 August 2012. Online resource: <www.gro-scotland.gov.uk/files2/stats/council-area-data-sheets/shetland-islands-factsheet.pdf> (accessed September 2012).

26 EDWARD, Mary, *Who Belongs to Glasgow?* Edinburgh, Luath Press, 2007.

27 *Case Study: COSLA Strategic Migration Partnership supports Glasgow City Council to use Migration Policy Toolkit*, COSLA Strategic Migration Partnership, Glasgow. Online resource: <www.migrationscotland.org.uk/sites/smp/files/documents/toolkit_casestudy_glasgow.pdf> (accessed September 2012).

gration issues, but positive messages continue to be communicated through Glasgow's policies on the development of the city[28].

Glasgow City Council has also focused efforts on initiatives that encourage local people to work together with new migrants to solve problems faced by their communities. A key example of this exists in the Govanhill area of the city which is one of the city's most deprived areas and home to a significant population of Roma migrants. Tensions developed in this community between the Roma migrants and the established white Scottish and Scottish Asian communities[29]. The Local Authority has worked with other agencies in the area to establish a neighbourhood management initiative which aims to tackle these tensions by providing information about issues such as waste disposal and community safety, and by encouraging a sense of shared ownership and pride in the local area. One activity that has developed out of this recently is a team of Roma volunteers who work for 25 hours a week to improve the local environment in return for free English tuition at a local college[30].

Glasgow, unlike Shetland, is not actively seeking to grow its population through migration. Instead it recognises the benefits that migration has brought to the city in the past ten years and is attempting to ensure that the existing migrant population (and those who may migrate to the city in future) are able to settle in the city and make a contribution to their local community and economy.

---

28 *AMICALL Project Reports: Country research report – United Kingdom*, COMPAS, Oxford, 2012. Online resource: <www.compas.ox.ac.uk/fileadmin/files/Events/Events_2012/AMICALL_UK_report_Jan_2012_HJ.pdf> (accessed September 2012).

29 BYNNER, Claire, *Review of Community Engagement in Neighbourhood Management in Govanhill: Report for the Govanhill Neighbourhood Management Steering Group,* Glasgow Community Planning Partnership, Glasgow, 2010. Online resource: <http://communityrenewal.org.uk/docs/govanhill/Review_of_Community_Engagement_in_Neighbourhood_Management_in_Govanhill.pdf> (accessed September 2012).

30 *Roma Community Clean Up City Streets as They Try to Integrate into Scottish Society,* Daily Record, 10 February 2012. Online resource: <www.dailyrecord.co.uk/news/real-life/roma-community-clean-up-city-1116369> (accessed September 2012).

4. The future for Scotland's immigration policy

In Scotland the Scottish Government (or "subnational Government" to use the language of the conference themes) and Local Authorities adopt a different approach to inward migration compared to the UK Government which ultimately has control of the system. While the UK Government seeks to control and limit migration to the UK the authorities in Scotland wish to encourage migration because of its perceived benefits to their economy and demographics. Scotland is currently awaiting a referendum on its independence from the rest of the UK, due to take place in autumn 2014. As a result, there is some debate in Scotland about the extent to which an independent Scotland would operate its immigration system. The UK Government has warned that if Scotland becomes independent and joins the Schengen free movement area it risks being overwhelmed by mass migration[31]. Whether or not this would be the case, there is evidence from elsewhere in the European Union that an independent Scotland may not be given the freedom to join Schengen or even to have much flexibility on its immigration policies. Commentators from the Republic of Ireland have described the pressure that the Irish Government has come under to implement UK defined border controls systems. Thus Piaras Mac Éinrí, Director of the Irish Centre for Migration Studies at Cork University, has suggested that the UK Government "would seek to have a disproportionate degree of influence" on Scottish immigration policy, while Ronit Lentin, Head of Sociology at Trinity College Dublin, expects Scotland to have "an 'over-the-shoulder' policy" and suggests that "Scotland may well have to go for a stricter immigration policy in consultation with England [sic]…[as] a more lenient policy would be seen as a back door to England"[32]. There is also the outstanding question of whether an independent Scotland would automati-

31 *Home Secretary Theresa May in Scots Immigration Warning*, BBC Website, 24 March 2012. Online resource: <www.bbc.co.uk/news/uk-scotland-scotland-politics-17498681> (accessed September 2012).

32 *Scottish Independence: England Would Insist on Input on Scots Immigration Laws, Say Experts*, Scotland on Sunday, 18 March 2012. Online resource: <www.scotsman.com/scotland-on-sunday/politics/scottish-independence-england-would-insist-on-input-on-scots-immigration-laws-say-experts-1-2180579> (accessed September 2012).

cally become part of the European Union, or whether it would be expected to apply as a new Member. Since new Members are expected to sign the Schengen Agreement, this may create an objection from the remainder of the UK.

Scotland may also reject independence in a referendum, and in fact opinion polls have been running at between 30 and 40% in favour, even though a significant proportion of voters remain undecided on the issue[33]. There is a possibility that the referendum will include an option for greater devolution of powers from the UK Government, and if that is supported then there is a possibility that Scotland may receive more control over its immigration policy in the same way that other "stateless nations" such as Quebec and Catalonia have enjoyed. However, given the UK Government's concerns that an independent Scotland would become overwhelmed by mass migration creating a "back door" to the rest of the UK, it may be reluctant to hand over this responsibility.

Conclusion

For Scotland, immigration policy is still largely defined in relation to the UK Government, rather than European Union policy. Scotland has undoubtedly benefited from migration from Europe in the last ten years as it was the main factor in halting the country's population decline. Given the immigration restrictions created by the UK Government, both the Scottish Government and Local Authorities are likely to wish to continue to welcome migration from inside the European Union in order to boost its economy and balance its demographics. As the debate around the independence referendum develops there will be a clear need to give greater consideration of how Scotland's ambitions for its immigration system relate to wider European policy. Greater independence from the UK would doubtless create challenges as well as opportunities for Scotland in terms of its migration policy, within Europe or without.

---

33 *Scottish Independence Poll Results Visualised*, The Scotsman, 25 May 2012. Online resources: http://thesteamie.scotsman.com/viewpost.aspx?id=657 (accessed September 2012).

Michel LANDRON, CRINI, Université d'Angers

La Catalogne et les politiques migratoires : enjeux et représentations (2006-2012)

Moins d'un mois après la grande manifestation en faveur de l'indépendantisme du 11 septembre 2012, le stade du *Camp Nou*, tout aux couleurs de la *Senyera*, servit de cadre à une nouvelle revendication indépendantiste à l'occasion d'un « clásico » très attendu. Comme le rappelle l'historien Joan B. Culla, le lien entre le football et la politique est « inextricable », que ce soit à Madrid, au Pays basque, en Catalogne ou ailleurs[1]. Une communauté se reconnaît derrière une équipe, et grâce à de multiples registres de l'émotion, le Football Club Barcelona est « bien plus qu'un club », comme le revendique sa propre devise. Ainsi, il renvoie à ce que Michael Billig présente comme du « nationalisme banal »[2] et il constitue l'un des vecteurs les plus médiatisés du catalanisme. Son hymne, presque aussi connu que *Els Segadors*, hymne officiel de la Catalogne, scande que « d'où que nous venions, du sud au nord [...] un drapeau nous rassemble »[3]. Ce postulat d'intégration sous une bannière commune peut être interprété plus ou moins largement, surtout dans le contexte migratoire des années soixante et soixante-dix. Or dans cette communauté, les questions migratoires et identitaires sont intimement liées et la langue catalane est sans nul doute le marqueur identitaire le moins discuté du « fait différentiel » catalan, le bilinguisme de la Transition démocratique ayant vite fait place à une politique linguistique qui fait du catalan la « langue propre » de la Catalogne.

De 2006 à 2012, la crise économique et les difficultés du processus de réforme du Statut d'autonomie ont monopolisé un agenda politique marqué par les enjeux identitaires et sociaux. Ainsi, les échéances électorales, qu'elles soient locales (2007, 2011), régionales (2006, 2010, 2012)

1 CULLA, Joan Baptista, « La condesa y el fútbol », *El País*, 25/05/2012.

2 BILLIG, Michael, *Banal Nationalism*, Londres, Sage Publications, 1995.

3 « Tant se val d'on venim / si del sud o del nord / ara estem d'accord / una bandera ens agermana. » Texte de Josep Maria Espinas (1974).

ou nationales (2008, 2011) ont mis en évidence les limites des partis politiques. Une partie des étrangers a pu participer pour la première fois aux élections municipales de 2010 et aux consultations populaires pour l'indépendance non officielles (2009-2011) qui ont conduit à la constitution de l'Assemblée Nationale Catalane (ANC) en 2012.

S'il est vrai que la Catalogne est historiquement une terre d'immigration, les années 2006-2012 ont vu éclore un premier transfert de compétences en matière de gestion migratoire et, à l'occasion des différents scrutins de cette période, l'immigration n'a pas manqué de faire l'objet d'une certaine instrumentalisation politique.

1. Une longue histoire d'immigration

Le préambule du nouveau Statut d'autonomie de la Catalogne (2006) rappelle cette longue histoire, en insistant sur la diversité des « identités », un « engagement communautaire » et une « société intégratrice »[4]. De même, la loi catalane de 2010 sur « l'accueil des personnes immigrées » souligne « l'importance substantive des apports des différents peuples à l'existence et à l'essence même du pays ». Depuis le début du XXe siècle, la Catalogne a connu différents mouvements de population : un exode de la campagne vers la ville, l'arrivée de nombreux migrants venus de l'Aragon, de Valence et de Murcie au début du XXe siècle puis d'Andalousie, d'Estrémadure, de Castille et de Galice dans les années cinquante et soixante et enfin une immigration venant principalement de l'extérieur de l'Union européenne au début du XXIe siècle. Ces diverses sources de flux migratoires contribuent à rendre minoritaires les Catalans

4 « La Catalogne s'est construite au fil du temps avec les apports d'énergies de nombreuses générations, de nombreuses traditions et cultures, qui y ont trouvé une terre d'accueil. [...] C'est un pays riche en territoires et gens, une diversité qui la définit et l'enrichit depuis des siècles et la renforce pour les temps futurs ; [...] c'est une communauté de personnes libres pour des personnes libres où chacun peut vivre et exprimer des identités diverses, avec un fort engagement communautaire fondé sur le respect de la dignité de chacune des personnes. L'apport de tous les citoyens et citoyennes a composé une société intégratrice » Document en français du Statut d'Autonomie, Generalitat de Catalunya (2006).

qui se définissent comme « des Catalans de toujours » : au cours du XXe siècle, la population est passée de près de deux millions d'habitants à environ six millions et demi d'habitants, et en 2011, la Catalogne atteignait sept millions et demi d'habitants[5].

Les catalanophones ont dû d'abord lutter et vaincre les obstacles de la dictature franquiste contre l'usage de leur langue alors même qu'ils assistaient à l'arrivée d'une population d'expression non catalane, majoritairement d'expression espagnole, d'abord des autres régions espagnoles puis d'Amérique latine. De 2000 à 2010, la proportion des résidents étrangers est passée d'à peine 3% à environ 15% de la population totale. Le pic de croissance de cette immigration s'est produit au début de cette première décennie mais depuis 2011, la courbe de la démographie s'est inversée, constituant ainsi l'amorce d'un nouveau cycle migratoire. En effet, la Catalogne perd des habitants, pour la première fois depuis la guerre civile[6]. C'est la Communauté autonome qui a perdu le plus d'habitants de toute l'Espagne entre janvier et juin 2012[7], en étant la première région de départ d'Espagne, ce qui ne s'était jamais vu dans l'histoire de cette région.

La décroissance démographique s'explique à la fois par le retour des immigrés dans leur pays d'origine, en particulier en Amérique du Sud, mais aussi par le départ de Catalogne des Catalans eux-mêmes. Cette réalité démographique traduit évidemment l'état de crise économique durable de la région. C'est aussi une « représentation » qui rompt avec l'idée qu'il n'y avait peu ou pas d'émigration depuis la Catalogne, puisque contrairement à ce que l'on trouve dans beaucoup d'autres régions espagnoles, ce n'est pas un musée de l'émigration, ou des migrations, mais bien de l'immigration en Catalogne que l'on a choisi d'installer en 2004 à Sant Adrià de Besos, le Musée de l'Histoire de l'Immigration en Catalogne (MHIC).

Les deux communautés d'immigration de loin les plus représentées actuellement en Catalogne sont les communautés marocaine et roumaine. Les craintes d'islamisation de la société que brandissent certains

---

5 Source Idescat (Institut d'Estadística de Catalunya) : 1 984 115 en 1900, 6 261 999 en 2000, 7 539 618 en 2011.

6 « Cataluña pierde población por primera vez desde la Guerra Civil por la crisis », *El País*, 7/02/2012.

7 « Cataluña es la comunidad que más población ha perdido en el último medio año », *La Vanguardia*, 17/07/2012.

dirigeants politiques ne tiennent pas compte de la réalité statistique. Les représentations habituelles des migrants dans les médias sont en décalage avec les données qui montrent une grande diversité ; certes les Marocains représentent environ 20% des étrangers, mais les Sud-Américains (Équateur, Bolivie, Colombie, Pérou, etc.) et les Européens (Roumanie, Italie, France) sont également très nombreux, beaucoup plus que les subsahariens (Sénégal, Gambie, Nigeria, Mali)[8]. Il convient aussi de souligner qu'un tiers des étrangers proviennent de l'Union européenne (« régimen comunitario ») et deux tiers proviennent de l'extérieur de l'UE (« régimen general »)[9]. On peut aisément concevoir ce que cette réalité démographique peut avoir comme répercussions sur le plan économique et social, en termes d'aménagement, d'équipements éducatifs, médicaux et de logements mais aussi en termes de cohésion sociale.

2. Politiques migratoires et cohésion sociale

Prenant en compte l'importance des flux migratoires au début des années 2000, de nombreux débats, plans et financements ont été mis en œuvre au niveau local et régional. Ce travail d'élaboration de politiques publiques en matière migratoire, avec la revendication de nouvelles compétences, a été mis progressivement en place, après bien des vicissitudes dont celles du développement du nouveau statut d'autonomie de 2006. Paradoxalement, cette mise en place a eu lieu alors même que la situation migratoire était déjà en train de changer et force est de constater que les priorités en ce domaine ne sont plus les mêmes en 2012 qu'en 2006. Pour résumer, il convient de rappeler quelques étapes politiques et juridiques de cette évolution au niveau régional :

8 Chiffres officiels au 1er janvier 2012 : Maroc, 244 305, Roumanie : 105 896, Équateur, 61 808. Source : Direcció General per a la Immigració, Generalitat de Catalunya (2012).

9 Informe trimestral, 30/06/2010, Extranjeros con certificado de registro o tarjeta de residencia en vigor. <http://extranjeros.empleo.gob.es/es/estadisticas/operaciones/con-certificado/index.html> (dernière consultation le 11 octobre 2012).

- création de la Secretaria per a la Immigració (de la Generalitat) en 2000 ;
- définition d'un premier plan régional de citoyenneté et d'immigration (2005-2008), doté de son propre budget (600 millions d'euros), avec plus d'une centaine de projets pour « favoriser la cohésion sociale, l'insertion dans le travail, l'éducation à partir de l'interculturalité, l'impulsion de l'usage social du catalan, la formation des professionnels des services publics et la lutte contre la discrimination »[10] ;
- approbation du Statut d'autonomie de 2006 dont l'article 138 définit les compétences en matière d'immigration ;
- signature du « Pacte national pour l'immigration » le 19 décembre 2008[11] ;
- mise en place du deuxième « Plan de citoyenneté et d'immigration 2009-2012 » autour des mêmes priorités que le précédent ;
- approbation de la « loi d'accueil des personnes immigrées », en avril 2010.

Dans l'article 149.1.2 de la Constitution espagnole, l'immigration est définie comme une matière de la compétence exclusive de l'Etat. La situation migratoire de la Transition démocratique, plus ou moins stabilisée, ne faisait pas de cette question une priorité pour l'élaboration du statut d'autonomie de la Catalogne (1979). En revanche, le nouveau statut d'autonomie de 2006 prend en compte la nouvelle situation et, pour la première fois en Espagne, elle inscrit un transfert des compétences en matière migratoire qui étaient jusque-là réservées à l'Etat :

> Art. 138 Immigration
> 1. La Generalitat a, en matière d'immigration :
> a) La compétence exclusive en matière de premier accueil des personnes immigrées, qui inclut les Actions socio-sanitaires et d'orientation.

---

10 *Plan de Citoyenneté et Immigration 2009-2012*, Generalitat de Catalunya, p.66. <http://www20.gencat.cat/docs/dasc/03Ambits%20tematics/05Immigracio/03Politiquesplansactuacio/03placiutadania09_012/01Presentacio/PCIFRANCES.pdf> dernière consultation le 11 octobre 2012.

11 *Un pacte per viure junts i juntes. Pacte Nacional per a la Immigració*, <http://www20.gencat.cat/docs/dasc/03Ambits%20tematics/05Immigracio/Politiquesplanscio/02pactenacionalimmigracio/02continguts/Pdfs/Document_final_PNI_catala.pdf>, (dernière consultation le 11 octobre 2012).

> b) Le développement de la politique d'intégration des personnes immigrées dans le cadre de ses compétences.
> c) L'établissement et la réglementation des mesures nécessaires à l'intégration sociale et économique des personnes immigrées et à leur participation sociale.
> d) L'établissement par loi d'un cadre de référence pour l'accueil et l'intégration des personnes immigrées.
> e) La promotion et l'intégration des personnes rentrées au pays et l'aide à ces dernières, ainsi que l'impulsion des politiques et des mesures pertinentes qui faciliteront leur retour en Catalogne.
> 2. La Generalitat a la compétence exécutive en matière d'autorisation de travail aux étrangers dont la relation professionnelle se déroule en Catalogne. Cette compétence, qui sera exercée en nécessaire coordination avec celle qui appartient à l'Etat en matière d'entrée et de résidence des étrangers, inclut :
> a) La gestion et la décision des autorisations initiales de travail indépendant ou pour le compte d'autrui.
> b) La gestion et la décision des recours présentés au regard des dossiers dont il est fait mention à la lettre a) et l'application du régime d'inspection et de sanction
> 3. Il appartient à la Generalitat de participer aux décisions de l'Etat sur l'immigration qui auraient une importance primordiale pour la Catalogne et, en particulier, de participer obligatoirement et au préalable à la détermination du contingent de travailleurs étrangers à travers les mécanismes établis au titre V[12].

Ces compétences, par exemple en matière d'« autorisation de travail initiale », ont été reconnues par le Tribunal constitutionnel en 2010[13]. Il s'agit avant tout de politiques conduisant à définir les droits des résidents étrangers en matière d'accès à la santé, l'éducation, le logement, mais aussi au travail, en n'oubliant pas que ces étrangers représentent désormais 16% de la population de la région.

Le « Pacte national pour l'immigration » résulte du nouveau Statut d'autonomie (en partie retoqué par le Tribunal constitutionnel en 2010) et représente une étape de la volonté politique de la gestion régionale de l'immigration : le « pacte » s'inscrit dans une tradition catalane de recherche de compromis, le « pactisme », et l'adjectif défend le caractère « national », ce qui va de soi pour une communauté autonome qui se reconnaît comme une « nation ». Dans le cas présent, si ce projet n'a pu réunir l'approbation de deux partis, le Parti populaire de Catalogne (PPC) et Ciutadans-Partit de la Ciutadania (C's), en revanche il a obtenu

---

12 Statut d'Autonomie, document en français de la Generalitat de Catalunya (2006). Texte disponible en 10 langues sur : <http://www.gencat.cat/generalitat/cat/estatut/index_2006.htm> (dernière consultation le 11 octobre 2012).

13 STC 31/2010, du 28 juin.

l'adhésion des autres partis représentés au Parlement de Catalogne et de nombre de syndicats et associations pour être signé officiellement le 19 décembre 2008[14]. Parmi les nombreuses orientations retenues dans ce « pacte national », le choix de la langue d'accueil, le catalan, a suscité le plus de commentaires ou de polémiques ; en effet, l'espagnol est pratiquement exclu de tout ce dispositif.

Le « Plan de citoyenneté et d'immigration 2009-2012 » concerne tous les services de la Generalitat et insiste sur l'intégration sociale, le premier accueil et les autorisations de travail. Dans ce document programmatique, les objectifs annoncés sont les suivants : développer et coordonner les politiques d'immigration en Catalogne, promouvoir une nation catalane, inclusive, interculturelle et participative, mettre en œuvre et développer les mesures établies dans le pacte national pour l'immigration. Il est prévu que l'on « garantisse que la langue véhiculaire du service [d'accueil] sera le catalan ».

Quant à la « Loi d'accueil pour les personnes immigrées » de 2010, elle sert de cadre juridique pour développer les politiques en matière d'immigration. Ainsi, la loi définit un « parcours d'intégration » pour les immigrants avec un programme de formation sur la connaissance de la société catalane et son cadre juridique, sur la connaissance de langue catalane et sur le monde du travail. En ce qui concerne les compétences linguistiques, l'article 9 prévoit dans son alinéa 4 :

> Le catalan, en tant que langue propre de Catalogne, est la langue commune pour la gestion des politiques d'accueil et d'intégration. Elle est également la langue véhiculaire de la formation et de l'information, un instrument élémentaire pour la pleine intégration dans le pays. À cet effet, l'apprentissage linguistique offert par les services de premier accueil commence par l'acquisition des compétences élémentaires en langue catalane[15].

Le fait de suivre un cours de catalan permet d'obtenir un « certificat d'intégration » qui est en fait une étape indispensable pour obtenir certains documents de régularisation. Dans les faits, il est recommandé de

---

14 ELLAKURIA, Iñaki & HEREDIA, Sergio, « El pacto de inmigración sitúa el catalan en el eje de la integración », *La Vanguardia*, 20/12/2008, pp.16-17.

15 « Loi 10/2000, du 7 mai, sur l'accueil des personnes immigrées et de celles revenues en Catalogne. » <www.parlament.cat/activitat/cataleg/TL111.pdf> (dernière consultation le 7 septembre 2012).

suivre des cours de catalan, d'autant plus que depuis une circulaire de mars 2012[16], les critères pour la régularisation de la situation légale ou le regroupement familial sont plus stricts, et le stage de vingt heures de catalan est souvent exigé pour obtenir les certificats nécessaires.

En Catalogne comme ailleurs en Europe, la question de la langue « nationale » est perçue comme un élément déterminant pour assurer la meilleure cohésion sociale en présence d'une immigration perçue comme importante : Angela Merkel s'inquiétait de l'apprentissage de l'allemand[17] de même que David Cameron pour l'anglais[18] ; en France, l'apprentissage du français est prévu dans le « contrat d'accueil et d'intégration » depuis la loi de 2007. À la différence de ces trois exemples européens, le catalan n'est pas une langue d'Etat, même si la langue jouit de la co-officialité dans son territoire, et la forte croissance de l'immigration récente n'a fait que renforcer la perception de la perte du poids relatif du catalan en Catalogne[19]. C'est dans ce contexte particulier que les gouvernements tripartites (PSC, ERC, ICV, 2003-2010) ont mis en œuvre une politique linguistique volontariste avec la nécessité de l'apprentissage du catalan comme seule langue de la « cohésion sociale », que ce soit pour les Marocains, Roumains ou les hispanophones sud-américains. Ainsi, en plus du *Consortium pour la Normalisation Linguistique*[20], il existe divers dispositifs associatifs, comme la *Plataforma per la Llengua* dont le programme « Volontaires pour la Langue » est chargé de la diffusion du catalan auprès des immigrants. En 2011, cette « plateforme » a réalisé à Barcelone un « lipdub » avec vingt-trois associations d'immigrants pour revendiquer le catalan comme « langue

16 Instrucció 1/2012 de la Direcció General per a la Immigració del Departament de Benestar Social i Família, de 20 de marzo.

17 PLAYA MASET, Josep, « El fracaso de la política alemana, reconocido por Angela Merkel, reabre en toda Europa el debate sobre la cuestión de la inmigración; ¿o la integración en una cultura común? », *La Vanguardia*, 24/10/2010, p.34.

18 WATT, Nicholas, « Immigrants should learn English – PM », *The Guardian*, 14/04/2011, p.1; PORTER, Andrew, « Cameron: Britain disjointed by mass migration », *The Daily Telegraph*, 14 April, 2011, p.1.

19 CASAJUANA, Carles, *L'últim home que parlava català*, Barcelone, Planeta, 2009.

20 Le CPNL a été créé en 1988. Il s'agit d'un organisme public financé par des collectivités territoriales (Gouvernement régional, des Mairies, Conseils de comarques, etc.).

commune » six mois après avoir réalisé un « lipdub pour l'indépendance de la Catalogne » à Vic[21].

3. L'immigration et les enjeux électoraux

Au cours des deux périodes de forte immigration en Catalogne, les années 1955-1970 et les années 2000-2010, le tissu associatif des communautés d'immigrants a joué un rôle non négligeable. Suite à la première de ces deux périodes, en 1982, fut fondée la FECAC, la fédération des organismes culturels andalous en Catalogne[22]. Ce réseau d'associations fait encore l'objet de nombreuses critiques, car pour ses détracteurs, la FECAC perpétuerait les stéréotypes et l'attachement à une culture étrangère à la Catalogne et ne permettrait pas une intégration à la culture catalane. Pourtant, les partis politiques conservateurs et progressistes qui ont gouverné la Catalogne depuis 1980 n'ont pas ménagé leurs subventions pour s'attirer les bonnes grâces électorales de ces électeurs venus du sud de l'Espagne. L'immigration a constitué l'un des enjeux majeurs dans la réflexion sur la définition de l'identité catalane au cours de la Transition démocratique : son poids électoral, la question linguistique, la survivance des pratiques culturelles des régions d'origine sont autant d'éléments qui ont pesé dans la construction de la nation catalane. Plus de vingt ans plus tard, l'importance des populations provenant d'Amérique latine, l'Équateur, la Bolivie, la Colombie, le Pérou et l'Argentine notamment, a conduit à la création d'une multitude d'associations d'immigrants ainsi qu'à des réseaux d'associations. Le réseau le plus connu est sans nul doute FEDELATINA, la Fédération des organismes latino-américains de Catalogne, créée en 2004. Si FEDELATINA est considérée comme un réseau associatif proche du Parti des Socialistes de Catalogne (PSC), la coalition de centre droit Convergència i Unió (CiU) a cherché également à se rapprocher du mouvement associatif latino-américain. En inventant en 2007 le concept

21 www.ara.cat/el_radar/lipdub-llengua-catala_3_470982901.html (dernière consultation le 11 octobre 2012).

22 « Federación de Entidades Culturales Andaluzas en Catalunya. »

de la « Casa gran del Catalanisme », le parti d'Artur Mas, Convergència Democràtica de Catalunya (CDC), dispose d'un espace d'ouverture qui inclut aussi les résidents étrangers au sein d'une fondation, « Nous Catalans ». Parmi ces « nouveaux venus », l'« espace latino », qui comprend des associations latino-américaines, a été créé en 2008 mais « Nous Catalans » s'intéresse également aux associations musulmanes, marocaines en particulier, surtout dans la perspective d'un scrutin souverainiste[23].

Les élections municipales du 22 mai 2011 devaient constituer une première ; en effet, pour la première fois, la loi espagnole donnait le droit de vote aux étrangers extra-communautaires pour les élections municipales, pour les ressortissants de pays qui ont des accords de réciprocité avec l'Espagne, comme le Chili, la Colombie, l'Équateur, le Pérou, le Paraguay, entre autres. En réalité, sur les 300 000 électeurs potentiels pour la Catalogne, une faible proportion d'électeurs avait fait les démarches nécessaires[24].

Les enquêtes d'opinion sont assez claires : l'immigration n'apparaît pas dans les premières préoccupations des citoyens, dans un pays où le taux de chômage est si élevé, où les perspectives de contrats de travail non précaire sont réduites, où l'accès au logement est des plus difficiles. Il ne faut donc pas surévaluer la question migratoire dans les « préoccupations » des électeurs. Néanmoins, cette question a été un marqueur des dernières campagnes électorales ayant lieu en Catalogne. Que ce soit du côté des conservateurs ou de la gauche républicaine, les dirigeants politiques historiques de Catalogne n'ont pas fait montre dans le passé de beaucoup de prudence vis-à-vis de l'immigration. Ainsi, l'ancien président de la Generalitat, Jordi Pujol, s'inquiétait de la « fin de la Catalogne » en raison du métissage (2004)[25]. Quant à Heribert Barrera, premier président du Parlement de Catalogne de la démocratie, et ancien

---

23 <www.lemonde.fr/international/article/2012/11/23/des-immigres-tres-courtises-par-les-independantistes_1795168_3210.html> (dernière consultation le 25 novembre 2012).

24 Les ressortissants de ces pays doivent également justifier d'une résidence légale en Espagne d'au moins cinq ans.

25 Cette opinion a d'autant plus surpris que Jordi Pujol est connu pour avoir défendu l'idée qu'est « catalan celui qui travaille et vit en Catalogne, et souhaite le devenir ». Il a par ailleurs publié un livre intitulé *La immigració, problema i esperança de Catalunya*, Barcelone, Nova Terra, 1976.

dirigeant d'Esquerra Republicana de Catalunya, il prédisait dès 2001 la « disparition de la Catalogne ».

De la réforme du Statut d'Autonomie (2006) à la « Marche pour la liberté » de la *Diada* (2012), la « question catalane » a de nouveau révélé l'incompréhension entre les demandes du gouvernement catalan (plus d'autonomie, en particulier en matière fiscale) et les réticences ou dénégations du pouvoir central. En quelques années, le discours catalaniste est passé de la revendication d'un droit (« nous avons le droit de décider », juillet 2006) à l'affirmation d'autonomie de décision (« c'est qui nous décidons », juillet 2010) sur une base commune, ressassée depuis le retour à la démocratie (« nous sommes une nation », 1981). Lors de la grande manifestation du 11 septembre 2012, une nouvelle étape est franchie avec la revendication d'un nouvel Etat : « la Catalogne, nouvel Etat d'Europe ». La coalition de centre droit, de retour au pouvoir depuis 2010, CiU, a rejoint la cause de l'indépendantisme, en convoquant de nouvelles élections régionales le 25 novembre 2012 et en s'alliant avec ERC à la suite de ces élections.

La question de l'identité et de la nation est régulièrement convoquée à l'occasion de ces scrutins de proximité, aux municipales et aux régionales, et l'on a ainsi pu voir que la question de l'immigration a été instrumentalisée, en particulier par la droite et l'extrême droite en Catalogne. Ainsi, le Parti populaire de Catalogne (PPC) dirigé par Alicia Sánchez-Camacho a proposé l'expulsion des immigrés qui ne travailleraient pas au moins six mois dans l'année. Il est vrai qu'en s'en prenant aux étrangers, le parti perçu comme le plus « espagnoliste », et sans aucune chance de victoire politique en Catalogne, a essayé de s'attirer les voix d'un électorat moins enclin au discours catalaniste. Sur un registre beaucoup plus agressif, un parti qui se réclame de l'extrême droite, la Plataforma per Catalunya (PxC), a choisi comme slogan « Primer els de casa », version catalane de la « préférence nationale », avec un programme des plus élémentaires : « Contrôlons l'immigration ». Ce parti a débuté en 2002 par des campagnes de lutte contre l'islamisation et contre l'installation des oratoires et mosquées en Catalogne. Le leader de cette formation, Josep Anglada, a reçu le soutien de l'extrême droite européenne au cours de la campagne pour les élections au Parlement en 2010, et en particulier de l'Autrichien Heinz-Christian Strache[26], et du

26 Président du Freiheitliche Partei Österreichs (FPÖ) depuis le 23 avril 2005.

Flamand Filip Dewinter[27]. Il s'en est fallu de peu que ce parti n'ait un député au Parlement de Catalogne et ses 75 000 voix ont montré une percée de cette tendance : d'un phénomène avant tout localisé au canton d'Osona (Vic), ce parti a réussi à émerger dans des grandes villes comme l'Hospitalet de Llobregat (4%). Cette modeste poussée de l'extrême droite s'est confirmée aux élections municipales de 2011, avec un discours tout aussi radical qui lui a permis de multiplier par quatre le nombre des conseillers municipaux en Catalogne (de 16 à 67). Par ailleurs, la nouvelle donne indépendantiste des deux dernières années a conduit ce parti à tendre vers le catalanisme. Son axe habituel, celui de l'opposition entre « immigrés et autochtones » n'est plus forcément pertinent dans un contexte d'appartenance identitaire à la communauté. Ce discours xénophobe a été repris par le PPC, qui est arrivé en tête aux élections municipales de la troisième ville de Catalogne, Badalona, traditionnellement acquise au PSC. Le cheval de bataille de celui qui a été élu dans cette ville en 2011, Xavier Garcia Albiol, est la fermeté à l'égard des étrangers, en prônant l'expulsion des « Roms ».

Lors des scrutins de 2010 et 2011, la Catalogne se différencie du reste de l'Espagne au moins sur deux points : la montée de l'extrême droite, avec plusieurs formations, et la montée de la xénophobie, de l'islamophobie en particulier. Il faut reconnaître que le système électoral espagnol privilégie les grandes formations et il est difficile pour un petit parti populiste ou xénophobe de percer. C'est une des conclusions d'une grande étude européenne, « Support and Opposition to Migration » (SOM)[28] à propos de la « politisation de l'immigration ». Le cas de Plataforma per Catalunya reste isolé pour l'instant en Espagne, même si une partie de son discours est repris plus ou moins officiellement par d'autres formations politiques espagnoles, comme ce fut le cas en 2012 avec le débat sur l'accès aux soins gratuits pour les immigrés en situation irrégulière.

---

27 Membre éminent du Vlaams Belang.

28 <www.som-project.eu> (dernière consultation le 10 octobre 2012).

Conclusion

Les enjeux électoraux de l'immigration de ces dernières années ont donné lieu à des débats amplement médiatisés, mais en même temps, la Catalogne est la première communauté autonome à avoir revendiqué et obtenu des transferts de compétence en matière d'immigration. Le changement politique à la tête du gouvernement régional à l'automne 2010, confirmé en 2012, ne semble pas conduire à une modification de fond de la gestion de l'intégration à défaut de pouvoir maîtriser la gestion des flux migratoires. Cette gestion de l'intégration résulte d'un effort collectif des partis politiques et des mouvements associatifs, dans l'optique d'une « cohésion sociale » qui a vu s'installer nombre de dispositions nouvelles dans les années 2006 à 2012.

Bibliographie

AUBARELL, Gemma & ZAPATA-BARRERO, Ricard, *Inmigracion y porcesos de cambio,* Barcelona, Icaria, 2004.

BILLIG, Michael, *Banal Nationalism*, London, Sage Publications, 1995.

CASAJUANA, Carles, *L'últim home que parlava català*, Barcelona, Planeta, 2009.

CASALS I MESEGUER, Xavier, *Ultracatalunya. L'extrema dreta a Catalunya: de l'emergència del búnker al rebuig de les mesquites* (1966-2006), Barcelona, La esfera de los libros, 2007.

CUSI ECHANIZ, Paula, « Immigration et crise économique en Espagne », in *Futuribles* n° 378, Octobre 2011, pp.23-40.

GARCÍA JUAN, Laura, *Las comunidades autónomas como gestoras de la inmigración. Especial referencia al caso de Cataluña*, ressource web disponible en ligne : <www.gencat.cat/bsf/publica/butlletiIMMI/num69/LesCCAAcomaGestoresdelaImmigracio.pdf> (dernière consultation le 15 octobre 2013).

LAGARDE, Christian, *Identité, Langue et nation*, Canet, Trabucaire, 2008.

MORALES, Laura & ROS, Virginia, « La politización de la inmigración en España en perspectiva comparada », in : *Documentos CIDOB Migraciones*, n° 25, 2012.

Joanne WALKER, CENS, Université de Nantes

La mise en place des formations linguistiques destinées aux migrants adultes en France et en Angleterre : analyser l'articulation entre les échelles européenne, nationale et locale

Les migrants résidents dans l'Europe se caractérisent aujourd'hui par la grande hétérogénéité de leurs origines géographiques et leurs « capitaux » linguistique[1], socioéconomique et scolaire. L'Europe est plurilingue et les pays membres sont aujourd'hui eux aussi loin d'être monolingues et mono-culturels. Dans un grand nombre des pays de l'Europe, la légitimité du financement public de l'enseignement de la ou des langues du pays d'accueil aux migrants adultes est aujourd'hui acquise[2]. Ces cours font l'objet d'une véritable politique publique, et représentent un moyen pour les autorités publiques d'orienter l'adaptation des migrants à la société d'accueil. Ils font partie des programmes normatifs que certains appellent les politiques d'intégration.

Les pouvoirs publics justifient ces cours en faisant référence à leur représentation des besoins du migrant et des besoins de la société. Le poids de chaque « enjeu social » dans l'espace public à un moment donné influence les modalités de la mise en place des cours (contenu, format) ainsi que les publics pouvant y accéder. Ces « enjeux » peuvent comprendre les questions d'égal accès aux droits, aux services, à l'éducation et au marché de l'emploi par le migrant. Ils peuvent aussi correspondre à une représentation des besoins de la société d'accueil liée

1 V. BOURDIEU, Pierre, *Ce que parler veut dire : l'économie des échanges linguistiques,* Paris, Fayard, 1982.

2 EXTRAMANIA, Claire & AVERMAET, Piet Van « La maîtrise de la langue pour les migrants adultes dans les Etats membres du Conseil de l'Europe : Rapport d'enquête », Division des Politiques linguistiques, Conseil de l'Europe, Strasbourg, 2011. <www.coe.int/t/dg4/linguistic/Source/Mig-ReportSurvey2011fr.doc> (dernière consultation le 15 octobre 2013).

à l'efficacité des services publics et de la compétitivité du marché de l'emploi.

La possibilité pour tous les migrants demandeurs de cours d'accéder aux formations publiquement financées n'est pas égale : les acteurs institutionnels différencient les migrants en fonction des priorités des politiques publiques. La mise en place des dispositifs est révélatrice de la hiérarchisation par les politiques publiques des besoins linguistiques spécifiques des populations immigrées. Mais celle-ci est différente selon les pays européens. En quoi la variable nationale est–elle pertinente pour expliquer la hiérarchisation des priorités pour les formations, qui influence leur mise en place ? Peut-on parler de l'impact de « modèles nationaux d'intégration »[3] en ce qui concerne les dispositifs de formation linguistique ?

L'échelle nationale n'est pourtant pas le seul niveau de décision et d'action. Parmi les caractéristiques générales représentatives des évolutions de la production des politiques publiques, Claire Dupuy et Julie Pollard identifient le mouvement de territorialisation dans le contexte de l'approfondissement de l'intégration européenne, une forte régionalisation et une importance renouvelée des villes[4].

Nous proposons donc la problématique suivante : comment les différents niveaux, européen, national et local, jouent-ils un rôle dans la mise en place des cours en France et en Angleterre ? Nous allons ré-

---

3 L'usage du mot « intégration » est remis en cause pour des raisons justifiées par de nombreux sociologues. Dominique SCHNAPPER parle de la confusion dans les discours publics et les travaux sociologiques récents entre l'intégration comme processus social et comme programme normatif : effectivement, ce dernier usage du terme a entraîné des rejets du mot par certains sociologues qui l'associent à un rapport de domination. Pourtant, il est difficile d'évacuer entièrement ce mot de ce travail qui concerne la mise en place de programmes normatifs (les cours de langue), destinés à orienter le rapport à la langue du pays d'accueil. Une raison pour cette difficulté est que les pays ont longtemps revendiqué des « modèles d'intégration » nationalement spécifiques, c'est-à-dire des philosophies nationales spécifiques qui produiraient des politiques publiques spécifiques. V. SCHNAPPER, Dominique, *Qu'est-ce que l'intégration ?,* Paris, Gallimard, 2007.

4 DUPUY, Claire & POLLARD, Julie, « La comparaison de politiques publiques infranationales : méthodes et pratiques », *Revue internationale de politique comparée*, 19 (2), 2012, pp.7-14.

pondre à cette question en nous appuyant sur notre thèse[5] portant sur les dispositifs de formation linguistique en France et en Angleterre[6].

1. Politique de formation ou politique d'intégration ? Le cadrage national des dispositifs de formation linguistique en Angleterre et en France

Penser les formations linguistiques destinées aux migrants comme tributaires des politiques d'immigration et d'intégration ne va pas de soi. Le cadrage politique des objectifs principaux des dispositifs définit l'institution qui se charge du financement des dispositifs. Du cadrage politique découlent la catégorisation des publics pouvant accéder aux cours et les modalités d'organisation des formations. Analyser la prise en compte de la question dans les politiques publiques permet de répondre aux questions suivantes dans les deux pays : quelle intégration prévoit-on, pour qui et à quoi ?

a En Angleterre, la politique de formation linguistique comme politique sociale ?

En Angleterre, les cours d'anglais (« *ESOL* » ou « *English for Speakers of Other Languages* ») auraient comme objectif « d'optimiser les bénéfices économiques et sociaux du migrant »[7]. Financés avant 2001 par le ministère de l'Intérieur, leur recadrage comme question éducative à par-

5 Thèse en cours, commencée en 2009, sous la direction de Martine MESPOULET, professeure à l'Université de Nantes.

6 Les politiques d'immigration au Royaume-Uni sont gouvernées par l'Etat ; je ferai donc référence au Royaume-Uni en parlant des mesures d'immigration et d'intégration qui touchent les quatre pays de l'union. La responsabilité de l'organisation des politiques d'éducation et de formation est dévolue aux autorités des quatre pays individuels et mes recherches se concentrent uniquement sur l'Angleterre : je ferai donc référence à l'Angleterre pour parler des formations.

7 JOPPKE, Christian, *Citizenship and immigration,* Cambridge, Polity Press, 2010, p.59.

tir de cette date a « redéfini les paramètres du discours public » et a facilité l'ouverture des cours à de nouveaux publics, selon les sociolinguistes Mary Hamilton et Yvonne Hillier. En effet, depuis 2001, les formations sont majoritairement organisées comme partie intégrante d'une stratégie qui s'appelle « *Skills for Life* »[8]. Financée par une agence proche du ministère pour les Entreprises, l'innovation et les compétences (*Business Innovation and Skills* ou *BIS*), la stratégie *Skills for Life* a pour objectif d'augmenter le niveau de qualification de la population entière. Les cours d'*ESOL* représentent l'une des trois filières de formation aux compétences de base, avec les mathématiques et l'anglais pour les anglophones. Le Gouvernement travailliste de Tony Blair a fait un lien direct entre le manque de compétences et la pauvreté et a qualifié la langue comme « barrière » sociale[9]. L'intégration linguistique des migrants passe alors par une politique éducative et sociale, plutôt que par une politique spécifiquement d'accueil et d'intégration.

L'impact de cette prise de position sur les populations destinataires est révélateur des tensions entre la volonté d'inclure les migrants dans les politiques sociales et la réticence de financer ceux qui ont les ressources financières pour se payer des cours[10]. Le Gouvernement a triplé le budget alloué aux cours d'*ESOL* de 100 millions à environ 300 millions d'euros entre 2001 et 2007[11]. Mais l'accès a été limité à partir de 2007, en introduisant des frais de scolarité sauf pour les migrants durablement installés, ayant des revenus en dessous d'un certain plafond.[12]

---

8 *Skills for Life* peut se traduire par « compétences pour la vie quotidienne » (traduction personnelle).

9 « Breaking the language barriers: report of the working group on English for Speakers of Other Languages », October 2000. <www.lifelonglearning.co.uk/esol/r04.htm> (dernière consultation le 15 octobre 2015).

10 Une directrice de centre de formation a résumé le ressenti des financeurs ainsi : « ceux qui peuvent payer doivent payer. » Entretien, le 22 février 2010.

11 HUBBLE, Sue & KENNEDY, Steven, « Changes to funding for English for Speakers of Other Languages (ESOL) courses », *Parliamentary Note* SN/ SP/ 5946, 28 April 2011.

12 La définition des migrants « installés » or « ordinarily resident » diffère en fonction des statuts administratifs et des droits de ces derniers : par exemple, en 2010-2011 les réfugiés et les citoyens européens résidant depuis 3 ans en Europe peuvent accéder aux cours financés tout de suite ; les demandeurs d'asile après 6 mois ; mais les conjoints des résidents permanents et des ressortissants de l'Espace économique européen doivent attendre jusqu'à 1 an ; et les travailleurs non-

« Victimes de leur propres succès »[13], les cours d'*ESOL* gratuits étaient jugés comme trop accessibles aux personnes qui n'en avaient pas besoin car elles avaient un niveau de vie trop élevé ou qui ne « méritaient » pas la gratuité de ces cours parce qu'elles ne se s'engageaient pas à rester au Royaume-Uni. La notion d'égalité d'accès était d'abord régie par une idée de l'inégalité sociale à laquelle les migrants pauvres et durablement installés étaient sujets.

Mais offrir un accès aux cours de tous niveaux démontre une autre facette des cours : ils sont conçus comme un outil des politiques d'égalité des chances. Pouvoir intégrer un cours implique de pouvoir s'insérer dans la logique méritocratique en travaillant pour obtenir des certificats reconnus au niveau national.

Malgré les restrictions budgétaires, 185 200 apprenants de plus de 16 ans ont participé aux cours en 2010-2011 (ils étaient à 244 200 en 2006-2007)[14].

D'autres cours sont disponibles dans des contextes précis, notamment dans le cadre du financement public de la formation sur le lieu du travail (*Workplace Learning*) et dans les structures de proximité relevant du tiers secteur (*Community Learning*). Ceux-ci sont aussi financés par le *Skills Funding Agency* (agence de financement proche du *BIS*). L'échelle nationale semble être donc une variable inéluctable pour comprendre le contexte de mise en place de ces cours.

La décision du Gouvernement de limiter l'accès aux cours aux seuls demandeurs d'emploi à partir de l'année prochaine montre qu'il tend vers une valorisation uniquement économique du migrant. D'ailleurs, alors que l'accès aux cours se faisait pendant longtemps sur la base du volontariat, les bénéficiaires de certaines allocations sont aujourd'hui obligés de les suivre.

---

européens et leur conjoint(e) doivent attendre jusqu'à 3 ans. V. *Learner Eligibility Guidance* 2010-2011, Skills Funding Agency, March 2010. <http://readingroom.ypla.gov.uk/ypla/agency-leg2010-11-version1aon12-04-2010.pdf> (dernière consultation le 15 octobre 2013).

13 HUBBLE, Sue & KENNEDY, Steven, 2011, *op.cit.*

14 *Statistical First Release*, March 2012, MI Library. <www.thedataservice.org.uk> (dernière consultation le 15 octobre 2013).

b *En France, une politique d'intégration définie mais une implication financière moins importante de l'Etat*

Le principal dispositif français de formation linguistique destiné aux migrants se positionne, au contraire de l'Angleterre, dans le cadre d'une politique d'accueil et d'intégration définie. Introduit en 2003 et généralisé en 2007, il suit la création de dispositifs similaires dans d'autres pays européens[15]. Les cours sont mis en place dans le cadre d'une politique d'intégration définie et financée par l'Office français d'immigration et d'intégration (rapatrié au ministère de l'Intérieur depuis 2010)[16]. Ce contexte influence fortement les populations pouvant accéder aux cours.

Les cours gratuits sont obligatoires pour les primo-arrivants non-européens (et non-français) signataires du Contrat d'accueil et d'intégration (CAI) qui ont un niveau de français en dessous de la maîtrise exigée au renouvellement du premier titre de séjour ou à l'octroi de la carte de résident (le Diplôme Initial de Langue Française (DILF), un niveau élémentaire)[17]. Ils doivent suivre l'intégralité des cours (jusqu'à 400h selon la prescription) dans les douze mois qui suivent la signature du contrat, ce qui implique que les formations soient suffisamment souples pour accueillir en permanence de nouveaux apprenants. Les

---

15 V. MICHALOWSKI, Ines, « Expansion ou disparition des dispositifs pour l'intégration des étrangers en Europe ? », *Hommes et migrations*, Accueillir autrement, N° 1261, mai-juin 2006.

16 Pour l'ensemble des mesures récentes de la politique d'intégration, v. *« Les orientations de la politique de l'immigration et de l'intégration : huitième rapport au parlement »*, Secrétariat général du Comité interministériel de contrôle de l'immigration, décembre 2011.<www.ofii.fr/IMG/pdf/Rapport_CICI_8ed.pdf> (dernière consultation le 15 octobre 2013).

17 Le DILF correspond au niveau A1.1 sur le cadre européen commun de référence pour les langues ou CECR. Les niveaux de compétence linguistique en France et en Angleterre se basent sur une échelle développée par le Conseil de l'Europe. Cette échelle a plusieurs étapes : A1 et A2 : Utilisateur élémentaire ; B1 et B2 : Utilisateur indépendant ; C1 et C2 : Utilisateur expérimenté. La France considérait que cette échelle ne prenait pas en compte les grands débutants (ceux n'ayant jamais été scolarisés ou n'ayant jamais eu de contact avec la langue française) et a introduit le niveau A1.1 V. « Le Cadre européen commun des langues : présentation simplifiée » Division des politiques linguistiques, « Un cadre européen commun de référence pour les langues : apprendre, enseigner, évaluer », Conseil de l'Europe, Strasbourg. <www.coe.int/t/dg4/linguistic/Source/Framework_FR.pdf>, p.25 (dernière consultation le 15 octobre 2013).

cours ont pour objectif principal de remplir les conditions linguistiques liées à la prochaine étape de l'intégration administrative : c'est-à-dire l'obtention du DILF. La notion de l'égalité diffère de celle observée en Angleterre : l'objectif est de faciliter l'accès de l'ensemble des signataires du CAI à un niveau de base[18].

Par contre, ce dispositif s'ouvre. Depuis 2009[19], l'OFII finance un dispositif hors CAI destiné aux migrants réguliers (demandeurs d'asile mis à part) de toutes nationalités qui propose, dans les contraintes d'un budget réduit, une prescription d'un nombre d'heures de formation. Les publics prioritaires sont non seulement les candidats à la nationalité française, mais aussi les demandeurs d'emploi et les stagiaires CAI souhaitant continuer leur parcours.

L'Etat français alloue 60 millions d'euros aux cours de français[20] dont deux tiers financent les dispositifs CAI/hors CAI[21]. L'OFII finance également deux autres dispositifs: à la fois des ateliers sociolinguistiques destinés au maintien et à la restauration du lien social dans les quartiers de résidence (5,7 millions d'euros en 2009)[22], et le dispositif « Ouvrir l'école aux parents » destiné à permettre aux parents d'élèves de se fami-

---

18 Les sociologues Mariangela ROSELLI et Carole VICHE y décèlent un « mécanisme puissant d'invisibilisation d'une grande partie du public susceptible d'être intéressée par une formation en français » par la limitation aux seuls primo-arrivants. V. ROSELLI, Mariangela & VICHE, Carole, « Les dispositifs linguistiques pour les étrangers à l'heure du contrat d'accueil et d'intégration : analyse des processus d'invisibilisation et de minorisation linguistique », in : BERTHET, Thierry (dir.), *Discrimination dans les mondes de l'éducation et de la formation* : *regards croisés,* Cereq, Novembre 2006.

19 Les crédits consacrés à la formation linguistique à l'Agence nationale pour la cohésion sociale et pour l'égalité des chances (Acsé) étaient transférés à l'OFII en 2009. V. CHEVRON, Sylvain, *La réforme des structures en charge de l'immigration : de l'ANAEM à l'OFII*, Paris, Harmattan, 2009.

20 *La réforme du contrôle de la connaissance de la langue française par les candidats à la nationalité*, document réalisé par le Secrétariat général à l'immigration et à l'intégration, le 12 octobre 2011. <www.ciep.fr/tcf/document/reforme-controle-connaissance-langue-francaise.pdf> (dernière consultation le 15 octobre 2013).

21 Le rapport d'activité de l'OFII 2011, <www.ofii.fr/IMG/pdf/rapport_ofii.pdf> (dernière consultation le 15 octobre 2013).

22 « Les orientations de la politique de l'immigration et de l'intégration : huitième rapport au parlement », Secrétariat général du comité interministériel de contrôle de l'immigration, décembre 2011. <www.ofii.fr/IMG/pdf/Rapport_CICI_8ed.pdf> (dernière consultation le 15 octobre 2013).

liariser avec l'institution scolaire et de mieux maîtriser la langue française afin de faciliter leur intégration. Pour chaque dispositif, les autorités françaises semblent se focaliser sur des groupes et des besoins spécifiques, selon une approche situationnelle de l'apprentissage du français.

Les cas décrits ici indiquent des prises de position nationales différentes en France et en Angleterre. Le cadrage politique de la question de l'apprentissage linguistique au niveau national dans les deux pays mène au ciblage de différents publics et à la mise en avant de différents objectifs. De même, l'implication étatique financière au niveau national soulève des questions : le plus grand budget attribué à l'enseignement de la langue anglaise est-il signe de la plus grande prise en compte des questions linguistiques par l'Angleterre ? Ou est-il plutôt lié à une différente structuration institutionnelle, où le budget étatique français est complété par d'autres sources de budget (publiques ou privées) ? L'analyse des cours comme une expression de différentes « philosophies d'intégration »[23] dans les deux pays semble donc dépendante d'une prise en compte de toutes les échelles possibles d'action (locale, nationale et européenne). Cependant, ce qui semble clair est qu'il existe une plus grande centralisation des politiques de formation linguistique en Angleterre.

2. L'échelle européenne, un niveau d'analyse heuristique ?

Au premier regard, l'influence directe de l'Union européenne semble moins importante que celle des pays individuels concernant l'enseignement de la langue des pays membres aux migrants. En effet, l'harmonisation des politiques d'immigration et d'intégration en Europe est aujourd'hui freinée par les pays membres qui ont longtemps revendiqué des modèles d'intégration nationalement spécifiques[24]. Dans une ère

23 FAVELL, Adrian, *Philosophies of Integration: immigration and the idea of citizenship in France and Britain,* London, Palgrave, 2001.

24 Beaucoup de chercheurs mettent en question la spécificité réelle des politiques nationales d'intégration : « Les nations européennes affirment leurs spécificités nationales dans leur façon de concevoir et de traiter les questions d'intégration, mais les

de mondialisation, où la construction post-nationale européenne gagne en influence, les pays se caractérisent par un retour vers des politiques « nationalistes » d'intégration[25]. Selon Adrian Favell, « l'immigration est principalement une question nationale *via* la problématique de l'intégration. Même les mouvements progressistes et ouverts pensent d'inclusion dans les identités *nationales*»[26]. Les programmes normatifs d'intégration mis en place par les pays pour orienter le processus social d'adaptation à la société d'accueil (que certains appellent aussi « l'intégration ») des migrants sont basés sur une volonté d'encourager une plus grande homogénéité culturelle et linguistique au sein d'un Etat nation. Pourtant, le contexte européen est d'une importance primordiale, participant à la catégorisation des publics migrants et à la définition des « besoins » des pays membres en ce qui concerne l'intégration des migrants.

a Un contexte européen en évolution : l'européanisation sans l'Europe ?

L'un des contextes les plus marquants ne ressort pas de l'action de l'Union européenne mais du glissement commun à la plupart des pays membres vers le durcissement des conditions linguistiques liées aux titres de séjour et la standardisation des tests linguistiques : « une euro-

---

problèmes sociaux et culturels qui se développent sur leurs territoires semblent de plus en plus proches et similaires. C'est notamment le cas de la France et de la Grande-Bretagne. Chacun de ces pays revendique un « modèle » d'intégration bien particulier, les Français rejettent la conception « communautaire » des Britanniques, les Anglais rejetant le « modèle assimilateur » des Français, chacun jugeant l'autre à partir de ses critères nationaux. Pourtant au-delà de cette rhétorique idéologique sur les modèles nationaux, les pratiques politiques et sociales sont étonnamment proches et donc loin des conceptions et des discours et idéologies nationales ». LAPEYRONNIE, Didier, *L'individu et les minorités : la France et la Grande-Bretagne face à leurs immigrés*, Paris, Presses Universitaires de France, 1993, p.12.

25 FAVELL, Adrian, « Immigration, migration et libre circulation dans la construction de l'Europe », *Politique européenne*, 2010/2 n° 31, p.40.

26 *Ibid.*, p.44.

péanisation sans l'Europe »[27]. Depuis 10 ans, la maîtrise de la ou des langue(s) nationale(s) est de plus en plus pensée comme indicatrice de l'intégration de la population immigrée. En même temps, la langue devient un outil par lequel on contrôle l'accès des immigrés non-européens aux titres d'entrée et de séjour et à la naturalisation[28]. La France et le Royaume-Uni sont parmi les pays européens à avoir inclus de nouvelles conditions linguistiques dans les nombreuses législations successives portant sur l'immigration introduites depuis l'an 2000.

En France, l'incitation faite aux migrants à apprendre la langue les place dans un « parcours d'intégration » qui prévoit l'amélioration de leurs compétences linguistiques lors du séjour. La progression en français marque leur évolution, de l'immigré au citoyen. Un niveau élémentaire (A1.1) est aujourd'hui demandé aux candidats à un renouvellement du premier titre de séjour et d'une carte de résident. Les candidats à la naturalisation doivent attester d'un niveau B1 (utilisateur indépendant) à l'oral, en plus de montrer leur « assimilation » lors d'un entretien avec un agent préfectoral, depuis le 1er janvier 2012. La standardisation de l'évaluation linguistique, qui a été jusqu'ici accomplie lors du procès-verbal d'assimilation, correspond à la tendance européenne observée par Christian Joppke : on ne suppose plus que la durée de résidence légale et l'expérience mèneront forcement à l'intégration nécessaire pour l'obtention de la citoyenneté, donc on rend le processus explicite et standardisé[29].

Au Royaume-Uni, depuis 2002, l'obligation linguistique s'ajoute à la nécessité de montrer « une connaissance suffisante de la vie au Royaume Uni » pour les candidats à la naturalisation. Cette exigence s'est étendue aux candidats à la résidence permanente en 2007, mais contrairement à la France, le niveau demandé n'est pas fixé à un minimum identique pour tous les candidats. Jusqu'à maintenant, on demande aux candidats de montrer un niveau B1 (utilisateur indépendant) et de passer le test de citoyenneté (« *Knowledge of Life in the UK* »). S'ils n'ont pas ce niveau linguistique (assez élevé), les candidats doivent

27 Expression de Bastien IRONDELLE reprise par Virginie GUIRAUDON dans « Les effets de l'européanisation des politiques d'immigration et d'asile », *Politique européenne*, 2010/2 n° 31, pp.7-32.

28 EXTRAMANIA, Claire & AVERMAET, Piet Van, *op.cit.*

29 JOPPKE, Christian, *op.cit.*, p.54.

suivre des cours d'anglais contenant des éléments d'enseignement civique et montrer qu'ils ont progressé d'un niveau. Pourtant, le cadre évolue. En effet, le Gouvernement de coalition poursuit l'action du Gouvernement travailliste précédent en exigeant un niveau minimum de compétence en anglais pour les candidats au premier titre de séjour dans le cadre du regroupement familial (un niveau A1 depuis 2010). Mais ils prévoient aussi de fixer le niveau linguistique demandé à l'ensemble des candidats à la résidence permanente à un niveau oral plus élevé (B1). Ce contexte semble indiquer que la langue vient prendre un rôle de contrôle d'accès aux titres d'entrée et de résidence, opérant un « tri sociologique » pour reprendre la phrase du sociolinguiste Hervé Adami afin de sélectionner les candidats les plus « intégrables »[30].

b Les actions de l'Union européenne : un cadre ambivalent

L'évolution des « devoirs d'intégration » (les conditions linguistiques liées au titres de séjour et à la naturalisation) exigés par les pays membres de l'UE se passe dans un contexte européen où l'émulation et l'adaptation aux politiques des pays voisins est de rigueur. L'Union européenne contribue à ce phénomène par son action législative, et par la création d'espaces de réflexion communs. Par exemple, la Division des politiques linguistiques au Conseil de l'Europe était à l'origine de la création du Cadre Européen Commun de Référence pour les Langues (CECRL) et a tenu de nombreux séminaires sur la question de l'apprentissage linguistique entre experts des pays membres. Pourtant, l'action de l'Union européenne concernant l'accès aux cours de langue et l'incitation à apprendre la langue du pays d'accueil semble contradictoire, contribuant aux catégorisations des migrants tout en œuvrant à faciliter la formation et à améliorer l'offre.

Quand ils sont attachés aux conditions des titres de séjours, les devoirs d'intégration linguistique, détaillés ci-dessus, ne sont pertinents que pour les migrants non-européens : les citoyens européens ayant déjà

---

30 ADAMI, Hervé, « Le niveau de scolarisation des migrants : un facteur déterminant dans le processus d'intégration », in : ARCHIBALD, James & CHISS, Jean Louis (dir.), *La langue et l'intégration des immigrants : Sociolinguistique, politiques linguistiques, didactique*, Paris, Harmattan, 2007.

le droit de résider et de travailler dans les pays de l'Europe. D'ailleurs, relativement peu de citoyens européens essaient d'obtenir la nationalité d'un autre pays de l'Europe et ne sont donc pas soumis aux obligations liées à la naturalisation. La construction européenne est donc à l'origine de catégories et d'inégalités entre migrants qui influent la définition de ceux pouvant se trouver en situation de devoir apprendre la langue du pays d'accueil pour des raisons administratives.

Dans ses législations et ses actions de financement des cours, l'Union Européenne différencie très souvent entre migrants européens et non-européens. Elle s'est dotée d'une législation qui parle des devoirs des pays d'accueil envers les migrants en ce qui concerne l'apprentissage linguistique : les signataires de la Convention européenne relative au statut juridique du travailleur migrant de 1977 et de la Charte sociale européenne révisée se sont engagés à faciliter l'enseignement des langues du pays d'accueil – mais seulement aux travailleurs migrants européens et à leurs familles. L'Europe ne produit que des recommandations en ce qui concerne les ressortissants des pays tiers.

Pourtant, la division des politiques linguistiques au Conseil de l'Europe travaille sur les bonnes pratiques de la mise en œuvre des formations et se focalise surtout sur l'hétérogénéité de la demande (les apprenants pouvant être européens, non-européens, lecteurs, non-lecteurs etc.), et sur les questions pédagogiques associées. Elle part donc d'une catégorisation des populations selon leurs capacités linguistiques dans la langue du pays d'accueil.

L'ambivalence de l'action de l'Union européenne traduit la tension entre priorités d'action et de catégorisation d'une structure post-nationale et celles de structures nationales qui en font partie et qui définissent la langue que les migrants doivent apprendre. En même temps, nous observons des tentatives d'articulation entre le besoin ressenti de catégoriser les migrants (à l'exclusion de certains) pour mieux viser les publics prioritaires et la volonté de développer le cadre pédagogique pour répondre à l'hétérogénéité des besoins pédagogiques de tous les migrants. Le cadre national demeure structurant pour comprendre les dispositifs de formation linguistique mais il est aussi nécessaire de prendre en compte le niveau européen, qui conduit à un rapprochement dans les manières de penser l'intégration linguistique et la catégorisation des migrants en France et au Royaume-Uni.

3. Les contextes locaux : déterminants pour la mise en place des cours ?

Combiner la comparaison internationale et la comparaison infranationale implique « d'entrer dans la complexité institutionnelle, politique et territoriale de chaque système national»[31]. Cependant, les gouvernements et l'Union européenne donnent depuis longtemps une importance particulière au cadre local pour organiser et faciliter la mise en œuvre des politiques dans le cadre de « l'intégration » des migrants. C'était surtout le cas pour les politiques dites « multiculturalistes, » où l'échelle d'action de préférence était locale[32]. En effet, dans le cas des dispositifs de formation linguistique, c'est au niveau local que nous voyons la création d'un champ spécifique animé par des logiques reflétant l'équilibre de forces au niveau national mais aussi une application de ces logiques spécifique au cadre local. Nous avons choisi deux grandes villes en France et en Angleterre (Nantes et Bristol) pour étudier le contexte local.

a L'articulation entre le niveau national et local : autonomie et dépendance

La centralisation plus importante des politiques de formations linguistiques en Angleterre se confirme quand nous observons le cadre local à Bristol. Non seulement les acteurs locaux sont dépendants de l'échelle nationale pour la définition de la grande majorité des conditions de financement, mais le Gouvernement national produit également des orientations concernant la manière dont l'organisation au niveau local doit avoir lieu[33]. Le Gouvernement national définit donc les acteurs pouvant légitimement intervenir et aussi l'équilibre entre ces acteurs, déterminant

---

31 DUPUY, Claire & POLLARD, Julie, *op.cit.*

32 WIHTOL de WENDEN, Catherine, *L'immigration en Europe*, Paris, La documentation française, 1999.

33 V. *« A New Approach to ESOL »,* Department for Innovation, Universities & Skills, May 2009. <www.bis.gov.uk/assets/biscore/corporate/migratedD/publications/E/esol_new_approach> (dernière consultation le 15 octobre 2013).

les meneurs de jeu (autorités locales pour l'organisation et pour la mise en place des cours).

En même temps, les structures de formation ont une marge de manœuvre assez importante du fait de leur taille, de leur rôle historique dans la prestation des formations. Dans ce cadre, l'autonomie des structures peut mener à « une concrétisation qui va au-delà des prescriptions »[34]. L'établissement de formation post-scolaire à Bristol (« *Further Education College* ») qui regroupe plusieurs sites autour de la ville et plus de 30 000 étudiants reçoit la très grande partie des financements pour les *Skills for Life* et représente le partenaire dominant à Bristol.

En effet, ces structures jouissent d'une influence importante et les acteurs se voient comme intermédiaires entre un besoin constaté au niveau local et des contraintes établies au niveau national :

> Le « *College* » a pu se battre contre le financement gouvernemental [...] La directrice a très bien réussi à avancer l'idée que la ville ne correspond pas à la configuration nationale parce qu'il y a plus de personnes qui ne vont pas pouvoir progresser d'un niveau tous les ans [...] Je pense que le « *College* » ici a une mission sociale importante, la Mairie en est consciente et ça nous met en position de force[35].

A Nantes, les structures qui ont gagné le marché public pour les formations CAI et hors CAI financées par l'OFII sont devenues les références, en ce qui concerne les institutions (par exemple pour Pôle Emploi), mais elles sont aussi devenues maîtres d'œuvre de la mise en place des formations à Nantes. Les organismes de formation reçoivent leur financement de l'OFII en fonction du nombre de bénéficiaires CAI/ hors CAI décidés par l'OFII et doivent être prêts à gérer des flux plus ou moins importants de nouveaux apprenants. Les structures à Nantes sont impliquées depuis longtemps dans la mise en place d'actions d'insertion et qui répondent aux marchés publics dans le cadre de la lutte contre l'illettrisme et à d'autres marchés pour le Français Langue Etrangère (par exemple, les marchés régionaux). De la même manière qu'en Angleterre, on mise sur la structure de formation pour fournir un cadre et des points de repères permettant aux migrants d'établir des liens. L'une des structures nantaises a cherché des financements afin d'élargir son offre après avoir

34 HASSENTEUFEL, Patrick, *Sociologie politique: l'action publique*, Paris, Armand Colin, 2009.

35 Entretien avec une formatrice, juin 2011.

constaté qu'il y avait peu de cours permettant aux stagiaires de poursuivre des formations qualifiantes.

Comme à Bristol, l'autonomie de ces structures vis-à-vis des politiques nationales est toujours relative : mais observer la mise en place des cours au niveau local permet de constater que la réalisation des politiques nationales dépend du volontarisme des structures recevant les financements.

b De nouvelles configurations au niveau local et l'accessibilité comme revendication

La logique du niveau local ne correspond pas exactement à celle du niveau national : rendre les cours accessibles à ceux qui en ont besoin représente une revendication importante. Mais l'idée du besoin doit toujours être relativisée par le calcul de ce qui est possible (surtout au niveau financier) : cette articulation se construit entre acteurs au niveau local.

En France, le contexte de la décentralisation rend l'étude du contexte local particulièrement importante. Selon la loi du 4 mai 2004 relative à la formation professionnelle tout au long de la vie et au dialogue, la responsabilité pour les actions en faveur de l'apprentissage de la langue française est partagée entre « l'Etat, les collectivités territoriales, les établissements publics, les établissements d'enseignement publics et privés, les associations, les organisations professionnelles, syndicales et familiales, ainsi que les entreprises »[36]. La volonté de mettre en place des cours pour compléter ceux financés par les institutions nationales dépend du contexte et des acteurs locaux. Mais que les collectivités territoriales prennent en charge le financement de cours implique le recadrage des objectifs et des publics concernés par rapport aux objectifs de l'Etat. Chaque collectivité a ses propres responsabilités et son propre territoire. Par exemple, la Région Pays de la Loire vise les bénéficiaires du RSA ou de contrats aidés, les demandeurs d'emploi, les jeunes, etc. et a intégré

36 Loi n° 2004-391 du 4 mai 2004 relative à la formation professionnelle tout au long de la vie et au dialogue social. <www.legifrance.gouv.fr/affichTexte.do?cidTexte=JORFTEXT000000613810&dateTexte=> (dernière consultation le 15 octobre 2013).

dans son offre de formation territorialisée des cours destinés à ces publics « en difficulté » dans la région. Ainsi, la ville de Nantes vise les Nantais indépendamment de leur statut administratif etc., souhaitant améliorer leurs liens avec la ville. La diversité d'acteurs en France a fait l'objet de critiques, interrogeant l'égalité des territoires[37].

C'est au niveau local que les enjeux de l'accès à la formation et de l'égalité de l'offre se jouent et se discutent. L'hétérogénéité des publics (actifs / non actifs, parents / non parents, lecteurs / non lecteurs) pouvant vouloir accéder aux cours nécessite la mise en œuvre d'une offre diverse : les horaires, niveaux et lieux proposés dépendent en partie de la caractérisation des publics demandeurs par les structures de formation locales.

Au Royaume-Uni, à Bristol, les établissements de formation post-scolaire (*Further Education Colleges*) bénéficiant de la grande partie des financements se situent soit dans les zones centrales ou alors assez excentrées, plutôt que dans les quartiers défavorisés avec une forte population d'immigrés. La domination de ces structures encadre le contexte dans lequel les structures de formation moins puissantes peuvent faire valoir leur légitimité à mettre en place des cours.

C'est sur la question de la mobilité que les plus petites structures de proximité relevant du tiers secteur appuient une partie de leur influence en disant qu'elles sont les mieux placées pour faciliter l'accès aux formations des personnes les plus isolées et les plus vulnérables. C'est une approche ambiguë qui indique à quel point les modalités de formation dépendent de la catégorisation des publics. Comme le dit une formatrice :

> Au début on m'a dit : « oh ils n'auront peut-être pas la confiance d'aller au grand *"collège"* effrayant », mais je me rends compte que ce n'est pas que ça, il y a bien de raisons pratiques aussi, on met en place des cours pour beaucoup de mamans, et si elles s'occupent de leurs familles ça va être difficile d'aller en ville alors que là

---

37 ETIENNE, Sophie, « Nouvelles orientations gouvernementales et bouleversements dans le monde de la formation : les limites du contrat d'accueil et d'intégration », *ELA, Études de linguistique appliquée,* 1/2004 (n° 133), pp.109-117. <www.cairn.info/revue-ela-2004-1-page-109.htm> (dernière consultation le 15 octobre 2013).

> elles habitent à côté, elles peuvent venir vite fait pour leur cours, et nous organisons les horaires selon leur journée[38].

Les structures opérant un peu à la marge des offres institutionnelles principales se positionnent selon les manques perçus. Par exemple, une question relève de l'accès inégal des hommes et des femmes aux cours. En effet, depuis longtemps, la mise à l'écart des femmes est crainte par les acteurs locaux et nationaux : à Bristol, plusieurs associations ont mis des cours en place afin de toucher cette population. Aujourd'hui, dans un contexte où une majorité des apprenants sont des femmes, les différents partenaires locaux discutent de la manière d'adapter l'offre pour faciliter l'accès aux hommes. Ainsi, les modalités de la mise en place des cours dépendent en partie de la manière dont les partenaires identifient les différents groupes demandeurs de cours et leurs besoins ; ce qui dépend de la possibilité de ces groupes à frapper à la bonne porte et à faire connaître leurs demandes.

La mise en place est définie par les dispositifs nationaux mais aussi par des contextes négociés au niveau local entre structures, et entre prestataires et groupes demandeurs. Les deux villes se rapprochent dans leur volonté d'optimiser et d'élargir l'accès prévu par les financeurs nationaux. Cependant, l'opposition entre les politiques assez centralisées de l'Angleterre, et le partage de responsabilités entre l'Etat et les collectivités complique la comparaison, tout en faisant valoir l'intérêt d'une approche multi-niveaux.

Conclusion

Pour comprendre la question de l'apprentissage de la langue nationale, pourquoi comparer les différents pays européens ? Dans les comparaisons entre la France et le Royaume-Uni, les oppositions faites entre les politiques d'intégration de la France républicaine et universaliste, et du Royaume-Uni multiculturaliste sont souvent nuancées par les pratiques observées, comme cela semble être le cas ici. L'étude de l'articulation

38 Entretien avec une formatrice dans une structure du secteur tiers, janvier 2011.

entre trois niveaux d'analyse permet de relativiser cette opposition, en faisant apparaître chaque échelle comme productrice d'inclusions et d'exclusions. Etudier les cours de langue comme produits d'une politique publique souligne l'importance d'enjeux autres que ceux qui paraissent liés aux « politiques d'intégration ». L'adaptation des politiques de formation aux contextes spécifiques de l'enseignement de la langue aux migrants adultes en est un exemple. La langue est devenue un objet privilégié des politiques publiques. Dans un contexte où les gouvernements insistent de plus en plus sur le fait que les migrants apprennent la langue du pays d'accueil, comparer les politiques de formation linguistique permet de voir en quoi celles-ci sont elles-mêmes productrices d'inégalités et d'exclusions, tout en se voulant promotrices de l'intégration.

Anne-Sophie LAMBLIN-GOURDIN, DCS, Université de Nantes

La prise en compte de la dimension européenne par les autorités locales et régionales : limites et perspectives d'un statut juridique embryonnaire en droit de l'Union européenne

Selon l'appel à communication, le colloque «Migrations et mobilités en Europe : vers de nouveaux marqueurs d'identité ?» proposait «d'explorer la prise en compte de la dimension européenne par les autorités locales et régionales», celles-ci s'affirmant «plus fortes et plus autonomes».

Il est effectivement possible d'observer une appropriation de la dimension européenne par les autorités régionales et locales, notamment au sujet des migrations et de l'accueil des migrants. Qu'elles soient motivées par les opportunités offertes par les soutiens financiers que l'Union met à leur disposition au travers de son action d'appui, ou par la volonté politique de dynamiser leur image et de renforcer leur attractivité en les ouvrant à la sphère européenne dans un contexte de concurrence entre elles, fortes de leur proximité géographique avec les citoyens, les autorités régionales et locales sont devenues des acteurs de l'émergence d'une identité européenne, entendue en tant que sentiment d'appartenance à une communauté humaine dont le destin est commun.

Dans ce contexte, cette communication propose d'étudier le statut juridique des autorités locales et régionales en droit de l'Union européenne. En effet, leur statut européen détermine la manière dont celles-ci s'emparent de la dimension européenne et explique les moyens d'action dont elles disposent, notamment en matière de migration et de mobilités en Europe. Le colloque et le programme DCIE s'inscrivent dans une perspective interdisciplinaire. L'étude du statut juridique des autorités locales et régionales permettra aux non juristes de percevoir les tensions dont elles sont l'objet en droit communautaire et ainsi de mieux appréhender les dispositifs qu'elles mettent en œuvre et les initiatives visant à les fédérer. Cette communication constitue donc un élément de contextualisation juridique des stratégies et politiques locales.

Actuellement, en raison de la nature de l'Union européenne et des principes sur lesquels elle est fondée, ce statut juridique est au mieux embryonnaire. Les traités sur l'Union européenne et sur le fonctionnement de l'Union européenne n'accordent, en effet, qu'une place réduite aux autorités locales et régionales, laquelle entrave leur appropriation de la dimension européenne (1). Mais, malgré les limites de ce statut, ces autorités deviennent des acteurs essentiels de la mise en œuvre du droit de l'Union européenne. La conjonction de plusieurs facteurs leur permet de développer de véritables stratégies européennes, fondant des revendications en faveur d'une valorisation de leur statut dans le système institutionnel de l'Union européenne et une plus grande autonomie dans la mise en œuvre du droit de l'Union, autant de perspectives en faveur de leur affirmation (2).

1. Le statut des autorités locales et régionales en droit de l'Union européenne, limite à l'appropriation de la dimension européenne

La valorisation des pouvoirs locaux et régionaux s'observe dans de nombreux Etats membres, dont la France, au sein desquels les autorités locales et régionales disposent de compétences de plus en plus complètes. Pourtant, force est de constater que le droit de l'Union prend difficilement en considération les autorités locales et régionales. Ceci s'explique tant par la nature juridique de l'Union européenne (a) que par les principes auxquels elle est soumise (b).

a La nature juridique de l'Union européenne, cause du statut embryonnaire des autorités locales et régionales en droit de l'Union européenne

Le Préambule du Traité sur l'Union européenne, reprenant celui du Traité instituant la Communauté européenne, évoque l'intention des auteurs des traités communautaires, «soucieux de créer une union sans cesse plus étroite entre les peuples d'Europe». Aucune précision n'est ainsi apportée par le traité sur la nature juridique de l'entité créée. La détermination de la nature juridique de l'Union européenne procède donc d'une démarche déductive, menée à partir des caractéristiques respectives des deux catégories de sujets de droit reconnus par le droit international que sont les Etats et les organisations internationales, la seconde semblant la plus appropriée à l'Union. En effet, une organisation internationale peut être définie comme étant une «association d'Etats constituée par traité, dotée d'une constitution et d'organes communs, et possédant une personnalité juridique distincte de celle des Etats membres»[1]. Si la qualité d'organisation internationale de l'Union européenne a été débattue lors de sa création par le traité de Maastricht qui ne lui attribuait pas la personnalité juridique, cette qualité est désormais indiscutable depuis que le traité de Lisbonne lui a expressément octroyé la personnalité juridique[2]. En conséquence, l'Union européenne répond parfaitement à la définition d'une organisation internationale et en présente les éléments constitutifs, la suppression de la Communauté européenne permettant d'affirmer qu'elle est bien une association d'Etats.

Malgré cela, en raison de ses caractéristiques, l'Union européenne se distingue et est une organisation internationale singulière. «Coincées entre la structure étatique et le modèle des organisations internationales, elles (les Communautés européennes) tentent de s'imposer comme une sorte de troisième force, empruntant de leur double filiation mais apportant également des éléments nouveaux tenant à leur nature particulière»[3]. «L'union sans cesse plus étroite entre les peuples d'Europe» s'opère, en effet, non pas par la voie traditionnelle de la coopération intergouvernementale, mais au moyen de transferts de droits souverains de la part des Etats membres au profit de l'Union européenne. Les modalités d'adoption[4] ainsi que les effets contraignants dans les ordres juridiques

---

1 Définition de la Commission du droit international, Sir Gerald FITZMAURICE, A / CN / 4 / 101, art. 3, *Ann. CDI*, 1956-II, p.106, cité par M. Sinkondo, *Droit international public*, Ellipses, 1999, p.417.

2 L'article 47 TUE est très clair sur ce point en affirmant sobrement « L'Union a la personnalité juridique ».

3 BLUMANN, Claude & DUBOUIS, Louis, *Droit institutionnel de l'Union européenne*, Paris, Litec, 2010, p.79.

4 La procédure d'adoption des actes de l'Union associe la Commission européenne, garante de l'intérêt commun, le Conseil de l'Union représentant les intérêts

nationaux des actes de l'Union[5] confèrent à celle-ci un véritable pouvoir législatif dans ses domaines de compétence. Organisation internationale dite d'intégration, l'Union européenne se caractérise donc par la supranationalité et l'acceptation par ses Etats membres de se soumettre à une autorité qui leur est supérieure. Ainsi, à certains égards, l'Union européenne se situe entre le statut de l'organisation internationale et celui de la fédération dont elle présente déjà certains caractères[6]. Malgré cette singularité, il n'en demeure pas moins que l'Union européenne n'est pas un Etat, car elle n'en dispose pas des éléments constitutifs[7]. La notion d'Etat implique, en effet, la souveraineté, définie par le droit constitutionnel comme étant l'«ultime degré de la puissance légale et de la liberté»[8]. Or, établie par un traité international négocié, signé, et ratifié par les Etats, l'Union européenne procède des Etats et ne dispose de compétences normatives que par la volonté des Etats membres. Elle est donc dépourvue de la souveraineté et seuls ses Etats membres sont souverains.

Dans la mesure où, malgré ses limites, la catégorie des organisations internationales est la mieux à même de qualifier l'Union européenne, les sujets du droit de l'Union sont, d'abord, les Etats membres qui la constituent[9]. C'est la raison pour laquelle les traités régissant l'Union euro-

---

nationaux et le Parlement européen expression de l'intérêt des peuples européens, ce dernier étant un Co-législateur depuis le traité de Lisbonne, art. 14 §1 TUE.

5 Conformément à la jurisprudence de la Cour de justice de l'Union européenne, les actes adoptés par les institutions de l'Union européenne sont dotés d'un effet immédiat et d'un effet direct dans les ordres juridiques nationaux et d'une primauté sur les dispositions nationales contraires ; CJCE, 5 février 1963, *Van Gend en Loos*, Aff. 26/62, Rec. 1963 – I – p.1, et CJCE, 15 juillet 1964, *Costa c/ Enel*, Aff. 6/64, Rec. 1964 – I – p.1141.

6 L'élection des membres du Parlement européen au suffrage universel direct, la monnaie unique gérée par une banque centrale européenne ainsi que la citoyenneté européenne en sont les illustrations les plus visibles.

7 Cette affirmation est toutefois débattue, certains considérant que l'absence de souveraineté ne saurait suffire à rejeter la qualité d'Etat ; v. J. L. HALPERIN, « L'Union européenne, un Etat en voie de constitution ? », *Recueil Dalloz*, n° 4, 2004, 29 janvier, p.219 et s.

8 CABRILLAC, Rémy (dir.), *Dictionnaire du vocabulaire juridique*, Paris, Litec, 2002.

9 Nous n'oublions pas que, en raison des effets du droit de l'Union en droit interne, les ressortissants des Etats membres sont eux aussi sujets de droit de l'Union, mais ils n'entrent pas dans l'objet de cette étude.

péenne les visent directement, et n'accordent qu'une place indirecte aux autorités locales et régionales.

Le silence des traités fondateurs à propos des autorités locales et régionales s'expliquait par la faiblesse du mouvement régional à l'époque ; mise à part l'Allemagne, déjà constitué sous la forme d'un Etat fédéral, les Etats membres des Communautés européennes étaient des Etats unitaires plutôt centralisés, dont les éventuels échelons territoriaux n'exerçaient que des fonctions de relais entre l'administration centrale et les communes. Les régions étaient mentionnées, mais elles étaient alors appréhendées en tant que cadre géographique des déséquilibres économiques et non en tant que collectivités dotées de compétences propres[10]. Mais les mouvements de décentralisation qu'ont connus plusieurs Etats membres à partir des années 80 ainsi que l'extension parallèle des compétences communautaires à des domaines susceptibles d'impliquer les territoires régionaux et locaux, ont rendu nécessaire la reconnaissance par le droit de l'Union des pouvoirs régionaux et locaux. Deux dispositions du traité sur l'Union européenne[11] témoignent de cette prise en considération. D'une part, l'article 1er invite à privilégier la démocratie locale en prévoyant que la prise de décision doit se faire «le plus près possible des citoyens». D'autre part, l'exercice par l'Union européenne de ses compétences est régie par le principe de subsidiarité dont la formulation issue du traité de Lisbonne valorise les échelons régionaux et locaux : «dans les domaines qui ne relèvent pas de sa compétence exclusive, l'Union intervient seulement si et dans la mesure où, les objectifs de l'action envisagée ne peuvent pas être atteints de manière suffisante par les Etats membres, tant au niveau central qu'au niveau régional et local, mais peuvent l'être mieux, en raison des dimensions ou des effets de

10 Le préambule du traité instituant la Communauté économique européenne mentionnait dès 1957, que les Etats signataires étaient « soucieux de renforcer l'unité de leurs économies et d'en assurer le développement harmonieux en réduisant l'écart entre les différentes régions et le retard des moins favorisées ».

11 Depuis l'entrée en vigueur du traité de Lisbonne, l'Union européenne repose sur deux traités, le traité sur l'Union européenne comportant les objectifs, les principes et valeurs sur lesquels repose l'Union, ainsi que la présentation de son système institutionnel, et le traité sur le fonctionnement de l'Union européenne relatif aux politiques et domaines d'action de l'Union. Ces deux traités ont la même valeur juridique et ne sont pas hiérarchisés, même s'il peut être considéré que le premier s'apparente dans son contenu à un texte de nature constitutionnelle.

l'action envisagée, au niveau de l'Union»[12]. Par cette formulation, le droit de l'Union reconnaît les éventuels pouvoirs normatifs, autonomes ou subordonnés, des autorités régionales et locales.

Mais si le droit primaire de l'Union prend désormais en considération l'existence des pouvoirs régionaux et locaux, cela ne modifie pas le statut européen des institutions en charge des compétences régionales et locales. Celles-ci n'ont pas de statut propre en droit de l'Union et ne sont envisagées qu'en tant qu'organes des Etats membres, notamment dans la mise en œuvre du droit de l'Union européenne soumise au principe de coopération loyale[13]. Il est ici révélateur de la nature de l'Union et du statut des autorités régionales et locales que la formulation de ce principe ne mentionne que les Etats membres. Cela ne signifie pas pour autant l'affranchissement des autorités régionales et locales du respect du droit de l'Union ; en tant qu'organes de l'Etat, elles sont également soumises au principe de coopération loyale, dont le non respect est susceptible de sanction au nom de l'intégration communautaire ou supranationalité. Le contrôle du respect de leurs obligations communautaires par les Etats membres est d'abord assuré par la Commission occupant ainsi un rôle de gardienne du droit de l'Union et pouvant, en cas de défaillance persistante de l'Etat dans le respect de ses obligations, saisir la Cour de justice de l'Union. Dans le souci d'assurer l'uniformité dans l'application du droit de l'Union, la Cour de justice fait preuve de sévérité à l'égard des Etats membres. Elle retient une interprétation extensive de la notion de manquement défini comme étant une violation des obligations qui incombent aux Etats membres en vertu du droit communautaire, «quelles que soient son ampleur, sa fréquence et ses effets»[14] et ne reçoit que difficilement les arguments de défense des Etats membres. Surtout, le droit de l'Union ne visant que les Etats membres, les manquements commis par les autorités infra étatiques sont imputés à l'Etat auquel elles appar-

12 Article 5 § 3 TUE.

13 Article 4 §3 TUE : « En vertu du principe de coopération loyale, l'Union et les Etats membres se respectent et s'assistent mutuellement dans l'accomplissement des missions découlant des traités. Les Etats membres prennent toute mesure générale ou particulière propre à assurer l'exécution des obligations découlant des traités ou résultant des actes des institutions de l'Union. Les Etats membres facilitent l'accomplissement par l'Union de sa mission et s'abstiennent de toute mesure susceptible de mettre en péril la réalisation des objectifs de l'Union ».

14 CJCE, 7 février 1984, *Commission c/ Italie*, Aff. 166/82, rec. 1984, p.459.

tiennent[15], ce qui inclut l'éventuelle sanction financière pour violation du droit de l'Union[16]. Ainsi, même si les autorités régionales peuvent être impliquées dans la mise en œuvre du droit de l'Union et soumises aux contraintes que cela suppose, les Etats membres sont les seuls responsables du respect du droit de l'Union devant les institutions. A charge pour eux de veiller à ce que les autorités régionales et locales n'enfreignent pas le droit de l'Union. Réciproquement, quand bien même leurs compétences les impliquent dans l'exécution du droit de l'Union, le statut contentieux des autorités régionales et locales les prive d'un accès privilégié aux juridictions de l'Union. Tandis que les Etats membres peuvent engager les recours en annulation et en carence sans que leurs intérêts soient forcément affectés par l'objet du litige, les autorités régionales et locales ne peuvent le faire que sous réserve de justifier d'un intérêt à agir, interprété strictement par la Cour[17]. Celle-ci refusant de les assimiler aux Etats membres malgré leur implication croissante dans la mise en œuvre du droit de l'Union[18], nombreuses furent les revendications exprimées à l'occasion des négociations de révision des traités tendant à modifier le statut contentieux des autorités régionales et locales. Mais le traité de Lisbonne n'apporte pas de réponse à ce sujet, et les autorités régionales et locales demeurent régies par des dispositions qui les assimilent aux personnes physiques et personnes morales.

Il résulte des dispositions de droit primaire que le statut européen des autorités régionales et locales méconnaît leurs caractéristiques, no-

---

15 V. par exemple, CJCE, ord. 21 mars 1997, aff. C- 95/97, Région wallonne contre Commission, Rec. 1997 – I, p.1789.

16 En effet, conformément à l'article 260 TFUE, lorsque la Commission considère qu'un Etat membre n'a pas pris les mesures nécessaires à l'exécution d'un arrêt de manquement prononcé par la Cour de justice, elle peut saisir la Cour afin que celle-ci inflige à l'Etat concerné une sanction financière sous la forme d'une amende forfaitaire ou d'une astreinte.

17 L'article 263 TFUE relatif au contrôle de légalité d'un acte de l'Union, par la voie du recours en annulation, distingue les recours engagés par un Etat membre, le Parlement européen, le Conseil ou la Commission pouvant agir sans condition, et les recours formés par toute personne physique ou morale « contre les actes dont elle est le destinataire ou qui la concerne directement et individuellement, ainsi que contre les actes réglementaires qui la concernent directement et individuellement et qui ne comportent pas de mesures d'exécution ».

18 V. CJCE, ord., 1er octobre 1997, *Regione Toscana contre Commission*, Aff. C – 180/97, Rec. 1997 – I, p.5245.

tamment celles des collectivités territoriales françaises, gérées par des élus indépendants du gouvernement, bénéficiaires de transferts des compétences de la part de l'Etat et les exerçant de manière autonome en vertu du principe de libre administration[19]. Mais, même si ce décalage entre la place accordée aux autorités régionales et locales par le droit primaire et la réalité des politiques et actions de l'Union qui les mobilisent semble de plus en plus injustifié, les principes structurant l'ordre juridique de l'Union prive celle-ci de la possibilité d'établir un lien direct avec les autorités régionales et locales.

b Les principes structurant l'ordre juridique de l'Union, entraves à une relation directe entre l'Union européenne et les autorités locales et régionales

La nature juridique de l'Union européenne, organisation internationale d'intégration, conduit à la juxtaposition de l'ordre juridique de l'Union et des ordres juridiques nationaux, les seconds n'ayant en aucun cas vocation à disparaître mais le premier primant sur les seconds. Il existe également une complémentarité entre ces deux types d'ordres juridiques, les ordres juridiques nationaux appuyant l'ordre juridique communautaire, cette complémentarité étant particulièrement significative s'agissant de l'exécution du droit de l'Union. En effet, «l'Union ne dispose, en propre, d'aucun "service public européen" ou administration européenne de nature à satisfaire directement l'"intérêt général communautaire et européen" que constituent ses objectifs»[20]. Elle n'en a ni les moyens matériels, ni les moyens humains de sorte que «le constat peut être fait de la nécessaire mise en œuvre par les Etats de l'autorité de l'Union, c'est-à-dire du droit qui est la manifestation tangible de l'autorité de l'Union»[21]. La mise en œuvre du droit de l'Union peut être assurée par une administration directe, par une administration indirecte ou par une administration partagée, mais la deuxième représente

19 Article 72 de la constitution française.

20 LEVADE, Anne, « Les moyens des Etats », in : *L'autorité de l'Union européenne*, Bruxelles, Bruylant, 2006, pp.157-182, spéc. p.160.

21 *Ibid.*, p.161.

«l'exercice typique de la fonction administrative dans l'Union»[22]. Et tandis que l'administration directe est menée par les institutions de l'Union elles-mêmes, l'administration indirecte implique les Etats membres et les administrations nationales. En application du principe de coopération loyale, la mise en œuvre du droit de l'Union par les administrations des Etats membres leur impose de parvenir au résultat prescrit par l'Union mais leur laisse le choix des moyens. Et cette liberté des Etats membres dans le choix des modalités de l'exécution administrative du droit de l'Union est garantie juridiquement.

D'abord garantie par la jurisprudence communautaire, elle l'est désormais par le traité sur l'Union européenne qui impose à celle-ci le respect de l'identité nationale des Etats membres, «inhérente à leurs structures fondamentales politiques et constitutionnelles, y compris en ce qui concerne l'autonomie locale et régionale»[23]. L'obligation de respect de l'identité nationale des Etats membres a été formellement inscrite dans le droit primaire par le traité de Maastricht, qui a procédé à une importante extension des compétences communautaires et à la création de l'Union européenne, entité à vocation politique. La crainte est alors apparue d'une Union européenne potentiellement toute puissante susceptible de remettre en cause les caractères essentiels des Etats membres et de leurs ordres juridiques nationaux. L'affirmation de l'obligation du respect de l'identité nationale des Etats membres peut donc être comprise comme constituant la réponse aux craintes des Etats membres et le rempart contre les intrusions du droit de l'Union et ses effets sur les systèmes juridiques nationaux. Le contenu de l'identité nationale des Etats membres a toutefois du être précisé par la Cour de justice. Elle en a dégagé les deux éléments essentiels que sont, d'une part, les structures fondamentales politiques et constitutionnelles de l'Etat[24] et, d'autre part, leur iden-

22 ZILLER, Jacques, « L'autorité administrative dans l'Union européenne », in : AZOULAI, Loïc & BURGORGUE-LARSEN, Laurence (dir.), *L'autorité de l'Union européenne*, Bruxelles, Bruylant, 2006, pp.119-153, spéc. p.124.

23 Article 4 §2 TUE.

24 La Cour a, en effet, considéré que « en vertu de l'article 6, paragraphe 3 TUE, l'Union européenne respecte l'identité nationale de ses Etats membres. Cela implique que l'Union ne porte pas atteinte à l'ordre constitutionnel d'un Etat membre, que celui-ci soit centralisé ou fédéral et n'influence pas la répartition des compétences au sein de l'Etat membre » ; CJCE, 11 septembre 2008, *UGT – Rioja*

tité culturelle[25]. Mais la faible visibilité de la jurisprudence et sa méconnaissance par les citoyens européens au moment où l'Union européenne est confrontée à une crise de confiance expliquent que le contenu de l'identité nationale a ensuite été décliné, de manière indicative et non exhaustive, par le traité de Lisbonne largement inspiré des précisions jurisprudentielles relatives aux structures fondamentales politiques et constitutionnelles de l'Etat. Précisons que, même si elle n'est pas spécifiée à propos de l'identité nationale des Etats, l'identité culturelle n'en est pas moins reconnue elle aussi dans le droit primaire puisqu'elle figure parmi les droits reconnus par la charte des droits fondamentaux de l'Union[26] annexée au traité de Lisbonne et dotée de la même valeur que les traités eux-mêmes. L'identité nationale des Etats membres telle que définie dans sa dimension constitutionnelle par le traité rejoint le principe d'autonomie institutionnelle et procédurale que la Cour de justice avait auparavant dégagé à propos des modalités de l'exécution du droit communautaire[27]. Ce principe visait, déjà, à préserver la marge de manœuvre des Etats membres, et l'extrême sensibilité des Etats membres à ce sujet avait justifié son inscription dans une déclaration relative à l'application du droit communautaire annexée au traité de Maastricht : « reconnaissant qu'il appartient à chaque Etat membre de déterminer la meilleure façon d'appliquer les dispositions du droit communautaire, eu égard au système juridique et aux autres dispositions qui lui sont propres... ».

---

et autres contre Juntas Generales del Territorio Histórico de Vizcaya et autres, Aff. C-428/06 à C-434/06, conclusions Kokott, point 54, Rec. 2008 I-6747.

25 V. BARBATO, Jean-Christophe & MOUTON, Jean-Denis, *Vers la reconnaissance de droits fondamentaux aux Etats membres de l'Union européenne ? Réflexions à partir des notions d'identité et de solidarité*, Bruxelles, Bruylant, 2010 ; spéc. MOUTON, Jean-Denis, « Introduction : présentation d'une proposition doctrinale », p.14.

26 Article 22 de la charte des droits fondamentaux de l'Union européenne : « L'Union européenne respecte la diversité culturelle, religieuse et linguistique ».

27 La Cour de justice a ainsi considéré que « lorsque les dispositions du traité ou des règlements reconnaissent des pouvoirs aux Etats membres en leur imposant des obligations aux fins de l'application du droit communautaire, la question de savoir de quelle façon l'exercice de ces pouvoirs et l'exécution de ces obligations peuvent être confiés par les Etats à des organes déterminés relève uniquement du système constitutionnel de chaque Etat », CJCE, 15 décembre 1971, *International Fruit Company e. a.*, Aff. 51/71, 52/71, 53/71 et 54/71, Rec. 1971, p.1107.

Selon la formule de l'avocat général Poiares Maduro[28], le respect de l'identité constitutionnelle des Etats membres est un devoir pour l'Union européenne. Et la consécration par le traité du respect par l'Union des structures fondamentales politiques et constitutionnelles, y compris en ce qui concerne l'autonomie locale et régionale, préserve l'absolue liberté des Etats membres de définir souverainement la forme de l'Etat, fédéral ou unitaire, et les modalités de son organisation administrative, une organisation centralisée incluant ou non des administrations déconcentrées ou une organisation décentralisée. Malgré la finalité fédérale qui l'anime et le mode de fonctionnement qui est le sien, l'Union européenne demeure une association d'Etats souverains en ce qui concerne leur organisation constitutionnelle et administrative. Cela entraîne leur complète indépendance dans l'organisation de leurs pouvoirs publics et dans la fixation du nombre et des compétences des différents niveaux d'administration territoriale. La mention expresse de l'autonomie régionale et locale à l'occasion de l'identité nationale des Etats membres a donc une portée opposée aux évocations des pouvoirs régionaux et locaux par le principe de subsidiarité ou par l'article 1 TUE invitant à privilégier la démocratie locale. Ceux-ci sont reconnus par le droit de l'Union européenne, mais celle-ci ne peut en aucun cas imposer aux Etats membres de leur accorder une place dans leurs propres systèmes juridiques.

Cela explique la grande diversité des situations entre les Etats membres. L'Union européenne réunit des Etats unitaires centralisés et plus ou moins[29] décentralisés, des Etats régionaux ou régionalisés et des Etats fédéraux et les compétences des autorités régionales et locales, leurs moyens juridiques et financiers varient d'un Etat membre à l'autre. Ceci n'empêche pas de dégager une tendance commune aux Etats membres, tous connaissant l'émergence de collectivités territoriales dotées de compétences de plus en plus nombreuses. Mais si l'émergence de «pouvoirs territoriaux» et le phénomène de «régionalisation» qui l'accompagne est commun à nombre d'entre eux, il n'y a pas

28 CJCE, 16 décembre 2008, *Michaniki AE contre Ethniko Symvoulio Radiotileorasis et Ypourgos Epikrateias*, Aff. C – 213/07, conclusions M. POIARES MADURO, point 31, Rec. 2008, I-9999.

29 V. KADA, Nicolas, *Les collectivités territoriales dans l'Union européenne*, Grenoble, Presses Universitaires de Grenoble, 2010, et LEVRAT, Nicolas, *L'Europe et ses collectivités territoriales*, Bruxelles, PIE-Peter Lang, 2005.

d'uniformité dans les mouvements de décentralisation opérés par plusieurs Etats, conduisant au maintien une pluralité de modèles d'organisation étatique au sein de l'Union.

Quand bien même les autorités régionales et locales seraient considérées comme constituant l'échelon le plus pertinent de mise en œuvre du droit de l'Union, la conjugaison du principe jurisprudentiel d'autonomie institutionnelle et procédurale, et de l'obligation pour l'Union de respecter l'identité nationale des Etats membres dans sa dimension constitutionnelle l'empêchent d'imposer aux Etats membres la valorisation des autorités régionales et locales. Parallèlement le nombre et la diversité des autorités régionales et locales présentes dans l'Union européenne l'oblige à privilégier les Etats en tant qu'interlocuteurs directs. Ce décalage entre la place accordée aux autorités régionales et locales par le droit primaire et la réalité des politiques et actions de l'Union qui les mobilisent explique les phénomènes de tension dont elles peuvent être l'objet, tiraillées entre leur volonté de s'approprier la dimension européenne et de développer des initiatives en ce sens, et les limites inhérentes au statut juridique qui leur est reconnu par le droit de l'Union.

2. Les perspectives d'affirmation européenne des autorités locales et régionales

Sans qu'elles soient reconnues en tant que sujets du droit de l'Union européenne, les autorités régionales et locales s'imposent dans le paysage européen. Leur émergence pratique s'explique par les initiatives de l'Union européenne elle-même (a) et par les évolutions initiées par les Etats membres (b).

a Les perspectives d'affirmation des autorités locales et régionales par les initiatives de l'Union européenne

Tout en insistant systématiquement sur le nécessaire respect de l'identité constitutionnelle des Etats membres et sur leur autonomie institutionnelle, l'Union européenne n'hésite pas à prendre position en faveur d'une plus grande implication des échelons territoriaux dans la mise en œuvre du droit de l'Union. Cela s'est d'abord matérialisé par la représentation des autorités locales et régionales dans le système institutionnel, mais aussi par l'évolution de ses compétences et des appels en faveur de la gouvernance multi niveaux.

Le silence des traités fondateurs à propos des autorités locales et régionales est devenu progressivement moins approprié au fur et à mesure que la Communauté européenne a acquis des compétences dans des domaines concernant les territoires, tels l'environnement ou la cohésion économique et sociale. La question régionale a ainsi pris de l'importance lors des négociations du traité de Maastricht sous l'impulsion des länder allemands, réclamant un droit de participation au processus communautaire[30]. Mais leur souhait de voir créée une deuxième chambre législative représentant les collectivités infra-étatiques s'est heurté à de fortes réticences de la part des Etats plus centralisés, redoutant la complexification du processus décisionnel communautaire, et surtout une forme d'encouragement aux mouvements séparatistes de certaines régions. Malgré cela, afin de répondre aux revendications régionales, le Conseil de l'Union européenne a été ouvert à la participation des collectivités infra étatiques[31]. La participation de ces dernières au Conseil dépend toutefois de l'acceptation par l'Etat membre dont elles font partie qu'elles le représentent et, en pratique, ce dispositif semble utilisé[32]. La création du

---

30 MEYER-HEINE, Anne, « Les interactions entre l'Union européenne et les collectivités locales », in : « Les collectivités locales facteur de fédération dans l'Union européenne ? », *RMCUE*, n° 531, septembre 2009, pp.511-514.

31 L'article 16 §2 TUE dispose « Le Conseil est composé d'un représentant de chaque Etat membre au niveau ministériel, habilité à engager le gouvernement de l'Etat membre qu'il représente et à exercer le droit de vote ». Cela implique que peuvent siéger au Conseil non seulement les membres des gouvernements centraux mais aussi ceux des gouvernements des collectivités infra étatiques.

32 GUILLOUD, Laetitia, « Le Comité des régions, un organe paradoxal de l'Union européenne », *RMCUE*, n° 352, octobre-novembre 2009, pp.582-586.

Comité des régions a donc pu sembler plus prometteuse. Elément de compromis entre les différents arguments, cet organe permet d'assurer la représentation des collectivités territoriales dans le système institutionnel communautaire, sans pour autant leur accorder une place équivalente à celle des Etats membres. De fait, la composition de cet organe[33], calquée sur celle du Comité économique et social[34] et ignorant donc les réalités territoriales des Etats membres ainsi que son rôle simplement consultatif dans des domaines initialement peu nombreux reflètent les hésitations des négociateurs du traité quant à la place des pouvoirs locaux et régionaux dans le système communautaire. Ainsi, si la création du comité des régions a représenté «une avancée majeure dans la participation des collectivités locales et régionales à la prise de décision formelle, il apparaît cependant comme insuffisamment représentatif et hétérogène. N'ayant pas le statut d'institution communautaire au même titre que le Parlement européen, le Conseil ou la Commission, il ne dispose pas des droits qui en découlent. Sa composition hétérogène, due à une grande disparité de nomination de ses membres, différente selon les Etats membres, ainsi que la répartition de ses membres en groupes politiques, en délégations nationales et commissions nuisent à sa représentativité»[35]. Malgré les limites de son statut, le Comité des régions s'efforce de s'écarter du Comité économique et social et de se rapprocher du Parlement européen pour s'imposer en tant qu'organe véritablement politique[36]. Mais ses revendications régulières afin que lui soit reconnu le statut d'institution de l'Union et pour que ses attributions soient étendues n'ont pas été satis-

33 L'article 301 TFUE prévoit que le Comité des régions est composé de représentants des collectivités régionales et locales qui sont soit titulaires d'un mandat électoral au sein d'une collectivité régionale ou locale, soit politiquement responsables devant une assemblée élue.

34 Le nombre de sièges au Comité des régions et leur répartition entre les États membres sont les mêmes qu'au Comité économique et social, de sorte que sa composition repose sur des considérations démographiques.

35 CHARLES-LE BIHAN, Danièle, « Les acteurs institutionnels au service du développement territorial de l'Union : vers de nouvelles approches de gouvernance ? », in : *Les instruments juridiques de l'aménagement du territoire de l'Union européenne*, sous la direction de Danielle CHARLES-LE BIHAN, Rennes, Presses universitaires de Rennes, 2004, pp.197-215, spéc. p.203.

36 GUILLOUD, Laetitia, *op.cit.*

faites par les traités de révision successifs, sauf en ce qui concerne les domaines dans lesquels sa consultation est obligatoire[37].

Mais si l'accueil des autorités locales et régionales par le système institutionnel de l'Union reflète les ambiguïtés des Etats membres à leur égard, la réalité des politiques et actions de l'Union les valorise effectivement. En tant qu'organisation internationale, les compétences de l'Union européenne reposent sur le principe d'attribution conformément auquel elle ne dispose de compétences que celles que les Etats membres lui confient, expressément par l'intermédiaire des traités ou implicitement à partir des objectifs qui lui sont assignés[38]. Les traités fondateurs des Communautés européennes ne comportaient pas de dispositions systématisant les compétences communautaires. Celles-ci ne pouvaient donc être déterminées qu'en application d'une démarche déductive, menée par la doctrine et la Cour de justice sur la base des objectifs exposés dans les traités. Mais la multiplication et la diversification des objectifs ainsi que la méfiance croissante des Etats membres et de leurs ressortissants vis à vis d'une Union susceptible d'intervenir dans tous les domaines, pour autant que cela permette la réalisation des objectifs des traités, ont justifié un effort de rationalisation des compétences de l'Union opéré par le traité de Lisbonne. Pour l'essentiel, cette structuration a été

37 Les traités de révision ont, en effet, étendu les hypothèses de consultation obligatoire du Comité des régions. Celles-ci couvrent les domaines suivants : éducation, formation professionnelle, jeunesse, culture, santé publique, réseaux transeuropéens, cohésion économique et sociale, environnement et transport. Il est aussi consulté en matière d'emploi pour l'établissement des lignes directrices de coordination des politiques nationales, pour l'adoption de certaines mesures en matière sociale visant à adopter des prescriptions minimales relatives aux conditions de travail. Mais il n'est pas consulté en matière d'industrie, ni pour l'élaboration du programme cadre de recherche et développement technologique. Il convient, toutefois, d'ajouter aux hypothèses de consultation obligatoire la possibilité pour la Commission, le Conseil et le Parlement européen de le saisir sur toute question qu'ils jugent opportune. Enfin, le Comité des régions dispose d'un droit d'auto saisine.

38 Témoignant du caractère sensible de la question, les traités sur l'Union et sur le fonctionnement de l'Union multiplient les allusions au principe d'attribution des compétences. Outre sa formulation parmi les principes sur lesquels repose l'Union européenne, aux articles 4, 5 et 6, le principe d'attribution est également rappelé à propos des objectifs et de dispositions d'une autre nature, telle la Charte des droits fondamentaux de l'Union.

opérée à droit constant[39] en distinguant trois catégories principales de compétences, auxquelles s'ajoute la politique économique et de l'emploi et la politique étrangère et de sécurité commune objets de dispositions spécifiques. Ainsi, à titre principal, les compétences de l'Union peuvent être des compétences exclusives, des compétences partagées ou des compétences d'appui, de coordination et de complément[40]. Surtout, chacune de ces trois catégories est définie et accompagnée de la liste des domaines qui en font partie[41]. La mise en œuvre des compétences exclusives et partagées peut conduire les institutions de l'Union à adopter des actes de nature législative, juridiquement contraignants et visant la mise en place d'un régime juridique unique ou l'harmonisation des législations nationales. Dans ces cas, l'exécution des actes de l'Union fait surtout appel aux autorités nationales centrales investies d'un pouvoir législatif ou réglementaire. En revanche, la définition des compétences d'appui, de coordination et de complément exclut expressément l'adoption de mesures normatives contraignantes conduisant à l'harmonisation des dispositions nationales et souligne le respect des compétences des Etats membres dans ces matières. L'action de l'Union européenne ne saurait remettre en cause la responsabilité principale des Etats membres. Ces compétences par l'intermédiaire desquelles l'Union développe une action moins intensive sont apparues empiriquement au cours des années 70, et le traité de Lisbonne ne fait que les consacrer, reconnaissant ainsi la multitude des moyens d'action à la disposition de l'Union. Cette catégorie rassemble ainsi des compétences qui peuvent être qualifiées de complémentaires[42], l'expression ayant «le mérite de servir de trait commun à des compétences diversifiées qui présentent un

---

39 Précisons que la Politique agricole commune déroge à cette codification à droit constant puisqu'elle figure désormais dans la catégorie des compétences partagées de l'Union européenne.

40 Article 2 TFUE.

41 Articles TFUE.

42 La question de l'appellation de cette catégorie et l'emploi de la notion de compétences complémentaires a d'ailleurs été débattue lors de la convention sur l'avenir de l'Europe qui a préparé le traité établissant une constitution pour l'Europe dont été largement inspiré le traité de Lisbonne. V. PRIOLLAUD, François-Xavier & SIRITZKY, David, *Le traité de Lisbonne*. Texte et commentaire article par article des nouveaux traités européens (TUE-TFUE), Paris, La documentation française, 2008.

caractère marginal ou accessoire, et en tout cas qui ne s'inscrivent pas dans le binôme compétence exclusive et compétence partagée»[43]. Les domaines énumérés à ce titre s'éloignent de la vocation économique initiale des Communautés européennes pour participer au développement d'une cohésion sociale et d'une citoyenneté européenne entendue en tant que sentiment d'appartenance à une entité commune. Y figurent ainsi la protection et l'amélioration de la santé humaine, l'industrie, la culture, le tourisme, l'éducation, la formation professionnelle, la jeunesse et le sport, la protection civile, et la coopération administrative, certains domaines ayant déjà été investis par les institutions de l'Union depuis plusieurs années tandis que d'autres sont plus récents. Contrairement aux apparences, cette catégorie de compétences est loin d'être homogène. Elle fonde, en effet, des moyens d'action variés dont le point commun est le caractère plus incitatif que contraignant. Dépourvue d'une autorité normative en la matière, l'Union européenne mène cette action incitative au moyen soutiens financiers provenant du budget de l'Union européenne et encourageant les Etats membres à poursuivre des objectifs d'intérêt commun. Cela accompagne le financement de projets conçus et réalisés sur les territoires des Etats membres. S'agissant des compétences d'appui de complément et de coordination, l'accès aux financements européens s'opère par l'intermédiaire de programmes organisés sous la forme d'appels à projets de l'Union auxquels répondent les porteurs de projets nationaux[44]. La conception et la mise en œuvre de ces projets nationaux suppose une implication des différents niveaux d'autorités concernés au niveau national, régional, local ou autre. Et dans la mesure où les domaines régis par ce mode d'action de l'Union rassemblent des préoccupations citoyennes, les autorités régionales et locales se sont progressivement impliquées dans la réponse aux appels à projets. L'inscription de ce type de compétences dans le traité institutionnalise

---

43 BLUMANN, Claude & BOULOUIS, Jean, *Droit institutionnel de l'Union européenne*, Paris, Litec, 2010, p.424.

44 Les domaines dans lesquels existent des programmes communautaires sont très divers et il est difficile d'en dresser un inventaire exhaustif, ne serait-ce qu'en raison de leur durée variable, certains programmes étant plusieurs fois reconduits tandis que d'autres ont une durée de fonctionnement limitée à une ou deux années. A titre d'exemples, peuvent être cités, outre le programme Erasmus, les programmes Jeunesse en action, PROGRESS en matière d'emploi, de conditions de travail ou de lutte contre les discriminations, ou MEDIA.

donc ce moyen d'action promis à un essor croissant car plus respectueux des responsabilités étatiques tout en impliquant particulièrement les autorités locales et régionales.

Enfin, au nom de la démocratie de proximité, des libertés locales, et d'une meilleure mobilisation des initiatives locales face à la crise économique, certains organes et institutions de l'Union n'hésitent plus à exprimer leur volonté d'une plus grande implication des autorités locales et régionales, notamment dans la mise en œuvre du droit de l'Union. Sans surprise, le Comité des régions est particulièrement favorable à plus grande association des autorités locales et régionales à la formulation et à la mise en œuvre des politiques de l'Union. En témoigne son Livre blanc sur la gouvernance multi niveaux de juin 2009, par lequel il recommande une gouvernance les impliquant en tant que partenaires et non plus seulement en tant qu'intermédiaires, et dépassant le stade de leur seule participation par la consultation au profit d'une véritable complémentarité. Considérant qu'il convient d'amorcer « une évolution de la culture politique et administrative au sein de l'Union », il la justifie par la volonté des citoyens[45]. La Commission n'est pas en reste dans cette volonté de promotion des autorités régionales et locales. Dans son Livre blanc sur la gouvernance en Europe[46] établi afin de dynamiser la démocratie européenne et de rapprocher l'Europe de ses citoyens, elle recommande : « Au niveau communautaire, la Commission doit veiller à prendre en considération les réalités et l'expérience régionales et locales lorsqu'elle conçoit des propositions politiques. A cette fin, elle devrait organiser un dialogue systématique avec les associations européennes et nationales de collectivités régionales et locales, dans le respect des dispositions constitutionnelles et des systèmes administratifs. » Elle recommande également aux Etats membres d'« examiner les possibilités de mieux impliquer les acteurs locaux et régionaux dans la définition des politiques communautaires ». Ainsi tout en rappelant le nécessaire respect du principe d'autonomie institutionnelle et de l'identité constitutionnelle des Etats membres, l'Union encourage une gouvernance européenne accordant une plus grande place aux autorités régionales et

45 Livre blanc du Comité des régions sur la gouvernance à multi niveaux, CDR 89-2009_PA_ FR.doc, p.5.

46 Livre blanc de la Commission sur la gouvernance en Europe, COM (2001) 428 final.

locales. Et ces appels semblent être entendus par les Etats membres puisque certains d'entre eux procèdent à des réformes administratives conduisant à valoriser les collectivités locales. les Etats membres (b).

b Les perspectives d'affirmation des autorités locales et régionales par l'évolution des systèmes juridiques nationaux

« Parée de nombreuses vertus, sans doute parfois d'ailleurs avec excès, la décentralisation plus encore que la régionalisation s'impose, en l'espace d'une trentaine d'années seulement, comme une réforme administrative de grande ampleur dans la plupart des pays européens »[47]. Si les modalités de mise en œuvre du droit de l'Union européenne, peut-être plus encore que les appels directs en ce sens de la part des institutions de l'Union, sont l'une des causes des mouvements de décentralisation opérés par plusieurs Etats membres, il convient d'y ajouter la portée de la Charte européenne de l'autonomie locale en Europe ouverte à la signature des Etats membres du Conseil de l'Europe le 15 octobre 1985[48]. C'est ainsi le contexte européen, au sens large de la notion, qui encourage l'émergence des autorités locales et régionales, ce que les Etats membres ne peuvent ignorer. Et la France offre une illustration particulièrement probante de l'influence de l'Europe sur son organisation administrative.

Malgré sa forme unitaire et une forte tradition centralisatrice, l'Etat français accorde depuis de nombreuses années une place à la dimension territoriale. Corrigeant les inconvénients de la centralisation, un mouvement de déconcentration de l'administration française a, en effet, été opéré visant à rapprocher l'administration d'Etat des citoyens par la création d'échelons administratifs de l'Etat implantés au niveau territorial[49]. Il a été complété par un mouvement de décentralisation, motivé par un souci de démocratie locale exprimé par le principe de libre admi-

---

47 KADA Nicolas, *op.cit.*, p.13.

48 V. notamment, LEVRAT Nicolas, *op.cit.*, pp.77-84.

49 Sur les caractéristiques de la déconcentration, voir notamment LE ROUX M., « Administrations déconcentrées », *Jurisclasseur* Fasc. 116, Lexisnexis SA 2012.

nistration garanti constitutionnellement[50]. La décentralisation territoriale est mise en œuvre au moyen des collectivités territoriales, personnes morales de droit public distinctes de l'Etat disposant, depuis la révision constitutionnelle de juillet 2003, d'un statut juridique consacré par la constitution, dont l'article 1er affirme que l'organisation française est décentralisée et auquel le titre XII est dédié. La décentralisation est alors envisagée comme « une méthode moderne de distribution du pouvoir, les tâches administratives étant ainsi distribuées vers des personnes élues collaborant à l'intérêt général »[51]. Quoique juridiquement différents, les processus de déconcentration et de décentralisation se complètent donc en présentant le point commun d'établir des autorités administratives implantées aux niveaux régional et local auxquelles l'Etat transfère des compétences d'intérêt local.

Le développement économique, social et territorial ainsi que les domaines dits de spécialisation locale, telles l'action sociale ou la formation professionnelle, font partie des attributions que l'Etat français a confiées aux administrations déconcentrées et aux collectivités territoriales. L'Union européenne dispose aussi de compétences en matière de cohésion économique, sociale et territoriale et de compétences dans des domaines visant spécifiquement la vie quotidienne des citoyens, tels la santé humaine, la culture ou la jeunesse et le sport. Relevant de la catégorie des compétences partagées ou de celle des compétences d'appui, de coordination ou de complément, l'action de l'Union se matérialise, en ces domaines, essentiellement par des soutiens financiers, dont les fonds structurels dédiés aux investissements structurels en faveur de la cohésion économique, sociale et territoriale. Dans le contexte du cadre financier pluriannuel 2007 – 2013 actuellement en cours d'application, le Fonds européen de développement régional (FEDER) et le Fonds social européen (FSE) auquel s'ajoute le Fonds de cohésion obéissant à un régime juridique différent, seuls les Etats membres les plus en difficulté y ayant accès[52], se sont vus alloués un montant 308,041 milliards

---

50 L'article 72 de la constitution dispose ainsi : « […] Dans les conditions prévues par la loi, ces collectivités s'administrent librement par des conseils élus et disposent d'un pouvoir réglementaire pour l'exercice de leurs compétences […] ».

51 FAURE, Bertrand, *Les institutions administratives*, Paris, PUF, 2010, p.144.

52 V. BERTONCINI, Yves, CHOPIN, Thierry, DULPHY, Anne, KAHN, Sylvain & MANIGAND, Christine, « Fonds structurels », in : *Dictionnaire critique de l'Union européenne*, Armand Colin, 2008.

d'euros[53], faisant de la politique de cohésion l'un des premiers poste de dépenses de l'Union européenne. Les fonds structurels et de cohésion participent à la cohésion économique, sociale et territoriale poursuivie par l'intermédiaire de trois objectifs prioritaires que sont la convergence visant les régions dont le PIB/habitant est inférieur à 75% de la moyenne de l'Union, et dont sont bénéficiaires les quatre départements d'Outre-mer français, la compétitivité régionale et l'emploi visant les régions non incluses dans le premier objectif, et la coopération interrégionale visant la coopération transfrontalière, transnationale et interrégionale, deux objectifs dont est bénéficiaire le territoire français métropolitain. Par l'intermédiaire des ces objectifs, les investissements en faveur de l'aménagement du territoire, du développement et social initiés par les autorités locales et régionales peuvent bénéficier d'un cofinancement.

Malgré les mouvements de décentralisation opérés par l'Etat français, l'exécution du droit de l'Union demeure une compétence de l'Etat ; en particulier, la gestion des fonds structurels est assurée par les administrations déconcentrées de l'Etat sous l'autorité du préfet de région, qui assure les deux fonctions d'autorité de gestion et d'autorité de paiement[54]. En application du principe de partenariat régissant la mise en œuvre des fonds structurels[55], l'Etat français peut toutefois associer aux

---

53 Règlement (CE) n° 1083/2006 du Conseil du 11 juillet 2006, portant dispositions générales sur le Fonds européen de développement régional, le Fonds social européen et le Fonds de cohésion, et abrogeant le règlement (CE) n° 1260/1999 ; *JOCE* n° L 210 du 31 juillet 2006.

54 Sur la mise en œuvre des fonds structurels européens en France, v. le rapport d'information fait au nom de la délégation du Sénat à l'aménagement et au développement durable du territoire sur la réforme de la politique régionale européenne, par J. FRANCOIS-PONCET, Jean & GOURAULT, Jacqueline, séance du 4 mai 2006, n° 337.

55 Le principe de partenariat est défini comme étant la coopération étroite entre la Commission et chaque Etat membre lequel « organise, au besoin et conformément aux règles et pratiques nationales en vigueur, un partenariat avec les autorités et les organismes tels que: a) les autorités régionales, locales, urbaines et autres autorités publiques compétentes ; b) les partenaires économiques et sociaux ; c) tout autre organisme approprié représentant la société civile, des partenaires environnementaux, des organisations non gouvernementales et les organismes chargés de la promotion de l'égalité entre les hommes et les femmes. L'Etat membre désigne les partenaires les plus représentatifs aux niveaux national, régional, local et dans les domaines économique, social, environnemental ou autre (ci-après dénommés « partenaires »), conformément aux règles et pratiques nationales, en tenant compte de la

administrations déconcentrées les exécutifs des collectivités territoriales ainsi que les autres acteurs du développement économique et social au niveau local. La conjugaison de la réglementation communautaire et des dispositions nationales conduit ainsi à un dispositif de gestion des fonds structurels particulièrement lourd et complexe au désavantage des porteurs de projets confrontés à une multitude d'interlocuteurs potentiels. En conséquence, un délai de deux ans peut s'écouler entre le moment où la Commission accepte l'octroi de fonds structurels et celui où les collectivités les perçoivent effectivement. Cette lourdeur expose également la France à l'application des mécanismes de sanction prévus par la règlementation communautaire pour encourager les Etats membres à optimiser la gestion des fonds structurels et consistant en un dégagement d'office en cas de consommation insuffisante des fonds structurels à la fin de la deuxième année suivant leur mise à disposition par la Commission ; l'inefficacité dans la gestion des fonds structurels peut également conduire au non bénéfice de la réserve de performance[56]. Confrontée à la menace de se voir appliquée ces sanctions lors de la période de programmation antérieure 2000-2006, et exploitant les potentialités offertes par la révision constitutionnelle du 28 mars 2003 engageant l'acte II de la décentralisation de l'administration française, le gouvernement français a initié un dispositif expérimental de gestion directe d'une partie des fonds structurels européens. Il a ainsi transféré à la région Alsace, à titre expérimental, la gestion directe du programme poursuivant la réalisation de l'objectif 2 relatif à la reconversion économique et sociale des zones en difficulté, des zones industrielles, rurales, urbaines et côtières. La région Alsace s'est ainsi vu confiées les fonctions d'autorité de gestion et d'autorité de paiement, et s'est substituée aux services déconcentrés de l'Etat ce qui lui a permis de mettre en place un système de guichet

nécessité de promouvoir l'égalité entre les hommes et les femmes ainsi que le développement durable par l'intégration des exigences en matière de protection et d'amélioration de l'environnement. » Article 11 du Règlement (CE) n° 1083/2006 du Conseil du 11 juillet 2006, portant dispositions générales sur le Fonds européen de développement régional, le Fonds social européen et le Fonds de cohésion, et abrogeant le règlement (CE) n° 1260/1999, *op.cit.*

56 Articles 50 et 93 du règlement (CE) n° 1083/2006 du Conseil du 11 juillet 2006, portant dispositions générales sur le Fonds européen de développement régional, le Fonds social européen et le Fonds de cohésion, et abrogeant le règlement (CE) n° 1260/1999 ; *op.cit.*

unique, seul interlocuteur des porteurs de projets[57]. Bien qu'ayant été évaluée de manière positive et soulignée par le Conseil d'Etat[58], l'expérimentation alsacienne tout en étant maintenue pour la période de programmation 2007-2013, n'a pas été généralisée ni même étendue dans son champ d'application.

La question de la gestion directe des fonds structurels européens est pourtant, de nouveau, à l'ordre du jour. En effet, lors de son discours d'investiture du 15 mai 2012, le chef de l'Etat français nouvellement élu, a indiqué son intention de « revivifier » la démocratie locale « par un nouvel acte de décentralisation susceptible de donner de nouvelles libertés pour le développement de nos territoires »[59]. Ainsi annoncé, l'acte III de la décentralisation de l'administration française qui se profile pour l'année 2013 obéit évidemment à des préoccupations internes de modernisation de l'administration française et de rationalisation de la gestion des services d'intérêt général. Mais la diversification des domaines de compétences de l'Union et de ses moyens d'action n'est pas étrangère aux intentions du gouvernement français. En effet, parmi les domaines susceptibles d'être l'objet de transfert de compétences figure la gestion des fonds structurels européens. Et nombreuses sont les régions qui revendiquent la gestion des fonds structurels européens au nom de leurs responsabilités en matière de développement économique des territoires et dans un souci d'efficacité et de simplification[60]. Actuellement, la question du transfert aux régions de la gestion des fonds structurels n'est

57 V. LAMBLIN-GOURDIN Anne-Sophie, « L'expérimentation par la Région Alsace de la gestion décentralisée des fonds structurels européens », in : *Subsidiarité infranationale et territorialisation des normes – Etat des lieux et perspectives en droit interne et en droit comparé*, sous la direction de Jacques FIALAIRE, Rennes, Presses universitaires de Rennes, coll. L'univers des normes, 2005, (170p.), pp.61-82.

58 Conseil d'Etat, Rapport public 2007, Jurisprudence et avis 2006 – *L'administration française et l'Union européenne, Quelles influences ? Quelles stratégies ?* Paris, La documentation française 2007, p.332.

59 Texte du discours d'investiture de François HOLLANDE disponible à l'adresse suivante : <www.lesechos.fr/15/05/2012/lesechos.fr/0202063387555_le-texte-du-discours-d-investiture-de-francois-hollande.htm> (dernière consultation le 15 octobre 2013).

60 « Fonds européens : les régions veulent transformer l'essai », Euractiv.fr, 4 septembre 2012, <www.euractiv.fr/collectivites-locales/fonds-europeens-regions-veulent-transformer-16283.html> (dernière consultation le 15 octobre 2013).

pas encore tranchée. Mais malgré les difficultés juridiques que cela représente et les différends entre les départements d'une part et les régions de l'autre quant à la répartition des rôles dans la gestion du Fonds européen pour le développement régional et du Fonds social européen, l'intention du gouvernement semble intacte à ce sujet[61] permettant d'envisager une implication croissante des autorités locales et régionales dans la gestion des affaires européennes pour la période 2014-2020.

Conclusion

La promotion par l'Union européenne de la libre circulation des personnes au sein d'un espace de liberté, de sécurité et de justice invite les autorités locales et régionales à s'approprier la dimension européenne et fait d'elles des acteurs essentiels de la mise en œuvre du droit de l'UE. Il s'agit ainsi pour celles-ci de participer à la réalisation de projets d'intérêt européen en initiant des actions de développement contribuant à l'objectif de cohésion économique, sociale et territoriale fixé par le traité sur l'Union européenne. Dans un contexte d'européanisation voire d'internationalisation des politiques publiques et de compétition entre les territoires, il s'agit aussi pour elles de développer leur attractivité afin d'attirer et d'accueillir les migrants, notamment ceux d'entre eux qui sont susceptibles de renforcer leur dynamisme économique et social. Les financements offerts par l'Union européenne sont déterminants dans l'implication européenne des autorités locales et régionales et la volonté des collectivités territoriales françaises de voir accrues leurs responsabilités en la matière est parfaitement compréhensible. Il n'en demeure pas moins que, en ignorant l'autonomie dont elles peuvent jouir en droit interne et en maintenant la seule responsabilité des Etats membres en cas de défaillance de leur part, autrement dit en ne leur reconnaissant pas le

61 La décentralisation des fonds européens serait intouchable selon Mme Marylise LEBRANCHU, ministre en charge de la décentralisation ; Euractiv.fr, 6 décembre 2012, <www.euractiv.fr/collectivites-locales/interview/lebranchu-17450.html> (dernière consultation le 13 octobre 2013).

statut de sujet de droit de l'Union européenne, le droit primaire de l'Union européenne n'est pas adapté à leur affirmation.

L'actuelle absence de statut des autorités locales et régionales en droit de l'Union européenne met en lumière les choix auxquels l'Union européenne est confrontée et auxquels elle va devoir apporter une réponse. Un statu quo du droit de l'Union en la matière bridera les initiatives locales au risque d'un désaveu de l'Union par les citoyens eux-mêmes qui n'accepteront plus la distance qui les sépare des institutions de l'Union. A l'inverse, le souci de proximité et de démocratie locale que certains organes et institutions de l'Union appellent de leurs vœux rend nécessaire une adaptation du droit primaire en faveur d'une reconnaissance des autorités locales et régionales en tant qu'acteurs de la mise en œuvre du droit de l'Union, mais risque de fragiliser ceux des Etats membres qui sont déjà confrontés à des revendications d'indépendance régionale.

Auteurs

Maria José AÑÓN, Universitat de València

Michel CATALA, Université de Nantes

Stéphanie COUDERC-MORANTEAU, Université de Nantes

Mario Pedro DIAZ BARRADO, Universidad de Extremadura

Javier DE LUCAS, Universitat de València

Eva ERSBØLL, Danish Institute for Human Rights

Jacques FIALAIRE, Université de Nantes

Mhoraig GREEN, Convention of Scottish Local Authorities

Anne-Sophie LAMBLIN-GOURDIN, Université de Nantes

Michel LANDRON, Université d'Angers

Paul LEES, Université de Nantes

Sylvie NAIL, Université de Nantes

Ángeles SOLANES CORELLA, Universitat de València

Annie THIEC, Université de Nantes

Joanne WALKER, Université de Nantes

Collection « DCIE »

DYNAMIQUES CITOYENNES EN EUROPE

★★★★★★★★★★★★★★★★★★★★★★★★★★★★

La cristallisation de groupes humains pour faire « cité » est un phénomène complexe qui associe des éléments d'identification et de distinction : langue, origine géographique, genre, catégorie sociale, religion, engagement politique. Dans une perspective pluridisciplinaire, la collection Dynamiques citoyennes en Europe fédère des travaux autour de la problématique commune des « dynamiques citoyennes », elle-même articulée plus particulièrement sur deux axes convergents : « laïcité et religions » ; « citoyennetés et identités ». Elle accueille toute sorte de publications scientifiques en français, anglais, allemand et espagnol.

Vol. 1 Dominique Avon & Jutta Langenbacher-Liebgott (éd.)
(avec la collaboration d'Anna-Susan Franke) :
Facteurs d'identité – Faktoren der Identität.
2012. ISBN 978-3-0343-1230-1

Vol. 2 Vincent Jullien, Efthymios Nicolaidis & Michel Blay (éd.)
Europe et sciences modernes. Histoire d'un engendrement mutuel.
2012. ISBN 978-3-0343-1236-3

Vol. 3 John Tolan, Hassen El Annabi, Benaouda Lebdai, Franck Laurent & Günter Krause (éds.)
Enjeux identitaires en mutations. Europe et bassin méditerranéen.
2014. ISBN 978-3-0343-1480-0

Vol. 4 Amin Elias, Augustin Jomier & Anaïs-Trissa Khatchadourian (éds.)
Laïcités et musulmans, débats et expériences. (XIXe–XXe siècles)
2014. ISBN 978-3-0343-1485-5

Vol. 5 Paul Lees, Stéphanie Couderc-Morandeau, Pilar Martínez-Vasseur, Sylvie Nail & Annie Thiec (éds.)
Migrations et mobilités en Europe. Politiques publiques et perspectives d'intégration (1992-2012).
2014. ISBN 978-3-0343-1523-4

FSC
www.fsc.org
MIX
Papier | Fördert gute Waldnutzung
FSC® C083411

Kolibri 360 GmbH
Ferdinand-Jühlke-Straße 7
99095 Erfurt, Deutschland
produktsicherheit@kolibri360.de